缠论实战详解

赵 磊（扫地僧） 著

缠师十几年的投资经历中总结出来的实战经验
包含了对市场的充分理解，对初入股市的小白来说无比珍贵

这是让人用智慧、眼光和角度去理解、去参与市场，是颠覆性的理念

图书在版编目（CIP）数据

缠论实战详解/赵磊著. —北京：经济管理出版社，2020.6
ISBN 978-7-5096-7172-6

Ⅰ. ①缠…　Ⅱ. ①赵…　Ⅲ. ①股票投资—基本知识　Ⅳ. ①F830.91

中国版本图书馆 CIP 数据核字（2020）第 096595 号

组稿编辑：杨国强
责任编辑：杨国强　张瑞军
责任印制：黄章平
责任校对：张晓燕

出版发行：经济管理出版社
（北京市海淀区北蜂窝 8 号中雅大厦 A 座 11 层　100038）
网　　址：www. E-mp. com. cn
电　　话：（010）51915602
印　　刷：三河市延风印装有限公司
经　　销：新华书店
开　　本：720mm×1000mm/16
印　　张：15.75
字　　数：251 千字
版　　次：2020 年 7 月第 1 版　2020 年 7 月第 1 次印刷
书　　号：ISBN 978-7-5096-7172-6
定　　价：88.00 元

目 录

股市常识

常识

缠中说禅　2006-06-19　16：45：17

谁都知道N中工万千宠爱在一身，一年多没有新面孔了，突然来了一个新的，大伙热烈一下有什么不对的？值得某些人这么大惊小怪的？鄙视所有对N中工15元不敢买50元就吃醋的人！

解读：A股有炒新的传统，新鲜事物能够出台，也是政治需要，为了证明出台的东西是正确的，一定程度的市场表现是必要的，N中工是新老划断后IPO的第一股，新老划断是股权分置改革中重要的一环，那么作为第一股的N中工自然是万千宠爱在一身，正如G股是G点的道理一样，对于这种具有政治意义的股票，其表现自然不会差。再比如2009年的创业板和2019年的科创板，刚上市的表现都非常亮眼。

此外，在本人的公众号（扫地僧读缠札记）中还有一篇文章名为《炒科创板的注意事项》，文章中讲到新股上市时的表现主要由三个方面决定：

（1）交易制度和定价机制。

（2）市场整体环境。

（3）个股质地。

此时，N中工的定价也有窗口指导，只有19倍市盈率，当时的市场环境处于牛市初期，个股的质地也非常优秀，所以N中工是万千宠爱在一身。

缠中说禅　2006-11-23　11：56：22

本ID不看通常所看的基本面，只看本ID认为是基本面的基本面，例如国航的李总是当兵出身。

解读：基本面不要看那些容易变化的基本面，例如市盈率、市净率、财报等，应该看的是那些不易发生改变的特性，例如管理层的性格特点、行业地位等。

［匿名］勇敢的心　2007-02-26　16：21：59

请教缠主：100 万元的资金一天进 6000 万元流通盘的股票，是否会被套住，日换手 5%，谢谢！

缠中说禅　2007-02-26　16：30：23

是否套住和你买的位置有关，100 万元资金不算什么，一般来说，0.5%流通盘以下的，可以忽略。

经验：这是一个参考的比例，资金量在流通盘的 0.5%以下，基本可以忽略对股价的影响。

［匿名］白玉兰　2007-04-24　21：14：21

妹妹好！下一阶段是否该关注二线指标股了？三线股要歇菜了。

缠中说禅　2007-04-24　21：22：01

这转化还不一定能转过来，但关于杭萧那事的深入调整，题材股会有所收敛，本 ID 从来都反对把题材搞得太过分，这绝对需要打击。后面，个股的行情会进一步分化，说直白一点，后面肯定更多看里面各自的主力了，行情节奏逐步走向群庄乱舞。

经验：随着牛市的推进，到后期行情节奏会逐步走向群庄乱舞。

［匿名］冠军杯　2007-06-01　16：19：04

缠 MM 今天的意思是不是这几天逆市上涨的会补跌？？比如 000063，望回复！！谢谢！！！

缠中说禅　2007-06-01　16：23：14

今天不已经补跌了？如果你今天追高买，那就出问题了，还不如在跌停上买已经跌 40%~50%的。

经验：在市场遭遇系统性风险的时候（全市场暴跌），逆势上涨的将会补跌。例如 2007 年“5·30”时的中石化（见图 1），以及 2015 年股灾时的工行（见图 2）。

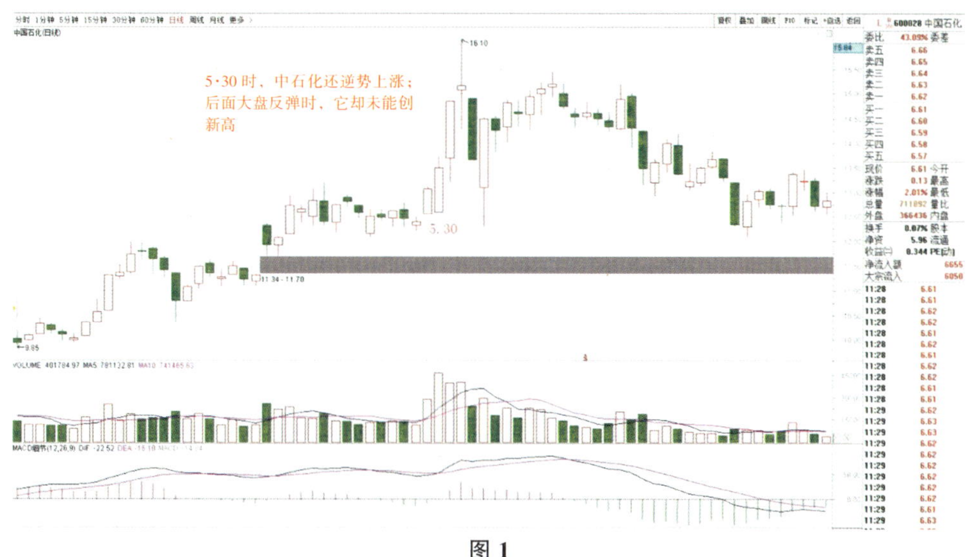

图 1

图 2

缠中说禅　2008-03-17　15：17：29

再说得明确点，如果基本面没有干货，那么反弹都只能是技术性的，这需要更充分的杀跌才有反弹的空间；所以，现在的市场选择前提很明确，就是有干货还是没干货。

经验：没有基本面做支撑的反弹只能是技术性的，那需要更充分的杀跌才有反弹空间。这个经验的前提是熊市中。

政策消息

缠中说禅　2006-11-22　17：02：16

很多消息根本就不是什么秘密，关键你要有心。不是要你瞎听消息，而是要好好分析消息。是你在使消息，而不要被消息使。

解读：很多消息其实是公开的，关键是能对消息有认真的本质上的解读和认识，然后再思考其他人会如何看这消息，最后用盘面来印证，这才是对待消息的正确之路。

［匿名］**清　2007-01-08　16：14：52**

看过了“本 ID”前两日对牛市发生调整可能因素的见解，大概是需要中央调控，希望没有理解错，而今天中国人民银行存款准备金率上调 0.5 个百分点，应该就是其中一个预警吧？但牛市依然加速，难道真的需要再出现类似加息或者新华社评论文章吗？想听听阁下的见解。还是那句，牛市行情原来还很累人。谢谢！

缠中说禅　2007-01-08　20：50：22

今天这种不算什么，以前不是试过十几道金牌才把股市打下来的例子。只要轮动依然，市场就是良性发展，没有什么可值得担心的，关键要踩准节奏，当然，如果没时间关注短线已经轮动的，就把选好的成份股拿好了，最终，基本涨幅都相差不大，只是先后问题。

解读：升准这政策的威力不算大，政策也很难一下子改变大趋势；在牛市里，只要轮动还在，就是良性发展。

［匿名］**缠心雕龙　2007-04-05　15：36：54**

博主好！顶一个！如果 A_{i+2} 和 A_i 没有盘背（且设 A_{i+1} 低点不破 A_{i-2} 高点），则 A_{i+2} 结束时持有，那 A_{i+3} 发生暴跌，一直跌破 A_i 的低点也没结束，这时肯定已经亏损了，即使后面向上的 A_{i+4} 也不一定能解套，这种情况如何应对？

缠中说禅　2007-04-05　15：47：57

不背驰且不演化出 a′+B 形式，就不会跌破，除非出现百年不遇的，像突然世界大战，美国突然又被撞了几百座楼之类的事情，使得本 ID 理论那两个前提在短时间内失效。

［匿名］缠心雕龙　2007-04-05　15：55：31

原来如此。看来那两个前提，也会受突发事件影响啊。比如伊朗扣留人质，油价开盘突然涨停，没有前兆啊。

缠中说禅　2007-04-05　16：01：17

这个自然，像今天晚上突然开会说要把股市关了，那什么技术都没用。技术只能在系统中有用，那些非系统性风险，也就是说对所有人都是突发的事情，当然不是技术能解决的，否则，技术就可以预测上帝今天吃什么了。

解读：一些特别重大的突发情况，相当于短期内的非系统性风险使得理论的两个前提（价格充分有效和非趋同性交易）失效，这是技术不能解决的，但一般不会持续太久。

50 年以前　2007-07-11　15：43：19

现在利空真是满天飞啊。什么加息，取消利息税，新股申购，等等，会不会太可怕?!

缠中说禅　2007-07-11　15：47：57

消息跟着走势走，空头主控，当然利空漫天飞，哪天等多头主控了，你想听什么利多消息都有。

经验：空头主控时，利空消息多；多头主控时，利多消息多。

缠中说禅　2007-08-28　08：41：11

明白了政策的特点，对政策就没必要如洪水猛兽，以下几点是可以注意的：

（1）一个最终结果决定于价格与价值的相关关系。当市场进入低估阶段，就要更注意向多政策的影响；反之，在市场的泡沫阶段，就要更注意向空调控的影响。

解读：牛市疯狂时一定要注意利空政策，熊市低迷时注意利多政策，例如 2015 年 4~5 月，证监会已经开始查场外配资的问题了，只是当时大家对这个消息

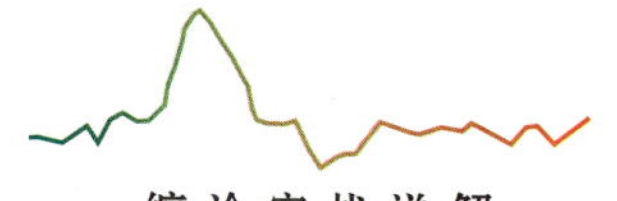

都不是太敏感，6 月的股灾和强行去杠杆有很大的关系。

（2）最终的赢利，都在于个股，一个具有长线价值的个股，是抵御一切中短分力的最终基础，因此，个股对应企业的好坏与成长性等，是一个基本的底线，只要这底线不被破坏，那么，一切都不过是过眼云烟，而且，中短的波动，反而提供了长期介入的买点。

解读：这也是价值投资者的基础，只不过对于价值投资者来讲，只看重这个基础，而无视其他，最终也会有一定的片面性。

（3）注意仓位的控制。现在透支已经不流行，但借贷炒股还是不少见。这是绝对不允许的，把资本市场当赌场的，永远也入不了资本市场的门。在进入泡沫阶段后，应该坚持只战略性持有，不再战略性买入的根本原则，这样，任何的中短波动，都有足够的区间去反应。

解读：现在场外配资很多，2015 年的疯狂也是被杠杆推起来的，最终引发的股灾也是相当惨烈，很多加杠杆的最终都归 0 了，一笔没有时间期限的自由资金是玩资本市场的基本要素。

（4）养成好的操作习惯。本 ID 反复说了，只有成本为 0 的，才是安全的，这大概是彻底逃避市场风险的唯一办法。

（5）贪婪与恐惧，同样都是制造失败的祸首，如果你保持好的仓位，有足够的应对资金以及低成本，那么，就让市场的风把你送到足够远的地方。你可以对政策保持警觉，但没必要对政策如惊弓之鸟，天天自己吓自己。

解读：贪婪和恐惧是个人的修为问题，只要能在这个市场中做到稳定盈利，一般都会战胜贪婪和恐惧，所以走向稳定盈利的路也就是个人的修行之路。

（6）不要企望所有人都能在硬调控出台前提早一天跑掉。可以明确地说，现在政策的出台的保密程度已经和以前大为不同，很多政策的出台，都是十分高效保密的。当然，一定范围内的预先，那肯定是有的，但这种范围已经越来越小，而且，经常能够反应的时间也越来越少。对于大资金来说，那点时间，基本无效。本 ID 可以开诚布公地说，现在政策的公平性已经越来越高，有能力预先知道的，资金量小不了，因而也没足够的时间去全部兑现，这在以前，有长长的时间去组织大规模撤退，那绝不是一回事了。

解读：随着政策出台的保密程度越来越高，不可能有很多人能提前反应，所以在政策出台后的第一个小级别二卖是最佳的逃生机会。

（7）必要的对冲准备，例如权证等，最近，认沽热销，也和一些资金的对冲预期有关。

解读：现在没有了权证，但有股指期货和期权，这两个品种都是非常好的对冲品种。

（8）一旦政策硬调控出现，则要把握一切可能的机会出逃，在历史上，任何硬调控的出现，后面即使调整空间不大，时间也少不了。

解读：2007 年的 5·30 就是一个案例，当有重大的政策调控时，要立刻找机会先逃出来，因为后面的调整要么空间大，要么时间久。另外，不仅仅是政策硬调控，还包括重大的利空消息，比如 2018 年 6 月 18 日，美国总统特朗普声称在前面 500 亿美元商品基础上，再对 2000 亿美元中国商品加征 10%的惩罚性关税，第二天市场暴跌 3.78%，第三天、第四天反抽后又继续下跌，从 2950 点跌到了 2700 点附近。

（9）关键还是要在上涨时赚到足够的利润，如果你已经 N 的平方倍了，即使用一个 10%~20%去留给这飘忽不定、神经叨叨的非系统风险，那还不是天经地义的事情？成为市场的最终赢家，和是否提前一天逃掉毫无关系，资本市场，不是光靠这种奇点游戏就能成的。心态放平稳点，关键是反应，而不是神经叨叨的预测。

解读：为什么要通过短差降成本，根本原因就是在于成本为 0 之前，都不是绝对安全的。

缠中说禅　2007-10-08　15：35：47

政策面上，重要的会议后，调控力度必然加大，这是毫无疑问的。因此，周末开始，就进入政策面的危险时间，至于这个时间如何被触发，就看今后几天资金的表现了。对于资金来说，现在是争分夺秒。

现在唯一不太配合的，就是上冲力度还太小，回跌的空间还没有完全打开，和政策抢时间把空间拉抬出来，是目前资金最大的任务。

解读：在最后疯狂期，管理层认为有风险时，一定会有政策的影响，因此最后的顶部不可能是市场自身走出来的，一定会有政策的背影，同理，在底部也是一样的。

缠中说禅　2007-12-04　15：29：26

由于目前成交量太小，市场本身的合力太弱，而消息的力量在这时候特别容易放大，所以走势上如果要特别细致地判断，不能忽视这会议消息的力量。但如果只需要知道大方向性的东西，那对这会议也无须太过看重，就算有什么特别的东西，也就是多制造一个空头陷阱的问题。

经验：当成交量很小的时候，市场本身的合力就会很弱，那么消息的力量在这时候就特别容易放大，这也解释了为什么有的热门股，有时利空出现时反而还继续涨，这就是因为热门股的成交量很大，消息的力量在市场合力中只占很小一部分，并不影响当前的趋势。

衍生品

［匿名］冰火　2006-11-22　00：59：00

除非行情特别不好，否则是不会让认沽兑现的，因为不兑现，这就是一个空头支票，而兑现是要掏真金白银的。

这句话我尤其看不明白，权证一旦发行了就是有法律效力的，企业怎能和投资者买认购权证一样赖皮不兑现？还有就是难道企业有操纵权证价格的能力？

我的问题太弱智了，俺承认俺超级菜，但不问清楚我真的睡不瞑目啊!!

缠中说禅　2006-11-22　09：19：07

对不起，刚上来。股价升破认沽价，认沽权证就是废纸，就不用兑现了，因为没人会去兑现。例如，认沽价 3 元，现在股价是 4 元，没人会用 4 元的股票去换 3 元的人民币。

解读：因为上市公司发行了认沽权证，融到了一笔资金，一般情况上市公司都不太想让认沽权证最终兑现，只要股价高于认沽价，那么认沽权证就没有任何价值，也就没人会兑现，这样上市公司也就不需要用真金白银来兑现了。包括现在的可转债也是一样，大多数上市公司最终都不想把融来的钱还回去，对于可转债，只要股价高于转股价格，持有转债的人就有转股动力，一旦转股，债权变股

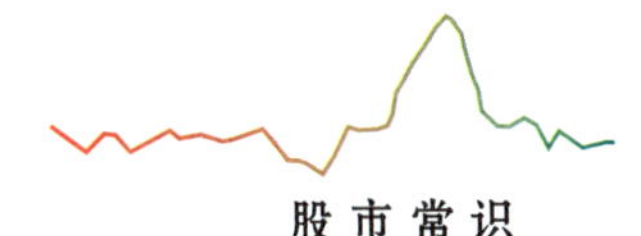

权，上市公司就无须还债了，其原理是相通的。所以，同时有认沽认购权证的，其认购权证的安全价格是认沽认购权证行权价之差。要十分熟悉游戏规则，了解各个游戏玩家的真实意图，并从中发现机会。

水热火深　2006-11-22　10：58：10

多谢大侠指教。我就是那个冰火。我大概明白你的意思了，假如 Y 是认沽行权价，X 是认购行权价，那企业为了自己的利益会尽量保证行权当天的股价不低于 Y，所以认购权证的最终价格会不低于 Y-X，所以只要认购权证的价格跌到 Y-X 以下的区间内，都是比较安全的。是这个意思吗?

缠中说禅　2006-11-22　12：32：44

不一定要跌到那区间，基本就不会跌到那区间，在上面高点的位置就可以了，那是一个底线，基本不会跌破。所以，你就有了一个几乎绝对安全的标准。像最近的武钢，几乎绝对安全线在 0.21 元，在 0.35 元见到底部。等于你用最多 30%的风险去赌 300%的利润，这样当然可以介入了。

解读：虽然认购权证的安全价格是认沽认购权证行权价之差，但权证本身还有一个时间价值，所以一般不会跌到那个安全价格之下。也就是说，绝对安全的事情几乎不会存在，只要有合适的盈亏比就可以，这也从侧面印证了操作并非一定要有 100%的确定性才可以去做，有合适的盈亏比就行。

武钢权证当时的走势如下：

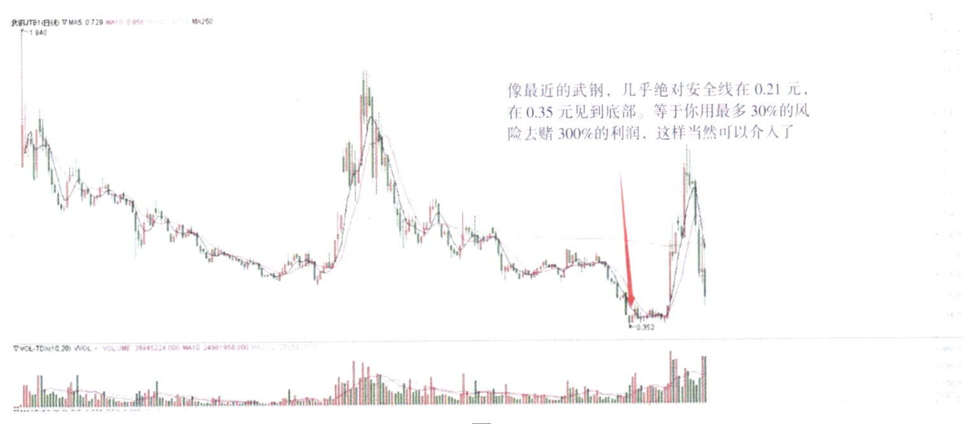

图 3

［匿名］lazycat588　2006-12-28　15：36：05

顶！刚买 580992 就赶上跳水，郁闷到刚回过头就被人占了沙发，继续郁闷！

缠中说禅　2006-12-28　15：47：41

权证在大休息前都要跳水的，这么明显的规律，早就应该知道。股市不能瞎搞，必须要当有心人。过完节吧，会好起来的。

经验：指的是在整个市场进入中级调整前，认沽权证要跳水。

［匿名］新浪网友　2007-05-22　16：47：19

老大，既然今天兴致这么高，能不能谈两句 B 股。

缠中说禅　2007-05-22　16：56：07

买 B 股的，除非是底部一直上来的，否则弄不好，赚的钱还不够美元贬的多。当然，如果你原来就有美元，又不想换成人民币，那当然可以参与。B 股在这地方要好好震荡一下了，但行情没完。

经验：买 B 股，不适合做短线，流动性也不允许短线，还有汇率的风险。

［匿名］大盘　2007-03-20　17：57：52

博主：

请问，与股票相比，外汇买卖有什么特别不同的吗？或者说使用博主中枢理论需要更注意些什么？如果完全方法一样，炒外汇似乎可以有更多时间去打理，毕竟是 24 小时交易。而且现在交通银行也推出了 5~15 倍杠杠的外汇保证金交易，算起来一天的波动与股票接近。

缠中说禅　2007-03-20　18：07：03

期货趋势的延伸性特别强，所以如果不熟练的，用第二类买卖点比较安全，就怕你判断错误，在趋势延伸时当成第一类买卖点，问题就大了。还有很多不同的地方，以后会说到的。

不过，如果股票走势都判断不好，那就别玩儿什么期货了。先学会走，才能跑。

［匿名］aaaaa　2007-03-20　18：10：05

老大：

股指期货推出会引起大跌吗？

请评一下股指期货推出对大盘的影响。

缠中说禅　2007-03-20　18：36：26

站在纯走势的角度，这些问题都是假问题。股指期货推出，对大盘的中长线趋势没有任何的影响，不过是一个借口与题材。但股指期货出现后，会加大走势的延伸性，这是必须注意的。

有了股指期货后，以后的指数，盘整的延伸将加强，但一旦突破形成趋势，那趋势的延伸也会加强。但总体大方向是没有任何影响的。

解读：期货的延伸性特别强，这和期货的交易特点有关，期货是可以随时开仓的，和股票交易凭证数量的基本稳定不同，所以在力度分析等方面有很多不同的地方，缠师担心在趋势延伸时当成第一类买卖点，说明在期货里，背驰的判断与股票肯定不同，所以建议用第二类买卖点比较安全。股指期货推出，对中长线趋势没影响，但加大了走势的延伸性。

缠中说禅　2008-03-20　11：13：56

而且，世界经济的经验告诉我们，大的商品投机潮过后，总会一地鸡毛，而美国经济的问题，远未到解决的时候，这些外部的定时炸弹将随时把经济繁荣的幻想炸裂，而真正的调整压力，在那时才会真正显现。

经验：大的商品投机潮过后，无论是期市、股市还是经济，都会进入萧条期。

基金

缠中说禅　2006-12-19　12：45：36

真正调整的出现必须把这次突破历史高位所产生的惯性耗尽。由于年尾基金做业绩的因素，而且，现在基金的业绩和新募集的关系太大，成了一种营销手段，所以大盘受此的影响不可小视。

经验：到年底时，基金公司为了业绩，一般会做一下净值，大盘因此可能还会延续强势。

［匿名］星星　2007-01-03　21：03：01

请教楼主一个关于理财的问题。我想买基金，但看看今年基金涨幅已经很大。又有许多人说 2007 年基金行情不会很好，不知楼主怎么看。还有，即将推出的指数期货对基金有什么影响。谢谢！

缠中说禅　2007-01-03　21：12：07

如果你看好指数走势，还不如买什么 ETF 之类的东西。当然，站在学投资的立场，本 ID 是不赞成买什么基金的。本 ID 可以预言的是，2000 年是所谓的庄家出事年，在不久的某一年，某些基金会出大事情，这很可能成为今后股市大调整的一个最重要的隐患。

这种危机，在指数期货推出后，将进一步，像辽国发、万国、中经开的新版本是可以预期的。

钱还是自己把握比较好，学好技术，别看别人的脸色。

但请注意，本 ID 并不觉得出事会影响牛市，只会制造一个大的调整，牛市不会因为某几个机构出事就结束的。327 出事后，319 不涨得更疯狂？

［匿名］请问博主基金　2007-04-25　22：17：03

博主，我没什么时间炒股！请问现在买基金好吗？买什么好呢？能不能介绍个具体的我就不用费心思了！

缠中说禅　2007-04-25　22：19：06

最简单，就去买和指数直接正相关的基金，这样，至少赶得上指数。当然，最安全是一个较大级别调整后去买。

解读：指数的成份股基本都是各行业的龙头公司，整体安全性高，ETF 基金就是固定跟踪指数，不存在选股、老鼠仓、利益输送和个股踩雷等风险，也会减少基金经理或基金公司人为的风险，而且最终能跑赢指数的基金也不多，大多数还跑不赢指数，那就不如直接买 ETF 基金，费用也要比普通公募基金少得多。

板块轮动

［匿名］爱你—数女　**2006-11-24　12：51：45**

请教房地产看涨还是看跌？

缠中说禅　2006-11-24　12：53：45

二线地产股补涨，然后就是三线的，把握这个节奏。

缠中说禅　2006-11-24　14：14：17

反攻力度有点弱。个股表现不错，房地产股票如上面所说的，一线然后二线接着三线，现在连天鸿这种三线亏损房地产股票也启动了，但这时候，房地产板块短线压力就开始增加了，中线暂时问题不大。

解读：经验是板块内和整体市场都有轮动，也分别按照一、二、三线进行。板块内一、二、三线都开始轮动了，那么板块短线往往要开始调整了。当时一线地产股比如万科 A 已经有了一波上涨，二线地产股比如陆家嘴当时正在补涨，而一些三线的地产股比如深物业 A 直到 2006 年 12 月底才开始上涨。

［匿名］破缠悟禅　**2006-11-28　12：22：06**

禅师，现在大盘的走势和你说的基本一致，请教个问题，你预测下一波中哪个板块应该可以先达到高潮？谢谢指点！

缠中说禅　2006-11-28　12：25：31

所有板块都会动一次的，如果从力度上看，还是在中低价股的补涨上，特别是强势板块的补涨股。毕竟目前人都很谨慎。新板块的大面积高潮，要等待下一次大的不应期结束之后。

经验：

（1）调整后，中低价股一般会补涨。

（2）尤其选择强势板块里的中低价补涨股。

（3）新板块的集体高潮，往往会在下一波大调整之后。

［匿名］想飞　2006-11-30　12：46：46

LZ，你是按什么标准把股票划分为一、二、三线的，因为弄不清，现在也不敢进，只是看着。

缠中说禅　2006-11-30　12：55：42

这没有什么太明确的标准，都是约定俗成的。像深发展是一线股，深房是三线股，这是历史形成的。当然业绩也有一定作用，但不是唯一的因数。

解读：一、二、三线的划分一般是约定俗成的，业绩有一定作用，但不是唯一因素。除此之外，还可以参考两个因素：

（1）股票质地，主要是业绩好不好，够不够稳定。

（2）公司规模和行业地位。

简单来说，就是公司的行业地位，一般来说，大蓝筹都是一线的，二线股业绩也不错，但规模没一线那么大，其余业绩不好的，靠题材吃饭的基本就是三线股了。但最主要的还是市场人们对一只股票的长期印象，也就是约定俗成。

缠中说禅　2006-12-11　15：25：14

大盘已经说得够清楚了，中长线走势早说了，1日说了中短线，12月要出现大幅震荡。这种大幅震荡正是短线的好机会。

而大盘的旗帜也很明确，就是银行股、地产股为代表的成份股，只要他们不倒，牛市的第一轮就不会结束。所以，没必要每天都说一次大盘，自己也要慢慢学会看。

经验：第一轮的龙头不倒，牛市第一轮就不会结束。

［匿名］cc　2006-12-27　15：31：20

mm，第一阶段是不是大盘每次调整都先涨银行地产？

缠中说禅　2006-12-27　15：33：50

成份股，你说联通算什么？但银行股肯定是有份的，因为权重最大。

解读：每轮牛市第一波中，银行、券商基本都是要涨的，银行是因为权重大，券商一是因为占有权重，二是属于强周期，牛市来时，券商必涨。

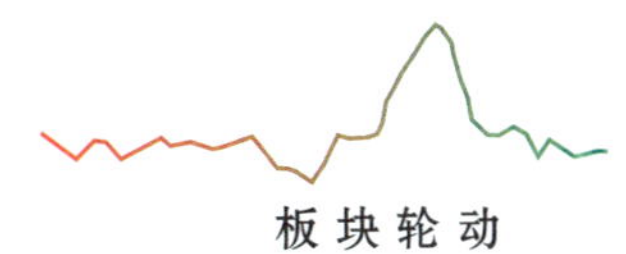

[匿名] 欲哭无泪　2006-12-27　15：31：05

楼主：请您看看孚日股份。那可是我的全部家当，血汗钱哪！

现在被套，自杀的心都有了！怎么办哪！

能不能破例一次，告诉我咋办呀！谢谢！

缠中说禅　2006-12-27　15：40：50

对次新股，早说过了，上市第一天的高价不放量突破，看都不用看，除非在下面出现第一类的买点。这样的好处是不用浪费时间。现在该股走成这样，就等吧，反正离箱顶也不远。

再说一次，真正的高手就是顺着市场最简单的方向去，早说过什么呢？一定要紧跟大部队，别和散兵游勇玩，那些人自身都难保，有什么可玩的？牛市第一阶段，大资金都忙着搞成份股，管这些小盘玩意的，都是小玩意。等吧，最终都要涨的。

解读：牛市第一波是成份股，那就在此时尽量选择成份股，跟随主流。

缠中说禅　2006-12-28　15：45：14

成份股的威力，各位会继续看到的。有人说现在涨得很离谱，本 ID 怎么一点感觉都没有？比起 1996 年那次，差远了。比起 1991 年甚至 1993 年那次，差更远。1994 年 8、9 月那次的反弹，从指数的速度上也比这次快。没什么可说的，只不过以前的龙头叫发展、长虹。现在换成了工行之类的，一点新意都没有。

本 ID 已经不想说第一波是成份股这种话了，说得太多，没意思了。如果要和 1996 年比，见 4500 点前就不该有大的调整。明年，最迟后年怎么都应该见 6000 点。否则，本 ID 简直对这次的行情失望之极。

元旦后，以及特别在人寿上市前后出现平台式快速震荡是必要的。这是短线最大的风险，至于中长线，又是一句说过无数次的话，现在才是牛市的第一阶段。

解读：成份股就是带头大哥，带头大哥打出了空间，后面的其他股票才会有参考标准，也能吸引场外资金不断进入。中国人寿是 2007 年 1 月 9 日上市，大盘在 1 月 4 日开始出现了一个小平台震荡。之后在 1 月 24 日进入中级调整。

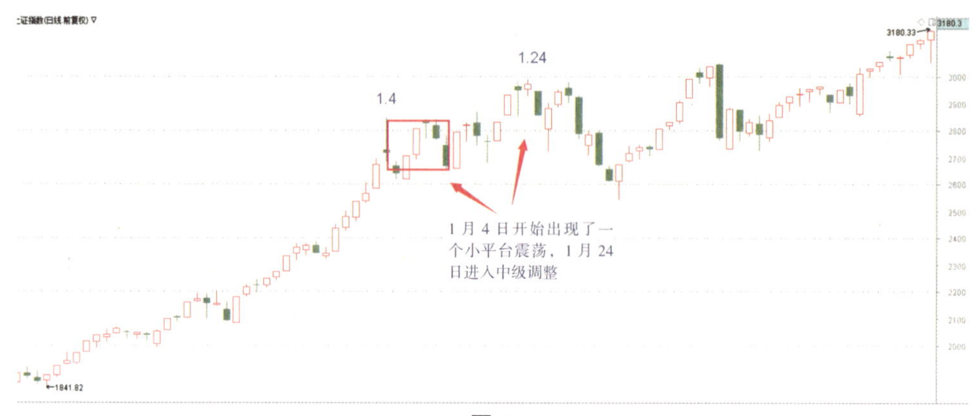

图 4

［匿名］白纸　2006-12-28　15：48：40

缠 mm，现在买成份股是不是太晚了？我瞎忙了两个月还是没什么收获！“教你炒股票”系列又还没入门。

缠中说禅　2006-12-28　15：56：20

本 ID 很久以前已经反复强调这个问题了，回去看看 000001 股票 1996 年的走势。

各位，注意这样的节奏。最大那 50 只肯定要先上一个台阶后，然后 300 只里面的后 250 只就会补涨上去，这个节奏是可以把握的。

至于三线股，就是更后面的补涨了。

牛市其实是最简单的，每一阶段有一个龙头板块，其他都是补涨的。

第一阶段的龙头板块就是成份股。

第二阶段是成长股，那是以后的事情了。

第三阶段是重组股，那是最后的晚餐了。N 年以后会出现。

现在才是牛市的开始，没赚到钱也不怕，后面明确方向，机会多得你跟不过来。

解读：牛市有三个阶段，第一阶段是成份股，第二阶段是成长股，第三阶段是重组股，每个阶段都有一个龙头板块，其他的都跟着龙头板块走。这讲的其实也是比价系统的东西。

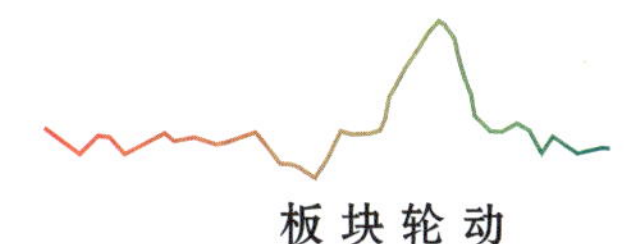

［匿名］心易　2007-01-04　15：55：13

谢谢 LZ 的背驰理论！！！今天下午把银行股全出了，避开短期调整。LZ 真是在普度众生啊！！！

缠中说禅　2007-01-04　16：01：37

但现在只是小级别的，短线调整后不排除还有创新高的可能，中线就更不用说了。

各位可以好好分析一下工行的 1 分钟、5 分钟图，用走势类型必须完整的定理，尾市的跳水就理所当然了。但这次跳水后，关键看能否重回今天的中枢，不行的话，调整的级别就大了。

另外，还可以教大家一招，就是当第二龙头的补涨比第一龙头还有力时，往往是该板快要进入调整的标志。比较一下工行和中行今天的走势就明白了。

解读：当第二龙头的补涨比第一龙头还有力时，往往是该板快要进入调整的标志。当天，中国银行的走势要比工行强，而且前两天中国银行是两天涨停，补涨明显。

图 5

图 5（续）

［匿名］whq999　2007-01-08　15：26：26

ding！今天二线蓝筹很好，明天请缠妹继续！谢谢，哈哈！

缠中说禅　2007-01-08　15：33：49

牛市炒股票基本没有什么技术含量，就是板块轮动。例如，现在的牛市第一阶段炒成份股，先启动一线的，也就是盘子最大的，然后二线、三线，基本就是这个节奏。一线不会大跌，一旦大盘要冲关之类活动，一线就会出来露脸。一线是反复炒。

牛市别谈论什么个股的顶部，想想 1996 年，发展在 6 元时，谁可以知道 1 年后发展 10 送 10 后还敢冲 50？

经验：牛市不言顶；先启动一线的，也就是盘子最大的，然后是二线、三线；一线不会大跌，当大盘需要冲关时，一线就会出来露脸，反复炒。

缠中说禅　2007-01-10　22：02：27

太晚了，先下，再见。

再说一次，目前短线的主题就是补涨，从 50 到 300，到非成份股，注意这个节奏，至于大盘，晃荡几下是正常的。

目前最有力的就是第三类买点的低价股票。

经验：补涨阶段，最有力的是有三买的低价股！

缠中说禅　2007-01-12　15：26：45

大盘今天的走势很正常，前几天不是问过各位工行究竟走的是哪一段？根据

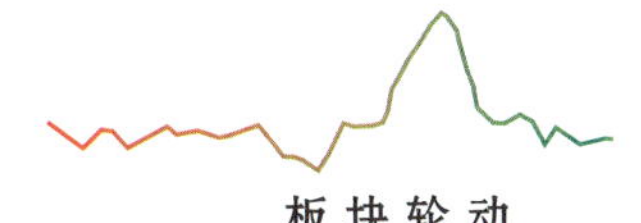

走势必完美，三个次级别是必须的，所以这几天的走势太正常了。这根本不存在依靠任何人，一个走势必完美的原则就知道了。

个股依然是低价补涨，只要成交量不过于萎缩，个股行情就不断，主要是低价股的。注意，反复说的都是补涨，所谓补涨，就不会是连续的中线行情。前几天已经说过了，补涨完了，还要看工行等，他们如果不再启动，那么调整的级别就大了。

前面还特别提示要注意政策上的动态，这不会逆转大趋势，但会对调整的力度与时间有影响。最近已经有不少人跳出来对大盘进行言论反压，但相信，这不会成为管理层最终的意见，因为在去年的行情中，管理层是最大的受益者，过快上涨可能不好，大幅下跌也是绝对不被允许的。这就决定了目前的调整格局，轻指数，重个股。只要买点出现，就有个股机会。

中线个股问题不大，看看去年的酒，今天还在涨，就知道了。

经验：等补涨股补涨完了，一线成份股还不启动，那么调整的级别就变大了。

［匿名］水房姑娘　2007-01-15　16：12：36

人寿和联通接过工行的大旗，不知这旗能打到什么时候？对小散来说，什么时候逃命安全呢？

缠中说禅　2007-01-15　16：17：45

工行是不应该倒的，如果工行倒了，就意味着牛市的第一波结束。

经验：第一波龙头股不能倒，倒下了就意味着牛市第一波结束。

［匿名］外科医生　2007-01-15　15：55：42

报到。

预测到反弹，没有想到如此强烈。

会是最后的疯狂吧。呵呵。

缠中说禅　2007-01-15　16：29：08

这是很不精确的想法，什么叫最后的疯狂？最后的疯狂如果指牛市最后一段的走势，那还早着，如果指第一波最后的走势，站在深成指的角度，第二个周线的中枢都没有出现，怎么会存在最后的疯狂问题？

一般来说，牛市的第一波，一定要出现两个周线中枢后再一次地上涨，这时

候才有最后疯狂的可能。那时候，低价成份股会上演疯狂行情，那时候，就要小心了。

现在如果拿着涨幅不大的成份股，那就是拿着印钞机。

经验：牛市最后一波的特点：

（1）深成指有两个周中枢之后，再一次地上涨。

（2）低价成份股会上演疯狂行情。

Anytime　2007-03-21　15：26：33

有些药的业绩不好，一直亏损，可以关注吗？

缠中说禅　2007-03-21　15：30：14

任何板块都分一、二、三线，你回想一下去年酒的运动，先一，后二，最后连沱牌这类三线都动起来，就差不多大调整了。酒大调整完还要上的，像去年的有色，今年一样表现。

经验：任何板块都分一、二、三线，当三线都开始表现时，就差不多要大调整了。沱牌启动的时间最晚，茅台等一线启动得早。

［匿名］后知后觉　2007-04-05　16：18：12

如你文章回复所述，现在的确是个除了您这样的人或集体，大家都整体处在洗脑的时间段。

各种力量在表演，在让领导层观摩，看领导的眼色，在给领导灌输一些景象。

机构在给我们散户洗脑，告诉我们怎么下去的就怎么上来，没啥好怕的，于是，后续的新股民和资金源源不断。

散户也在给散户洗脑，互相抱团取暖……只有在你这里才能认识市场，了解当下。

有一点不解，现在力量的权衡还是不懂，权重上，大盘就上，就会招来非议。但是，权重股也不会一直趴着，都是为利益来的。为股指期货，他们或许在等机会。这样下去，是否会把他们弄急了，报复性地爆发？什么时候、什么环境下能达到一个平衡，形成共振？我问题比较愚蠢。谢了！

缠中说禅　2007-04-05　16：24：41

没有说大盘股就不涨，只是大盘股启动消耗太多能量，而且还需要一个好的

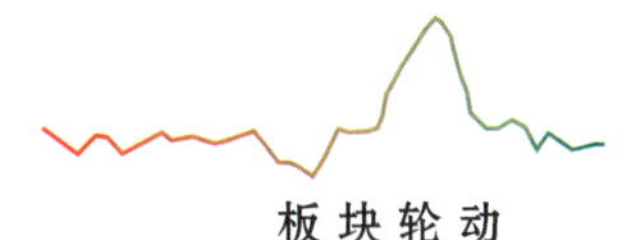

理由，例如，如果期货开了，要把空头打爆，那把中行夹上20又有什么大不了的。

经验：大盘股的启动需要消耗太多能量，而且需要一个好的理由。例如业绩、估值比价等。

今天的月线收盘，已经足够好了，至少上影线不太长，比最恶劣的倒T要好多了，因此下个月，至少有了很大的画图回旋的余地。注意，最近的行情，又将以质优的一、二线成份股为主，三线股一定要等到大盘基本稳定下来，才会慢慢恢复元气。但明天和周一，今天反弹比较弱的，会逐步表现，这和轮动是一个道理。

经验：当市场出现大的调整时，率先启动的一般还是一、二线的成份股，三线的股票是等大盘比较明朗了之后才会走好。也比较好理解，和牛市第一阶段是成份股先涨的道理一样的，那是带头大哥，红旗不倒，其他小弟才敢跟上。另外，反弹时也有轮动。

［匿名］**新浪网友　2007-04-24　21：21：46**

银行股近期持续低迷，禅师怎么看。

缠中说禅　2007-04-24　21：24：47

那很正常，如果他们都高涨了，大家就很快没饭吃了。

经验：如果银行都开始疯涨了，那指数也必然会进入疯狂状态，这种疯狂状态是不可能持续太久的，所以最后的结果是行情迅速结束，大家没饭吃了。2015年中的股灾那次，虽然不是因为银行股疯涨，但主要原因也是指数整体太疯狂了，这种疯狂是不可能持续太久的。

［匿名］**鸢鸢　2007-05-31　16：30：25**

姐姐的意思是说既然没有踏准节奏就不要追高换股了，应该利用手里的股做短差降低成本，对吗？

缠中说禅　2007-05-31　16：35：14

板块是轮动的，最好的节奏当然是从这儿跳到那儿，每次都准点，但如果开始没这技术，先玩好一个，技术好了再来高难度的，那是目标。

经验：如果节奏不对，宁愿原地踏步，先把节奏调过来，然后再追求板块轮动，先玩好一个再来高难度的。

［匿名］与你同行　2007-08-09　16：14：41

老师，股指狂升，很多股票价格却不动，反而跌怎么理解?

缠中说禅　2007-08-09　16：18：21

这太正常了，上半年二、三线股涨的时候，大盘成份股也没怎么动，风水轮流转。

从今天开始，可以慢慢关注沪深300中的，大盘50会慢慢扩散出去。当然，还可以关注大盘50中没怎么动的，没动的都会轮一遍的，前提是，有一定级别的买点。

经验：一般都是大盘权重股先冲关，起带头作用，然后逐步扩散到其他板块和个股。

［匿名］大道　2007-08-09　16：49：13

女王好，目前学习您的线段理论后，对大盘的走势略微入了一点门了。但头疼的是，资金却始终在低位，原因就是始终找不准板块的节奏，您能对板块的轮动或如何发现市场的热点指点一二么，谢谢女王，盼复。

缠中说禅　2007-08-09　16：54：02

板块轮动是蔓延开来的，有一个核心。例如，这次的核心就是大盘50，然后蔓延到300，然后是二、三线，这个过程在进行中。至于能否完成，那就需要很多因素了，例如政策面能否支持这么长时间。

经验：也就是说，板块轮动能否蔓延开，是不确定的，是需要很多因素的配合。

缠中说禅　2007-10-09　15：26：41

今天，如期出现昨天说的板块轮动，现在，无论多头空头，都需要这个轮动出现。对于空头来说，板块烽烟四起，正是消耗多头能量的一种手段。如果一旦出现所有板块都轮动，但没有任何板块能连续上涨的情况，那对多头信心就是一个有力的打击。

经验：板块轮动是消耗多头能量的一种手段，一旦出现所有板块都轮动，但没有任何一个板块能持续上涨，那对多头信心就是一个有力的打击。这一点在熊市的反弹时更明显。

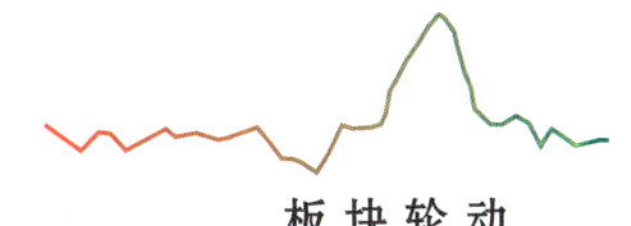

缠中说禅　2008-03-06　15：13：00

注意，轮动操作一定是把热的冲高时抛，然后吸纳有启动迹象的潜力板块，而不是去追高，如果这个节奏把握不好，还是别操作算了。

中线上，如果这次红柱子放大后不能有效站到4695点上，甚至连4391点都站不住，那么，大盘再次破位并不是什么天方夜谭。再次提醒，今年的操作，一定是折腾式的，不要想着单边不回头的操作。

经验：轮动操作是把过热的股票冲高卖掉，吸纳刚启动的，不追高。过热的整个板块都在高度亢奋，并且整体涨幅过大，而刚启动的只有板块龙头，且刚走出来，而整体板块还没大涨。

缠中说禅　2008-04-08　15：19：39

个股方面，板块轮动加速，现在问题的关键是轮动后首先调整的板块能否再次启动，如果能，那大盘就肯定有戏，否则至少要调整一下。

目前，整个次序大致是地产、金融、有色、券商，然后今天是所有几乎大的题材都动了一下，创投、农业、三通、环保等等，因此，后面还是要看金融地产能否再次启动。

当然，一些小板块的轮动还会继续，但对于大局，这些都没多大的意义。行情，关键要看大角度。

经验：反弹时，首先调整的板块如果能再次启动，反弹行情将延续，否则还要继续调整。板块轮动要看大的角度，也就是大的板块，小板块的轮动对大局没多大意义。

缠中说禅　2008-04-14　15：22：10

注意了，中线一定要看好地产板块，前几天本ID已经说了地产搞了一个多头陷阱，因此，这几天的大跌很正常，否则就不叫多头陷阱了，现在的关键是，地产是最早启动的，这次下来是第二买点的清洗，还是新一轮的下跌，对大盘具有极大的中线指引意义。当然，同样的包括金融股。

平安那破事一直不出来，对大盘就是一个大的压制，它不出来，大盘就不可能真正走起来，这点也是必须注意的。

注意，短跑就是冲刺，千万别搞成长跑。

经验：最早启动的板块进入调整时，一旦新低则意味着新一轮的下跌。地产板块就是当时最早启动的板块。

缠中说禅 2008-04-24 15：15：00

不过，任何事情都不能昏头。今天是普涨，所有前期压抑的发泄，因此，行情能否真正健康地展开，关键是其后的分化，强势领涨板块的继续走强，才是长远之计。

经验：普涨性的反弹之后，关键是分化，强势领涨板块要能继续走强，反弹行情才能持续健康地展开，也就是龙头不能倒。

缠中说禅 2008-04-28 15：06：21

个股上，注意强势股回调时是否有资金承接而有第二波的机会。另外，调整时，老题材股会趁机活跃。

经验：调整出现时，老题材股会趁机活跃。

缠中说禅 2008-05-05 16：54：42

今天，上攻力度明显趋弱，以板块补涨为主，所以，大的震荡风险已经开始积聚。3840点的中线意义已经早说，注意该点位上下表现。

解读：当天出现了上涨1分钟趋势的第二个中枢并且顶出了趋势背驰的第一类卖点。

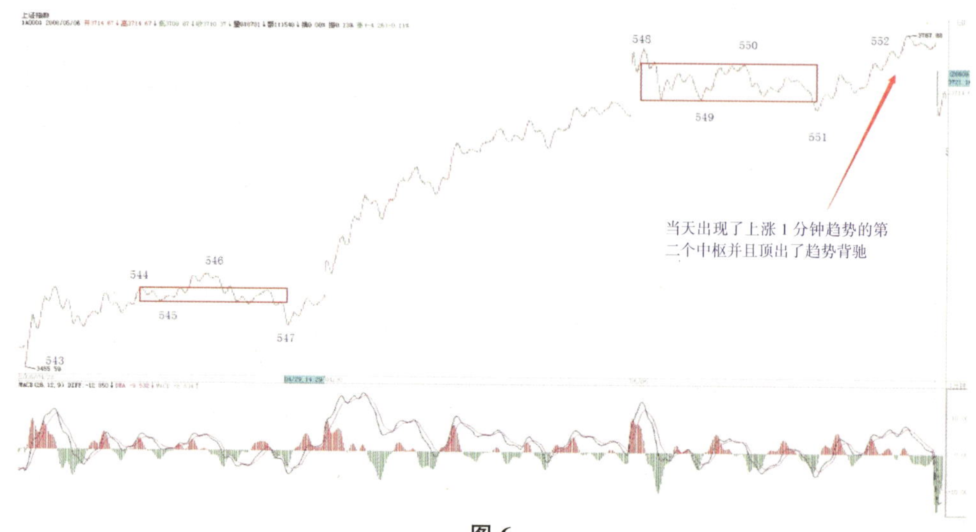

图6

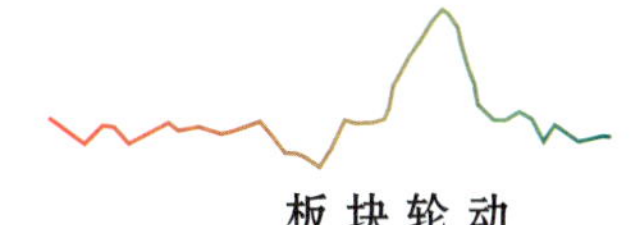

此外，还有一个实战经验：当龙头板块不再表现，以补涨板块表现为主时，往往预示着大级别的震荡调整。

当然，这次下跌，和上次不同，大多数人都没什么感觉，因为这次跌的都是中字头的，其他90%都没怎么跌。但并不意味着这次的可能风险就小，如果真跌破颈线，那么很多这次趁着中字头跌而反弹的股票，也会再次探底的。

经验：如果大盘形态确认变坏，那么坚挺的股票一般会补跌。

缠中说禅　2008-03-04　15：18：09

现在的操作很简单，如果你一直是在题材股里混的，其实大盘的每次下跌都是洗盘，等大盘开始回头，题材股就又再次新高，反复折腾，如此而已。所以，就算大盘再次探底，不过是给了又一次回补买入的机会。

实战经验：当处于题材股行情时，大盘的每次下跌对题材股来说都是洗盘，等大盘开始回头，题材股就会新高。

看盘技巧

指数背离

缠中说禅　2006-11-23　13：42：46

再次友情提醒，目前深成指数与沪指已出现背离，这是一个很不好的信号，如果 14：00 以后还不改变，盘中震荡不可避免。而且指数进入调整的可能性进一步加大。

解读：当时的两个指数如图 7 所示。

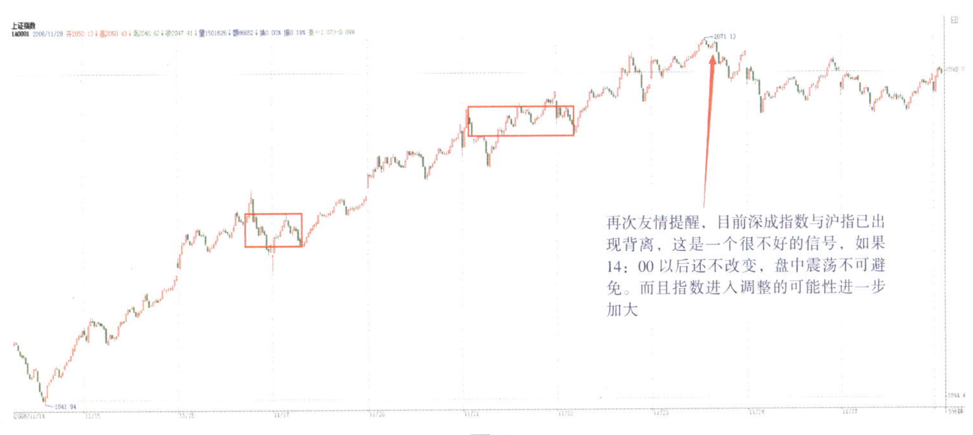

图 7

图7（续）

可以看到，深证先于上证调整，并且两个指数都有背驰出现。

缠中说禅　2006-12-04　13：24：23

短线判断大盘调整的一个最简单方法就是深沪指数的背离，一旦出现，调整或至少是震荡将很快发生。方法说了，具体就自己马上实践一下，不能什么都说好了，这样永远无法提高。

解读：沪深指数的背离最典型的表现就是两个指数，其中有一个新高，但另一个却没有新高，出现此现象往往预示着有调整。例如，2007年1月24日的情况。

图 8

再如，2014 年 11 月 11 日也出现了这种现象。

图 9

2015 年 5 月 13 日也有此现象。

图 10

这些现象出现之后，后面都出现了一波短线调整。

缠中说禅　2006-12-19　12：12：29

那几个作业请各位认真思考，一定要多从中枢的概念出发，因为有了中枢的概念，盘整、趋势都没包含其中的，那是比盘整、趋势更基本的概念。

大盘走势没什么特别的，还是沿用以前的老招数，一旦两市走势背离就会出现震荡，而且深圳走势更明确，这些都在以前反复说过的，自己以后都可以继续灵活应用。

还有就是缺口的问题，一旦在下方留下缺口，对短线就有考验，能不补当然是强势的，但考验是必须的。像上海昨天、今天连续出现缺口的走势，出现震荡是理所当然的。

大盘本月目前的走势，基本按前段时间本 ID 所给建议走，唯一有点不太给面子的是，上海比深圳先创新高。目前是突破后的惯性上攻，这个惯性一旦耗尽，必然有一个回试以前历史高位的确认过程，这构成了短线最大的压力。

中长线就不用说了，牛市的第一阶段还没结束，中长线没什么可谈的。至于有人问什么是成份股，本 ID 真不知道如何回答，本 ID 不喜欢小孩，不大适合教幼儿园，所以如果有类似的问题，各位请帮个忙。

解读：当天上午出现了上证继续新高，但深证不再新高的背离现象，分时图如图 11 所示。

［匿名］无知　2007-01-16　20：50：10

今天深圳创新高而上海没有！是否算是背离了??

缠中说禅　2007-01-16　21：16：58

目前上海指数是一个大盘指数，所以如果只是一两天出现这种情况，问题还不算大，但如果长时间出现，那问题就大了。所以本周上海必须创新高，否则调整级别要继续加大。

解读：某一个指数新高，而另一个没有，出现一两天问题还不算大，但如果时间长了，问题就大了，调整的级别就要变大。2018 年 1 月，正是上证已经新高了半个月了，而深证一直没新高，从而导致一波大调整。

［匿名］禅迷　2007-04-04　17：27：33

老师，以前您曾提到沪深指数背离，大盘一般要调整了，以往几次通常是沪市指数涨幅超过深市，那像今天这种情况深市比沪市走强这么多，大盘可能会怎样呢?

期盼老师指教，谢谢。

缠中说禅　2007-04-04　17：37：43

原因不是已经说了，深圳成份指数代表的是优质二线股，上海指数只是超级

此时上证继续新高
但深证却不能创当日
新高，出现日内背离

图 11

大盘股的指数，深圳也没比上海强，连上次两高点连线都没破，上海早破了。上海不跟着走，所以就有了今天的震荡，如果还不跟，那就继续震荡，震到跟为止。

经验：当有一个指数强，另一个指数不跟的时候，一般会继续震荡，如果还不跟就继续震荡，震到跟为止。

［匿名］蕃茄　2006-11-28　12：20：56

按楼主的说法，深沪两市继续背离呀，这前戏难度大点。

缠中说禅　2006-11-28　12：23：05

难度不大就不叫前戏了。前戏是难度最大的，有前戏，高潮可待，连前戏都没有，只能喝西北风了。

解读：可以将前戏和折腾看作中枢，前戏越充分，折腾越久意味着中枢的级别越大，那么一旦突破之后，离开的中枢的走势力度也越大。

缺口

缠中说禅　2006-12-19　12：12：29

还有就是缺口的问题，一旦在下方留下缺口，对短线就有考验，能不补当然是强势的，但考验是必须的。像上海昨天、今天连续出现缺口的走势，出现震荡是理所当然的。

经验：当出现缺口后，短线考验缺口是必须的，不回补就代表强。

缠中说禅　2007-09-04　15：12：24

今天的震荡，在技术上，就是昨天的缺口，这已经明说过；心理上，最近天天报上有提示风险的文章，你说心理上能没压力？

这个震荡明天是否加大，其实都不重要，从纯技术上说，这缺口如果补了后没有有力的回拉，那么短线问题就严重了。所以，缺口越不补越不存在技术压力，这叫强者恒强。一旦强者不能恒强，那么较大级别的调整就不可避免。所以，从技术上，走得越强越不用担心，一旦有走弱迹象，反而是短线必须小心的。

经验：缺口越不回补，越不存在技术压力，这叫强者恒强，一旦强者不能恒强，那么较大级别的调整不可避免。

［匿名］新浪网友　2007-09-05　16：59：41

缠主昨天说补了缺口行情会走弱，今天补后大盘反而放下包袱，重新站在5300点上，不知缠主有什么看法？谢谢！

缠中说禅　2007-09-05　17：03：36

本ID没什么想法。

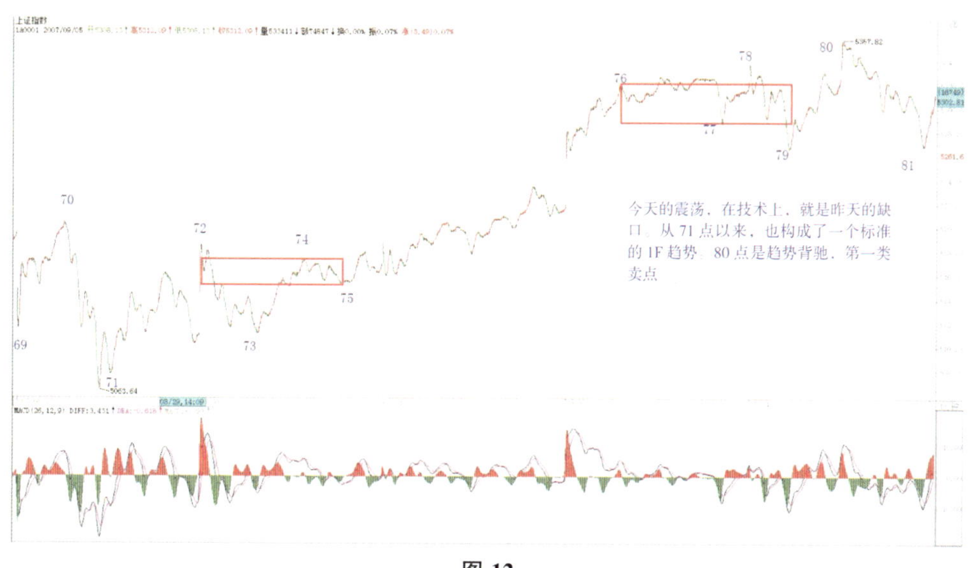

图 12

不补缺口是最强的，补了缺口能强力拉回并继续新高那是次强的。如果补了缺口拉回无力，不能新高，那就是最弱的。

现在大盘不能选择最强的，而后面两种，选择什么，让大盘自己来，本 ID 没预测的兴趣。

经验：不补缺口是最强，补了缺口能强力拉回并继续新高的是次强，补了缺口拉回无力不能新高是最弱。

心禅　2006-12-13　15：22：31

“禅主”，是不是所有的“缺口”都应该会补上？我今天本想买入 000400，可看它 8.85 元跳空高开，就等补“缺口”，可它却涨上去了，为什么不补？盼解答！

缠中说禅　2006-12-13　15：28：18

临走再回答你的问题，缺口不补，表示强势。特别是突破性的缺口，或岛型反转的缺口，是不补的。上海指数 1994 年在 300 多点留的那个缺口，十几年都没补过。唯一肯定要补的缺口，就是盘整中的、已经上涨最后的衰竭性缺口。

经验：突破性或岛形反转的缺口不回补代表强势；盘整中的缺口和衰竭性缺口要回补。

［匿名］请教　2007-01-04　21：23：30

尊搂主：

是不是所有股票留有跳空高开的缺口迟早都得补上，一般啥时候会补呀!!!

缠中说禅　2007-01-04　21：31：50

上海 1994 年 8 月有一个大缺口在 300 多点处，十几年都没补，这算什么？当然，在强烈上涨后出现的缺口，以及盘整中的缺口肯定补，而突破性的，在趋势完成前肯定不补。

经验：强烈上涨后的缺口是衰竭性缺口，盘整中的缺口也就是中枢内的缺口要回补。突破性的缺口在趋势完成前肯定不补。

［匿名］水房姑娘　2007-04-23　20：49：44

由于今天留下缺口，从最强势的角度，这缺口在今后 3 天的整理中能不破，就构成所谓的突破性缺口，这样，大盘中短期的上涨目标就大大拓展了。当然，这无须预测，市场自然会告诉你。这缺口，成为今后行情的重要下拉与支持力量。也是今后几天大盘震荡的主要技术因数。

MM 给调整定的时间是 3 天？为什么？

缠中说禅　2007-04-23　21：15：39

这不是绝对的，是一个大统计概念。一般有缺口后，3 天内回补，不回补，就基本是突破性缺口，如果从技术上解释，其实也很简单，因为 5 日上 3 天后一定在缺口上，如果不有效跌破 5 日线，当然就不会去补缺口，而 5 日线有上推的力量，自然会继续走势，直到跌破 5 日线形成较大调整才会有补缺口的机会，当然，如果走得比较远，就要更大级别的调整才有机会去补缺口了。

经验：当缺口出现时，3 天后 5 日线一定会上到缺口位置，如果不跌破就不会去回补缺口。

缠中说禅　2007-05-08　15：28：53

今天的走势，用脚趾都能预测到，但依然无须预测。而实际出现的走势，却并不像所表现的那么强，因为大盘只是出现一个强的平衡市，这种留下大的缺口后的放量平衡市，意味着今后几天，下面的缺口都是大盘短线一个挥之不去的心病，大盘震荡难以避免。

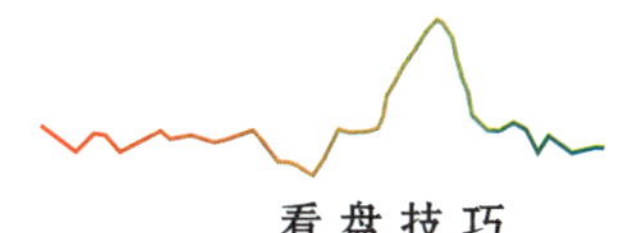

经验：大缺口后的放量平衡市，意味着下面的缺口都是大盘短线的压力，大盘震荡难免。

缠中说禅 2007-05-28 15：37：32

周末没什么消息，憋了两天的能量在今天爆发，所以就搞出一个大缺口来，但其后的走势，并不是太强，依然只是一个平衡市，所以，这个缺口的吸引力以及该平衡市所构造的新的中枢的引力，使得后面3天的技术压力不可忽视。周四是月线收盘的位置，刚好也是缺口在技术上需要3天考验的时间，所以后面3天，多空的搏杀将极为惨烈。

经验：有缺口当天，如果有新中枢产生，那么缺口和这个新中枢对走势的吸引力很强，一般3天内有回补缺口的动作。

缠中说禅 2007-11-06 15：37：47

今天的走势，就是一个5555点争夺战，一般这样的战斗，胜负至少看3天，上下还有一个3%的缓冲区域，5555×7%是多少，自己去算吧。

经验：突破某点位和跳空缺口的确认类似，一般也是3天，大约有3%的缓冲区。

大盘与个股

［匿名］后知后觉 2007-02-28 15：58：33

承蒙禅主关照，今天的第三类买点看到了，也把握了，也在群里和同学说了，只是买的股票还没起来。

缠中说禅 2007-02-28 16：01：29

你要根据股票自身的走势，大盘只能是参考。一般来说，只要大盘不是单边下跌，那么二、三线个股受大盘的影响不会太大。

经验：大盘只要不是单边下跌，非权重类个股受大盘的影响不会太大。

［匿名］白玉兰 2007-03-14 15：27：13

我拿的两个山东股票最近都表现不错，谢谢妹妹啊！

缠中说禅 2007-03-14 15：35：11

所以，即使大盘不太配合，如果大盘走得特别恶劣，还是会调整的。

经验：大盘走单边下跌时，个股基本不会幸免。

果二 2007-05-18 15：51：15

今天对大盘倒是判断正确了，可个股操作不理想。盘中打短差都只打到2毛，只够交手续费了。

而且边看大盘边看个股，有的股又不跟大盘走，都看晕了！

缠中说禅 2007-05-18 16：07：24

本ID不是早说了，大盘震荡，有些个股会大幅上涨，例如416、607这些，如果你按大盘看，那肯定是要出问题的。个股就按个股走势看，如果个股要跟着大盘走，自然就表现出与大盘一致的买卖点结构。从这点看，不难判断大盘与个股的相关程度。

经验：个股有自己的结构，大盘走势做参考，但依然要依据个股的走势结构而操作。

变盘

［匿名］钱少爱好多 2007-04-13 16：00：57

开会完一看，小跳一把。

晕啊，又错过了……

缠中说禅 2007-04-13 16：02：23

注意看盘时间，14：00、14：45。这些都是敏感时间。

经验：14：00，14：45，这些都是敏感时间。

缠中说禅 2007-12-26 15：12：23

由于今天没什么可说的，所以顺便上一下课。昨天的思考题太简单，绝大多数人都知道和分型的关系，所以就不用多说了。

由于30分钟的布林通道收口，因此短线将面临突破的选择问题，注意，本ID这里说的是昨天那三种选择的选择，不是说一定要突破出一个方向，例如，突破为更大级别的震荡也是一种选择，这是时间换空间的选择。

经验：当布林线收口时，预示着邻近变盘，这个变盘用缠论的语言说就是：要么出第三类买卖点，要么扩展成更大级别中枢。

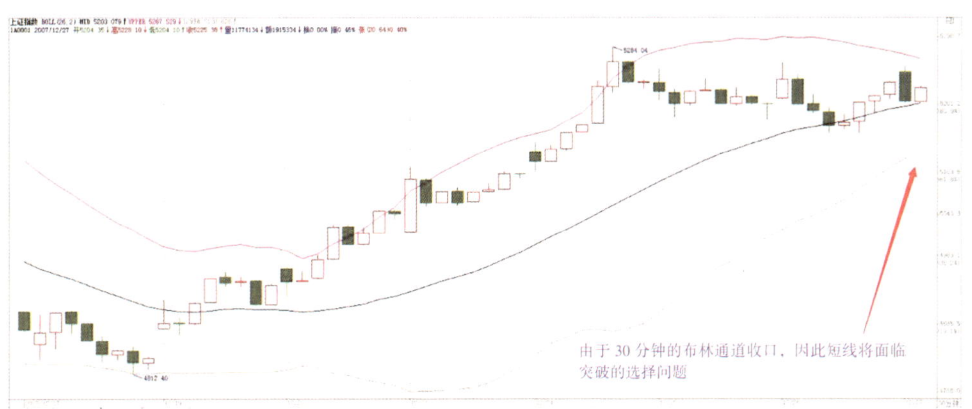

图 13

缠中说禅　2008-01-11　15：10：16

站在周线角度，下面两三周是极为关键的，为什么？因为 MACD 的绿柱子在收敛，而所有的骗线，最爱的就是这种收敛放红途中的突然转折。

经验：骗线和陷阱，或者说是背驰，经常发生在 MACD 柱子缩短甚至变颜色的途中，而且是突然转折。但核心原因，还在于有背驰出现的风险。

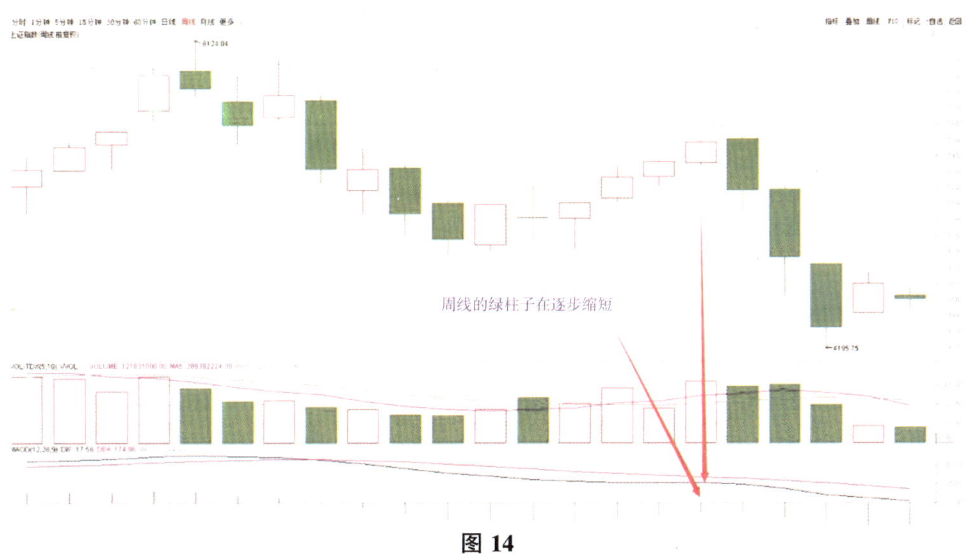

图 14

牛市特点

［匿名］酸辣粉

另外，请教一下博主，如何看待这几天沪市的量能，如果以量价结合来看觉得是很正常健康的，可是从每天盘口来看倒有放量滞涨的感觉，不知博主怎么看。另外，大盘调整是肯定的了，但不可出现6月7日~7月13日那样的大阴线，否则这个地方就是顶了，博主怎么看。

缠中说禅　2006-11-23　21：51：08

首先，不用考虑顶的问题，除非你觉得短线的顶也是顶。其次，中线的顶不是一天炼成的，只有筑顶一定时间后才会出现那种类型的大阴线。而上升途中的大阴线，只会引发多头更凶猛的反扑。

解读：对于指数，中线的顶很少会是尖顶，一般来说都要有一定的筑顶时间，从技术上讲就是至少要形成一定级别的中枢之后才会有像2006年6月7日和7月13日那样的大阴线。这是因为有了中枢才可能有背驰或者是第二、三类买卖点引发大跌。

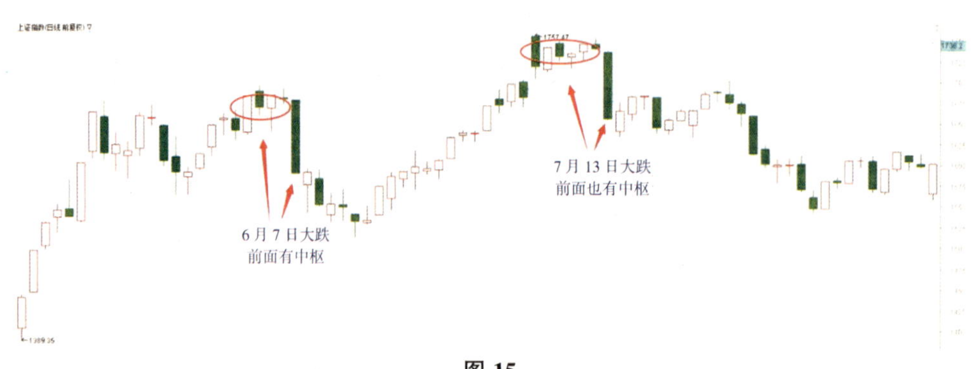

图15

比如2007年1月31日和2月27日的两次大跌，分别是由5分钟背驰和1分钟背驰引发。

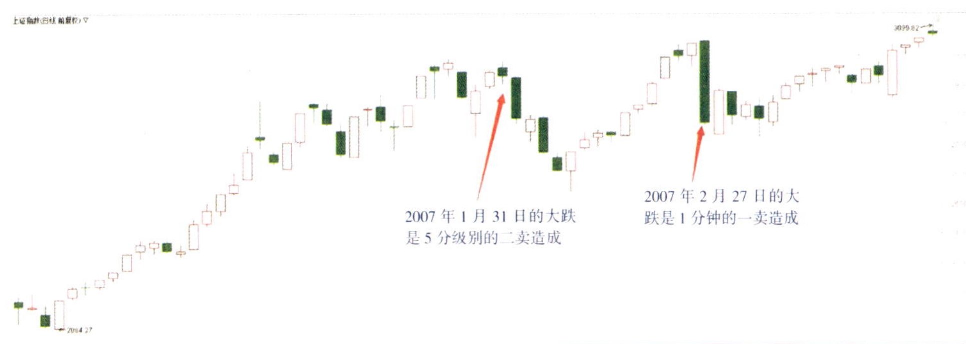

图 16

5·30 大跌是由 5 分钟趋势背驰所引发，6 月 22 日开始的大跌也是由 1 分钟第二卖点所引发。

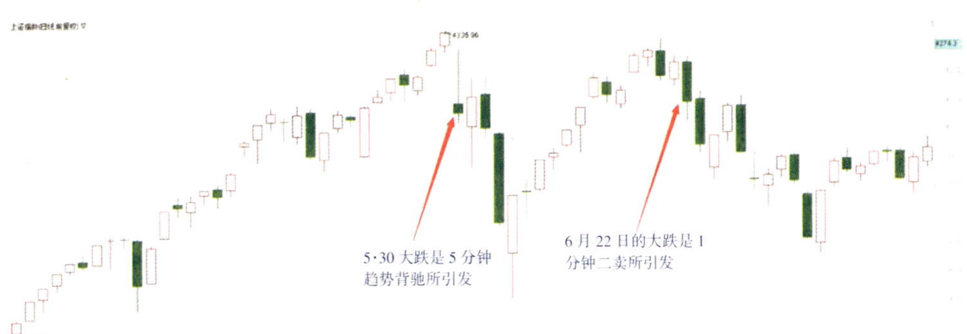

图 17

上涨趋势里无背驰和卖点的大阴线，往往是短暂的调整，只会引发多头更凶猛的反扑。例如 2007 年 4 月 19 日和 2007 年 8 月 1 日的大阴线。

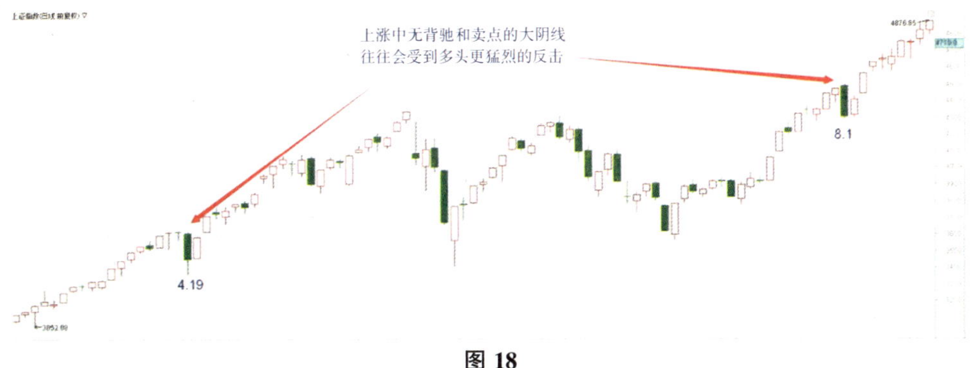

图 18

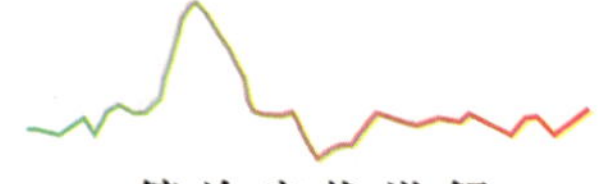

缠中说禅　2006-12-01　15：02：23

大盘今天如期出现震荡，目前大盘最大的危险就是前面所说的沪深之间的竞争，特别上海历史上有故意拆台的前科，这一点必须有所警惕。

技术上，今天深圳成指留下的缺口十分重要，如果很快回补，则技术上会发出不好的信号。

下周一依然有震荡的需要，但各股行情依然继续。由于11月是巨阳，12月上冲后出现大幅震荡不可避免，这必须要清醒。

经验：

（1）当月线有了大幅上涨后，出现大幅震荡也是不可避免的。

（2）上证指数历史上有故意拆台的前科。

缠中说禅　2007-01-04　15：28：42

各位先等等，本ID先弄一下排版。大盘这样的跳水又不是第一次，牛市就是下跌猛，像夏天一样。这样的走势，要最终逆转，必须要有很强的政策性干预，关注一下这方面的事情。

经验：此时没有任何背驰，上涨趋势中的跳水，只会迎来更猛烈的反击。此外，牛市里，下跌往往是大幅快速，熊市里，反弹往往是快速急拉。

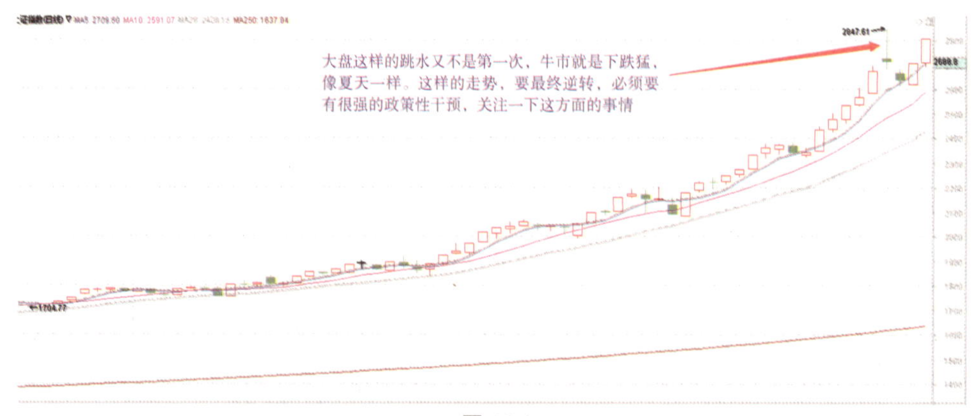

图19

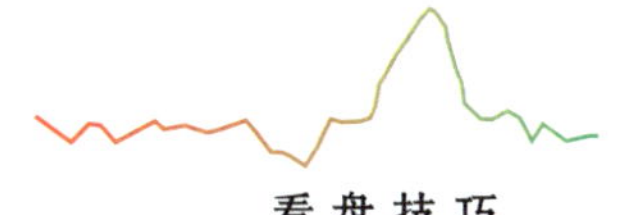

［匿名］新手　2007-03-27　21：31：21

缠妹妹对今天大盘在13：38没有形成背驰而上涨有何看法，我今天全部做空了，没有跌，因为也没发现底背，在低位也没有补回，后来全涨了又觉得可惜，所以追高买回来了，像这个时候应该怎样操作？你对600961和600713怎么看，后市还可以看好吗，600961是不是一个30分钟的三买。学艺不精，请多指点，谢谢！

缠中说禅　2007-03-27　21：41：16

今天是一个标准的平衡市，就是围绕一个中枢在震荡，哪里存在上涨？背驰不是这样用的。站在中枢震荡的角度，下午没创新低，证明向下的力度没有上午强，那当然就要拉回去。所以，应该先把理论搞清楚。至于你说的那两只股票，中线都可以。

经验：上午一波调整，下午一波调整时，如果下午没创新低，就证明这波向下的力度没有上午强，当然要拉回，这是个实战技巧。

［匿名］水房姑娘　2007-04-11　15：45：05

MM，我感觉游资有争分夺秒赶顶的劲头啊。

缠中说禅　2007-04-11　16：02：12

就算指数见顶也没什么大不了的，1月4日那次也见顶了，后来指数不动，很多个股继续翻番，有本ID这样的人在，一有机会自然到处点火，还怕市场没机会？

经验：只有当指数见顶后，盘整盘不住了，才会有全面下跌。

［匿名］新年好　2007-04-17　15：50：32

10：30和13：40这两个点现在看很明显，可前几天都是在10：52那个点的样子就直接拉上去了，谁知道今天又来一波下跌。我就是在10：52左右的时候回补了，而且还满仓，搞得后来跌了也没钱买了。缠姐如何判断今天这个第二波下跌啊？

缠中说禅　2007-04-17　15：55：04

那些所谓一波就结束的，是构成整个中枢的一部分，性质不同，不能搞混了。

经验：构成中枢的跳水，往往是一波就结束；背驰后的跳水，往往就不是一波了。

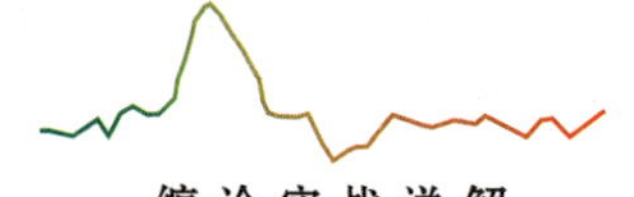

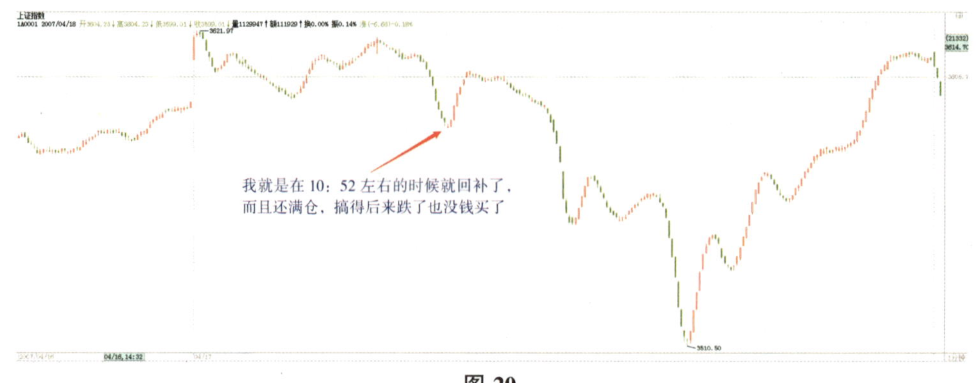

图 20

缠中说禅　2007-05-18　16：07：24

技术上，其实十分简单。前面几次的单边势，都基本以 5 日线为支持，基本上，在单边势里，没有 3 天是收在 5 日线之下的，因此，如果不会看太复杂的图形，5 日线，或者中线的 5 周均线，就是最简单的判断指标。

经验：单边市里，没有 3 天是收在 5 日均线之下的。

说禅　2007-08-13　08：29：07

最后，附带说说 8 月大盘的走势。7 月大盘站住了 5 月均线并突破了 4159 点的 1/2 线，目前该线已经上移到 4174 点，而 5 月均线也上移到了 4170 点附近，并且 7 月长阳的一半位置在 4136 点，因此，4150 点附近成为大盘中线能否保持强势的最重要位置。只要能有效站稳该位置，那么大盘的整体走势就能保持向上拓展空间的能力，否则将引发大盘周线指标的走坏，至少要重新陷入新的大震荡中。

但即使大盘能保持强势，本月也一定要注意大盘过分冲高所隐含的月 K 线上影杀伤力。8 月是宏观政策理清思路的关键时间，这方面的变动对大盘走势起着决定作用。此外，外围股市的走势也会对大盘走势产生影响。全球化社会里，没有哪个股市是与世隔绝的。个股方面，一、二线成分股的行情依然会延续，但要注意升幅过大后的短线震荡风险，而当业绩风险释放后，二、三线题材股会找到重新活跃的动力。

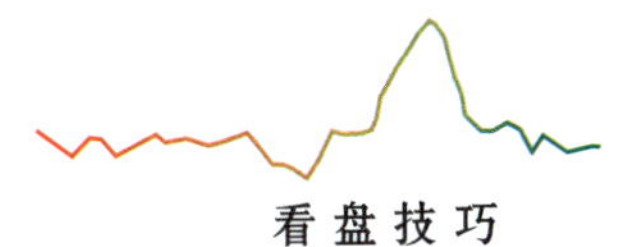

经验：

（1）5 月均线，长阳月线的一半位置和长期趋势线都是中线要参考的位置。

（2）如果几个技术点所指向的关键位置相差不远，那么这个关键位置就是重要的观察点三线题材股，在业绩风险释放之后会找到重新活跃的动力。通俗点说就是，当年报、半年报发布之后的空档期，三线股往往才会逐步活跃。

缠中说禅　2007-08-22　16：10：16

一般来说，1 分钟线段都不会延续这么长时间，能延续这么长时间，反而是一个技术上的重要提示，证明多方上 5000 点的冲动比较大，反复闹，而上面，有人不断压制，所以才会走出向上倾斜三角型的走势。而到尾盘，差不到一点见 5000 点了，多方一股真气突然泻去，回到倾斜三角形起点位置。主要是如 5·30 般在亢奋状态突然被惊吓留下了后遗症，因此往往在关键时刻都来这么一下，尾盘收回去一半，只是表明多头上攻的欲望依然没得到满足，如此而已。

经验：一般来说，1 分钟线段不会延续一整天，能延续这么长时间，是一个技术上的重要提示，说明攻击冲动比较大。尾盘有跳水，但还能收回去一半，表明上攻的欲望依然较强。此外，一般向上倾斜三角型都会回到起点的位置。

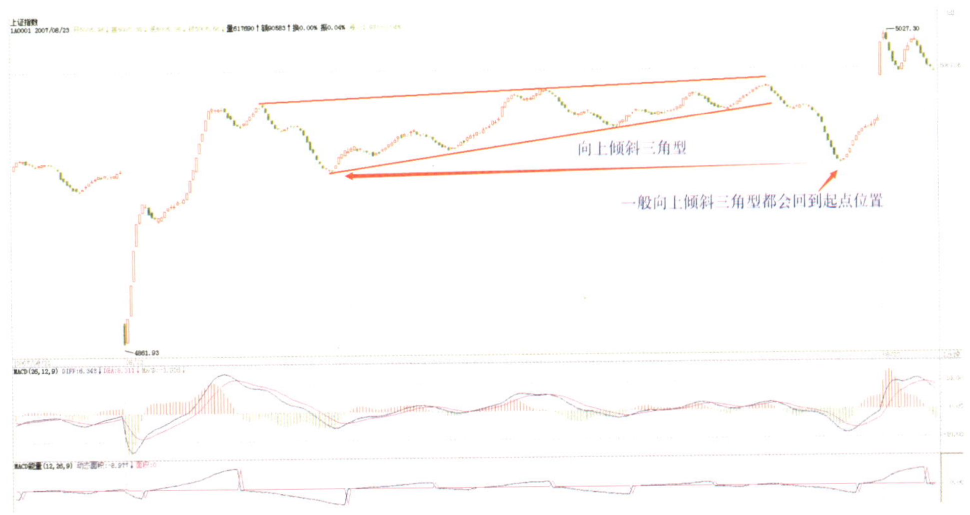

图 21

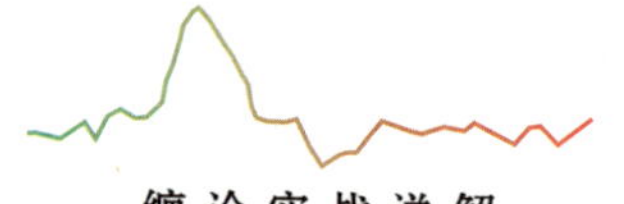

熊市特点

缠中说禅　2007-10-31　15：13：50

今天资金的流入出现九一现象，表明资金的进入只是以搏反弹的心态，而卖中石油出来，指数股还要表现，休息一下并不是太坏的事情。

经验：当资金的流入出现九一现象时，表明只是一个搏反弹的心态，因为如果是中线行情，一定是各板块轮动着表现，而不会只有局部行情。

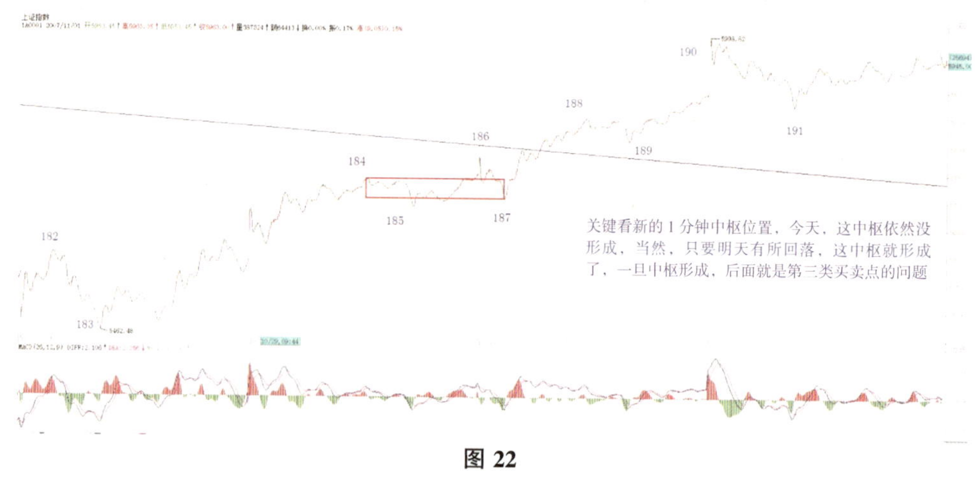

图 22

缠中说禅　2007-11-12　15：28：57

这句话，通俗的意思是，反弹如果真能延续，必定以板块轮动的方式，这种方式，好听地说，就是为了聚拢人气，不好听地说，就是忽悠蒙骗点新的站岗者。

经验：反弹如果要延续，必定以板块轮动的方式。

缠中说禅　2007-11-30　15：20：29

不过，由于本月大长阴线，因此下月一定有较大反抽去攻击本月阴线的实体部分，所以对于钢铁战士，以及准备成为钢铁战士的，可以密切关注大的反抽的准备与介入时机。

经验：本月大长阴线，下月一定有较大反抽去攻击本月阴线的实体部分，但要注意的是，这仅仅适用于上涨趋势还未完全确定结束的情况，如果是在下跌趋势则不适用。

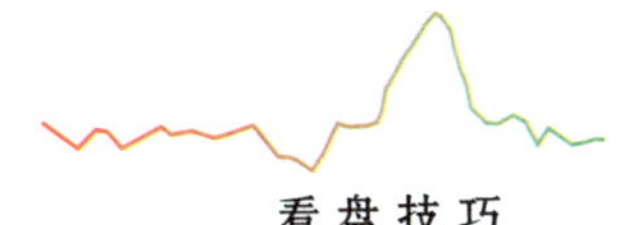

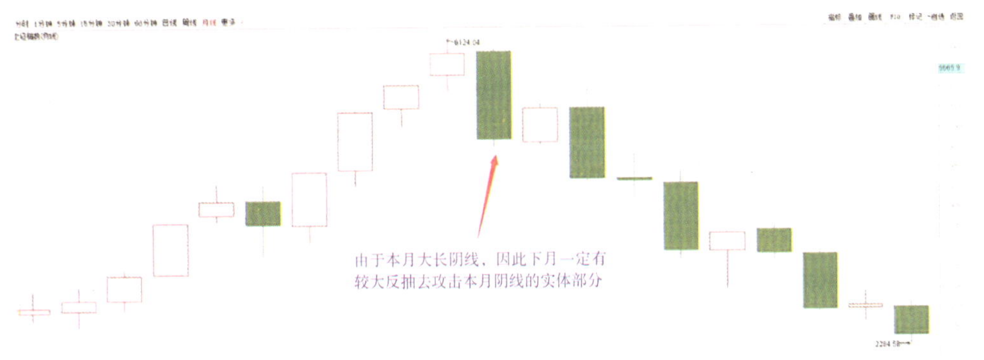

图 23

缠中说禅　2008-01-02　15：12：24

如同这题目，第一天的行情继续预示着本年行情的特点，指数油水不大，个股油水不少，这已经在去年末反复说到了。用句概括性、动感更大的口号，就是：疲软指数，高潮个股。

当然，指数也不会无限制地疲软，指数往往会表现出痉挛式走势，突然抽起来，然后就再抖个不停。抽两下，抖十下，大概就是今年指数上经常会碰到的。哪天指数不痉挛，而是一往无前起来了，则反而要小心。

技术上，指数就是继续去年末那 5 分钟中枢的震荡，在第三类买卖点出现之前，继续抖个不停。

经验：熊市里，或者是市场处于下跌趋势里，指数往往会突然急拉，然后再缓慢震荡回落，如果一直急拉，反而要小心后面出现大跌。这个经验在 2018 年下半年里非常常见，如图 24 所示。

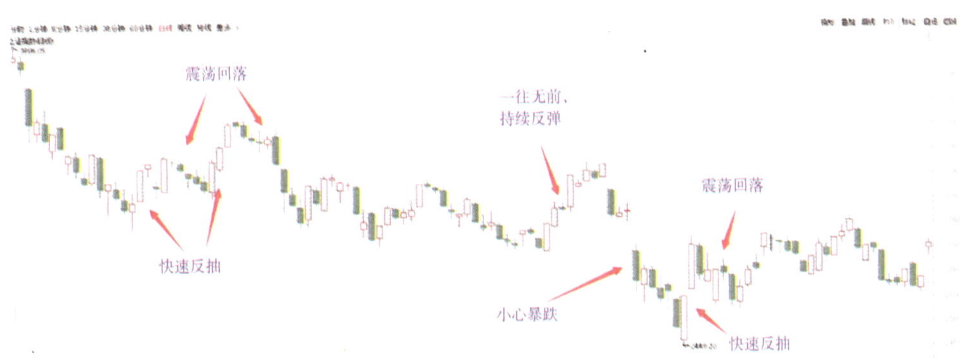

图 24

这一点和牛市里刚好相反，牛市里是下跌迅速，上涨慢。

缠中说禅　2008-01-15　15：09：40

已经反复说过，目前大盘进入压力期，首先，是政策的敏感期，其次，技术上也有相应的重压力区在面前。更重要的是，除了大家伙，板块在基本轮动一次后，很多股票都进入相对的调整期，这时候对多头来说，确实有点压力。

一般来说，碰到这种情况，有两种处理的方法：①跳一次大水，把压力变动力，把不坚定的赶跑，用空间换时间，加快调整的结束；②在这里上下震荡继续磨，让成交量慢慢萎缩下来，以时间换空间，最后取得新的上升能量。

不管哪种情况，用本 ID 理论的角度看，都是扩展出 30 分钟的中枢，然后寻求突破。5462 点这个位置，反复强调，一直不能有效站住，需要多头努力的事情还很多。

经验：反弹时，板块在基本轮动完之后，会有很大压力，化解压力的方式要么是空间换时间，要么是时间换空间。空间换时间要快速跳水，时间换空间要让成交量缩下来。

缠中说禅　2008-02-01　15：17：48

这几天是什么？就是前期强势的题材股补跌，这是所有探底行情中必须有的，强势股补跌后，行情才可能进入真正的筑底。而这点，本 ID 早就说过，没有人会永远举杠铃的。

经验：强势股补跌后，才可能进入真正的筑底。

缠中说禅　2008-02-01　15：17：48

那么，行情怎么慢慢点燃？行情的点燃，都需要领头的，也就是有一个傻子，疯狂地裸奔，把大家逐步唤醒兴奋起来。这个先裸奔的，一般只有三类：新股或有突发大题材的，还有就是前次行情崩溃的祸首以及率先被打压调整的。

经验：行情的点燃需要一个领头先疯涨的，一般有三类：新股、突发大题材、前次行情崩溃的祸首或者上次行情提前进入调整的。

缠中说禅　2008-02-22　15：18：40

一定要注意，今年行情，就算是个股也不可能像以前单边上去，肯定是反复震荡，来回折腾，除非那 30 分钟的向上过程最终展开，否则那种连续涨停，一

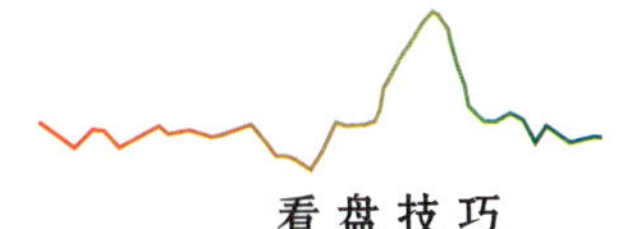

去不回头的走势是很难出现的，操作上一定要见好就收，大力来回折腾，这样才能把利润洗出来。

经验：当指数不是单边行情时，个股也不可能单边上去，肯定是反复震荡，来回折腾。

缠中说禅　2008-08-25　15：38：43

目前，是游资乱搞的时期，所以权证、本地股等小市值品种就会被经常光顾，而真正的大行情，必须中字头股票真正动起来，本ID当然不介意本ID类似6元“中驴”的理想得以实现，但本ID从11元多开始都是见步拆步，冲不上去就砸，有差价就回买，有机会就让它破底，以有更好的价格，而中字头的基本都是这样弄的，没有人会现在全身投进去，但现在完全不介入，以后可能就不一定有发言权，这就是另一个问题了。

经验：真正的大行情，必须中字头股票真正动起来。大资金布局大盘股，不可能一下子买在底部，而是从左侧就开始介入底仓，否则一旦大盘股动起来，就没有发言权，被动多了。

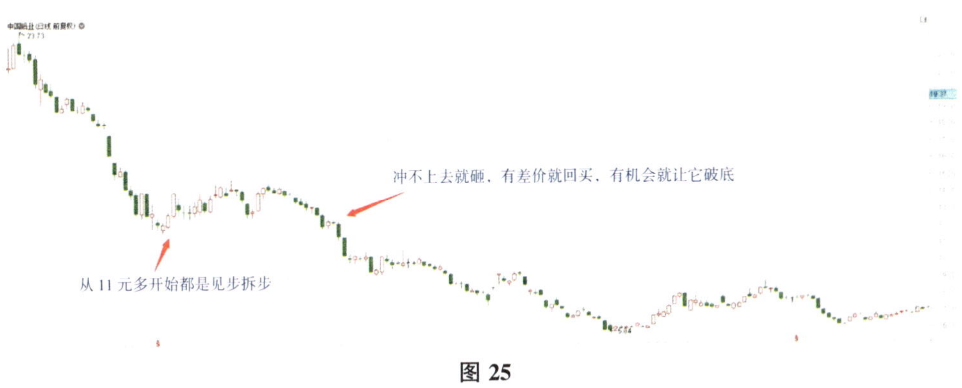

图 25

技术指标

缠中说禅　2007-01-23　15：13：13

MACD，当一个辅助系统，还是很有用的。MACD的灵敏度和参数有关，一般都取用12、26、9为参数，这对付一般的走势就可以了，但一个太快速的走势，1分钟图的反应也太慢了，如果弄超短线，那就要看实际的走势，例如看

600779 的 1 分钟图，从 16.5 元上冲 19 元的这段，明显是一个 1 分钟上涨的不断延伸，这种走势如何把握超短的卖点？不难发现，MACD 的柱子伸长，和乖离有关，大致就是走势和均线的偏离度。打开一个 MACD 图，首先应该很敏感地去发现该股票 MACD 伸长的一般高度，在盘整中，一般伸长到某个高度，就一定回去了，而在趋势中，这个高度的一定高点，那也是有极限的。一般来说，一旦触及这个乖离的极限，特别是两次或三次上冲该极限，就会引发因为乖离而产生的回调。这种回调因为变动太快，在 1 分钟上都不能表现其背驰，所以必须用单纯的 MACD 柱子伸长来判断。

注意，这种判断的前提是 1 分钟的急促上升，其他情况下，必须配合黄白线的走势来用。从该 1 分钟走势可以看出，17.5 元时的柱子高度，是一个标杆，后面上冲时，在 18.5 与 19 元分别的两次柱子伸长都不能突破该高度，虽然其形成的面积大于前面的，但这种两次冲击乖离极限而不能突破，则意味着这种强暴的走势要歇歇了。

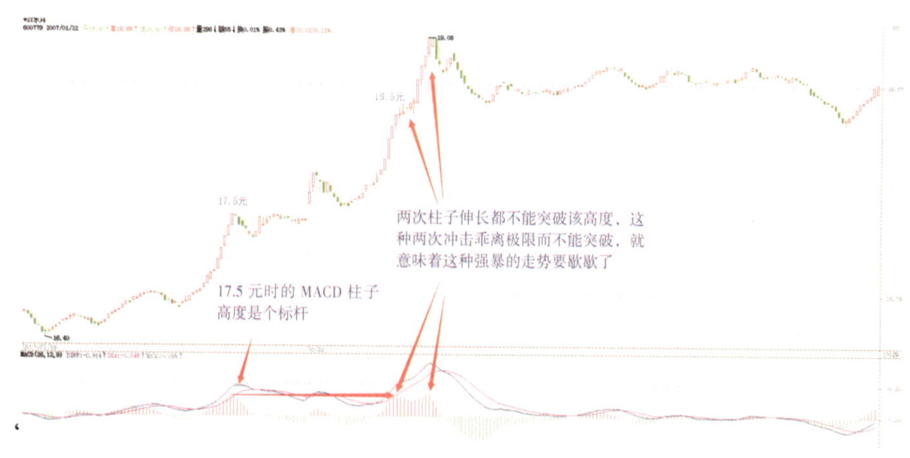

图 26

解读：我们首先来看一下 MACD 的指标是怎么写的：

DIF：EMA（CLOSE，SHORT）－EMA（CLOSE，LONG）；（DIF＝短期加权均线与长期加权均线的差）。

DEA：EMA（DIF，MID）；（DEA＝DIF 的中期加权平均）。

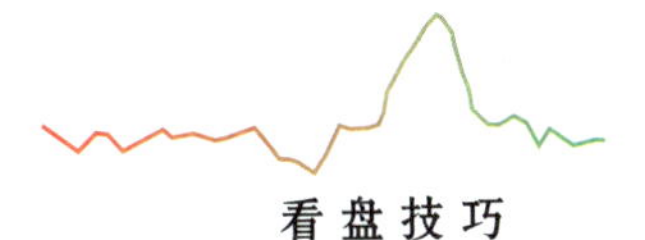

MACD：（DIF－DEA）×2，COLORSTICK；（MACD＝DIF 与 DIF 的中期加权平均的差）。

也就是说，MACD 的值是“短期均线与长期均线的差”与这个差本身的一个中期均线之间的差，说白了，就是股价上涨或下跌的加速度，由于 A 股有涨停板的限制，所以这个加速度不可能是无穷大，一定会有一个极限值。当连续两次都冲不过这个极限值时，那就意味着上涨的动力要衰竭了。这种判断的前提是 1 分钟的急促上升时，其他情况下判断背驰时还是需要 MACD 的黄白线的配合，该判断只能用于强势股的日内短差中。

缠中说禅　2007-01-23　15：13：13

一般来说，一个标准的两个中枢的上涨，在 MACD 上会表现出这样的形态，就是第一段，MACD 的黄白线从 0 轴下面上穿上来，在 0 轴上方停留的同时，形成相应的第一个中枢，同时形成第二类买点，其后突破该中枢，MACD 的黄白线也快速拉起，这往往是最有力度的一段，一切的走势延伸等，以及 MACD 绕来绕去的所谓指标钝化都经常出现在这一段，这段一般在一个次级别的背驰中结束，然后进入第二个中枢的形成过程中。同时，MACD 的黄白线会逐步回到 0 轴附

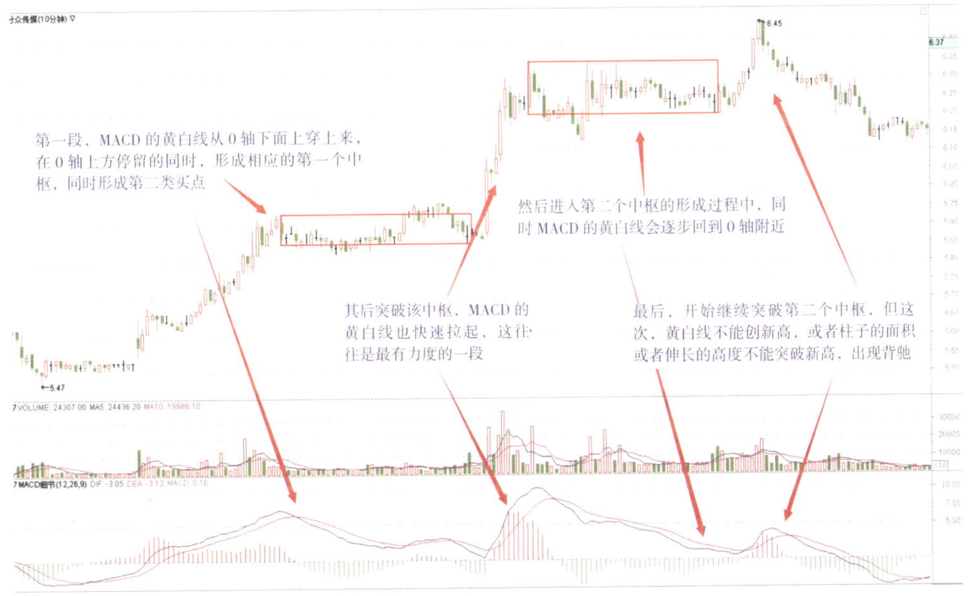

图 27

近。最后，开始继续突破第二个中枢，MACD 的黄白线以及柱子都再次重复前面的过程，但这次，黄白线不能创新高，或者柱子的面积或者伸长的高度不能突破新高，出现背驰，这就结束了这一个两个中枢的上涨过程。明白这个道理，大多数股票的前生后世就可以知道了。

经验：所以，在看 MACD 指标时，如果处于脱离第一个中枢的最猛烈的这一段时，指标往往会不灵，可以到小级别中去观察，但不建议在这一段中再做什么短差，很容易把股票卖飞。

必须注意，MACD 在 0 轴附近盘整以及回抽 0 轴所形成的中枢，不一定就是相应级别的中枢，而至少是该级别的中枢。例如，日线 MACD 的 0 轴盘整与回拉，至少构成日线的中枢，但也可以构成周线的中枢，这时候意味着日线出现三段走势。

经验：MACD 在 0 轴附近盘整和回抽 0 轴所形成的中枢不一定是相应级别的中枢，但至少是该级别中枢。

缠中说禅　2007-05-30　22：49：10

在昨天的具体走势中，A 段在内部出现上下上的内部结构时，其中的第二段向上明显出现背驰走势，这可从成交量或从第一个红箭头所指的 MACD 绿柱子与后面红柱子绝对值大小比较辅助判断。因此，这个第二类卖点，可以用理论完全明确地确认，一点含糊的地方都不会有。如果当时当下不能明白，那就要抓紧学习了，因为这个问题确实太简单了。

解读：如图 28 所示。

为什么要用这里的绿柱子和红柱子比较？因为绿柱子在达到最低的那根时已经表达了下跌的力度，那么一个反弹上去，其返回 0 轴的力度也就体现在绿柱子缩小回 0 轴的力度，所以绿柱子这里的面积基本也能代表了第一段上涨的力度。

［匿名］abc　2007-06-01　16：14：23

那种跌停的股票，MACD 是不是失真了，怎么判断？

缠中说禅　2007-06-01　16：16：24

看大级别的。本 ID 用 1 分钟示范，不就是说一定要按 1 分钟操作，否则，本 ID 怀疑你是跟孔男人学的中文。

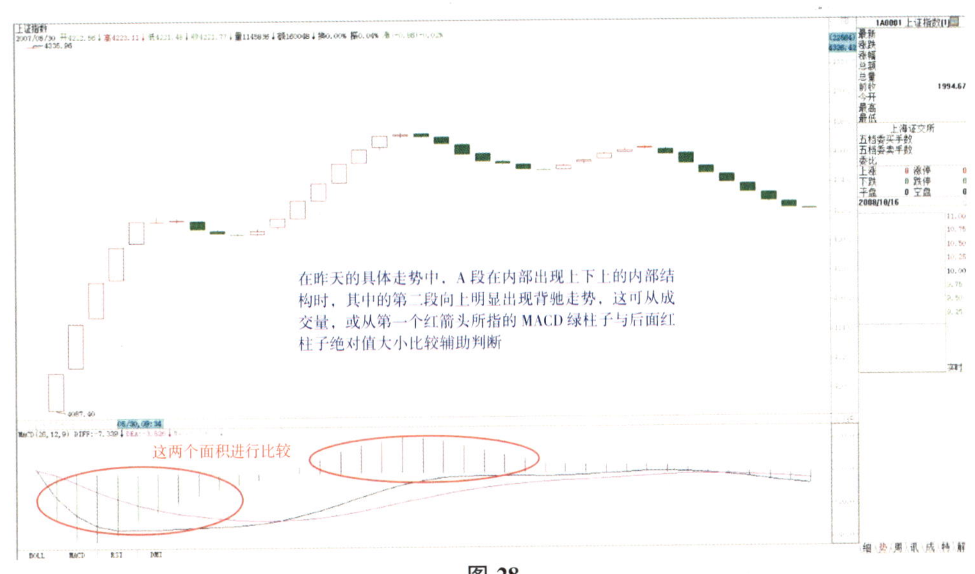

图 28

经验：涨跌停时，看 MACD 要看大一点级别的图，对于连续一字板的，至少看 30F 图。

缠中说禅　2007-12-27　15：15：37

当然，当下的中枢选择哪个级别的布林通道，这必须根据中枢的对应图形来选择，不是见任何级别的布林通道收口都是有效的。这就如同 MACD 在背驰判断的作用。有些人永远整不明白，是走势类型的分解是本，而不是 MACD，否则，研究走势类型干什么？还不如直接看 MACD。可惜，光看 MACD 根本无效。

经验：布林通道必须根据中枢的对应图形来选择，如果是该中枢形成后刚好使得某级别图上的布林带收口，那么就选择这个级别的图，MACD 也同样如此。比如，这次的 1 分钟中枢，刚好使得 30 分钟图上的布林带收口，那么就要选择 30 分钟图。

缠中说禅　2008-02-14　15：25：29

说大盘吧，大盘后三天是技术关键，因为所谓的 MACD 等指标金叉就要出现，要骗你，也就是这个时候。但这时候有两种骗的方向，一种是骗空头，一种是骗多头，都仔细看好了。

经验：当 MACD 或均线等指标出现金叉、死叉时，是最容易有骗线的时候，造成的结果就是我们经常看到均线吻和 MACD 黄白线的吻。

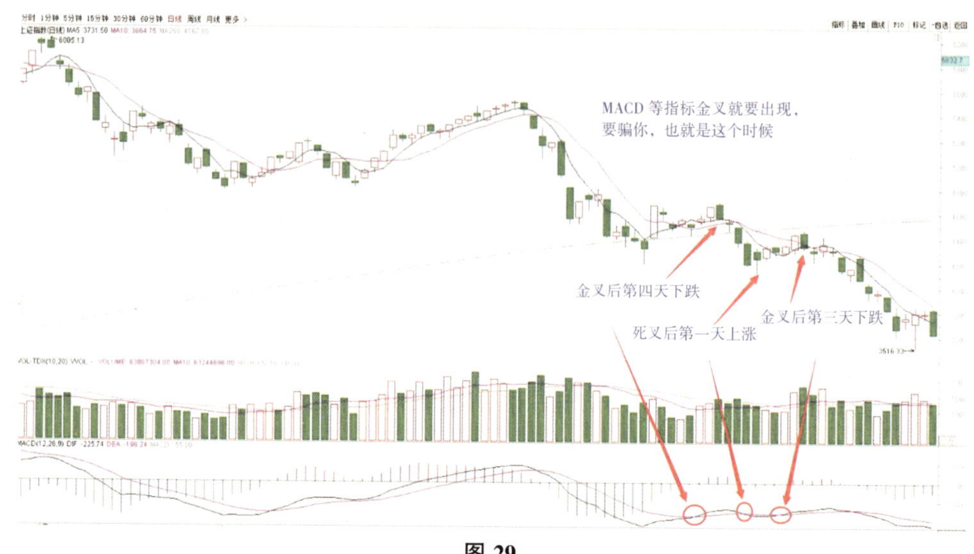

图 29

缠中说禅　2008-02-18　15：18：26

技术上，一般这种红柱子出来后，如果不能站住今天的位置，那么就会有几根红柱子再出绿柱子的情况，这种情况往往对应着新一轮的杀跌，所以这时红柱子出来，需要预防的是这种情况。

具体操作上很容易处理，也就是红柱子出来后，如果后续能量不能跟上，那么出现以上情况的可能就很大了，那么在冲高无力时，一定要先出来看看，因为后面对应的转折很可能是极为急促的。

经验：MACD 红柱子出现后，很容易出现几根红柱子再出绿柱子的情况，这往往对应着新一轮的杀跌。在操作上，主要看当 MACD 红柱子出来后，小级别上有没有背驰。从后面的走势可以看到，两天后，在 30 分钟和 5 分钟上都出现了背驰，也就引发再一次的急促下跌。

缠中说禅　2008-02-27　15：19：36

注意，所有真正行情的展开，都必要且需要 MACD 的黄白线回到 0 轴，一旦站住 0 轴，行情就会展开。这是最好的走势。

经验：所有真正行情的展开，都需要 MACD 的黄白线能够回到 0 轴，一旦站

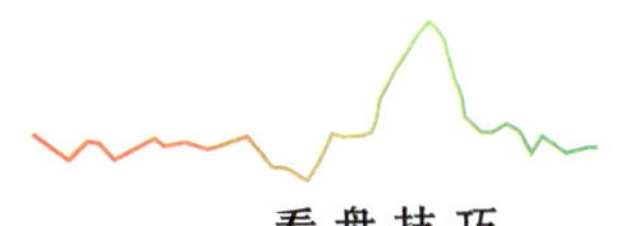

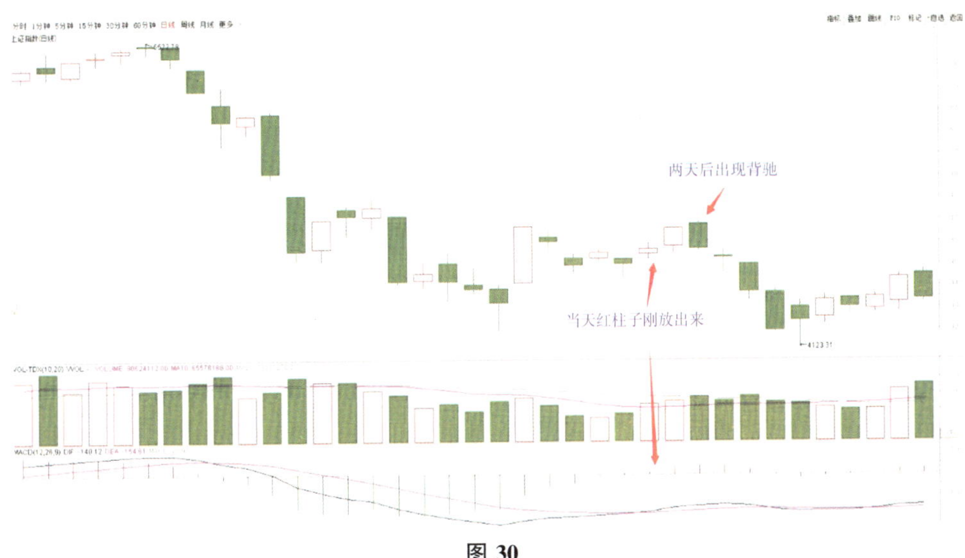

图 30

住 0 轴，行情就会展开。

缠中说禅 2008-02-29 15：18：56

今天，MACD 的红柱子终于再度出现，这是黄白线两次缠绕后的结果，所以在技术上特别值得重视。一般情况下，这种走势都使得黄白线重新回到 0 轴附近，对应着大盘将有一轮上攻走势。但是，这种情况下，最容易出现骗线。骗线不常出现，一般 10 次里可能也不到 1 次，不过这种可能性是存在的。

经验：一般黄白线的两次缠绕都将使得黄白线回到 0 轴附近，但也有 10%左右的可能出骗线。

［匿名］i3618 2007-03-06 15：42：58

博主对“量”的概念提得很少，难道应用您的理论不用考虑“量”的因素吗？

缠中说禅 2007-03-06 15：51：41

现在才说了一小部分，急什么？量当然有意义，但更多是辅助的，图形的结构才是第一位的。

经验：量只有辅助意义，图形的结构是第一位。

选股技巧

牛市选股技巧

缠中说禅　2006-11-21　22：00：12

但还是请各位注意，不要轻易介入涨幅过大的股票。要从最开始就学会用尽量小的风险换取尽量大的利润。

要长期胜利，就一定要坚持用最小风险换取最大利润，风险是第一的，这里没有什么高低之分。亏损是按百分比的，一百亿和一百万，亏了百分百，都是零。

人弃我不一定取，人抢我一定给。

经验：不要轻易介入涨幅过大的股票。风险是第一的，坚持用最小风险换取最大利润。

［匿名］最爱诚信　2006-11-23　15：31：19

楼主：真的很仰慕你哦！

我拿路桥建设 600263 都大半个月了，来回折腾，刚够手续费！请问后市该如何走呀！中交股份上市对此有何影响！感觉走势随城建在走???

缠中说禅　2006-11-23　15：44：07

谢谢！要养成尽量不玩第二波的习惯。该股票是一波大长势后的整理，这种整理最烦人了，骗线又多。该股中线没问题，短线要耐心了。压力在 250 周线，目前在 7.72 元，能突破站稳，则第二波行情展开，否则还是箱型整理。

经验：尽量不玩第二波，也就是尽量选择那种还在底部的，没有爆发过的股票。

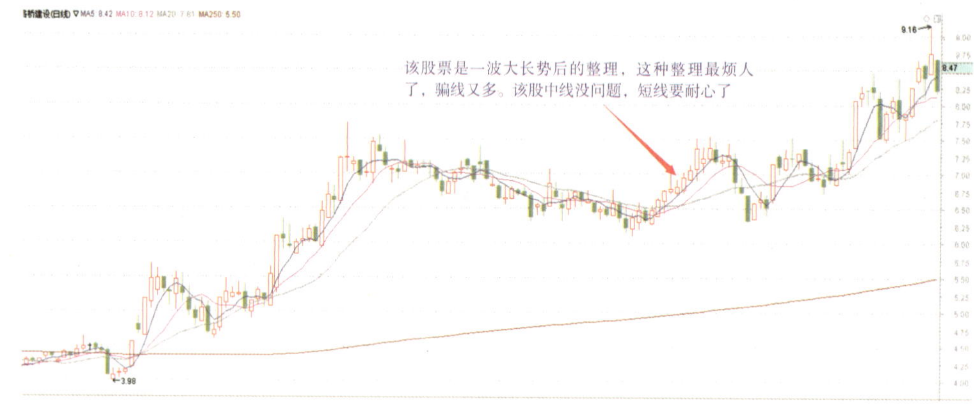

图 31

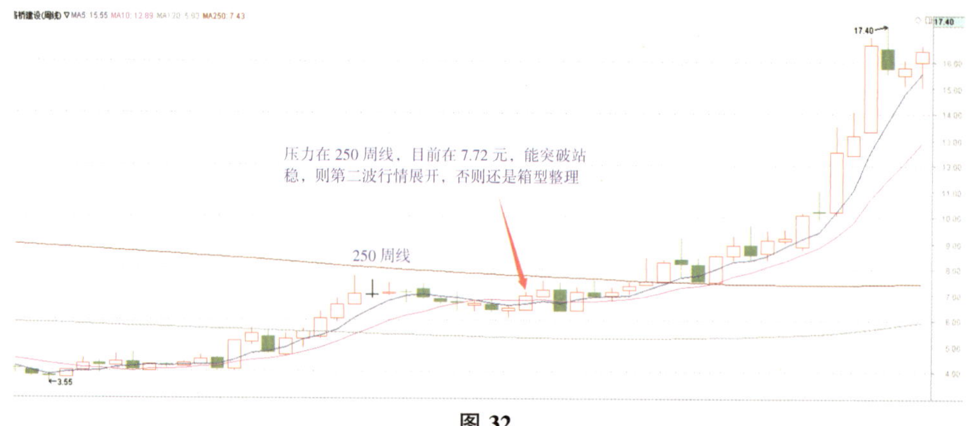

图 32

［匿名］心禅　2006-12-28　15：44：44

“禅主”，下午好，今天的大盘真的除了你说的上证50里蓝筹股在疯涨，其余都跌！这两天都是看、学习、理解最近两篇文章，还不是全部理解，能否再举一个实例说明？

另外，实在忍不住，想问“禅主”，我在600779水井里好久了，受伤不轻，看其30分钟图，是不是已形成三个连续走势，出现中枢了？下面应该是上涨了吧？

缠中说禅　2006-12-28　15：58：09

跌的会补涨的，但和龙头依然没法比。这就是为什么牛市中一定要拿每个阶段的龙头。

经验：牛市中一定要拿着每个阶段的龙头。

［匿名］whq999　2007-01-16　15：38：07

斗争很激烈，等待很痛苦，决定这几天不看盘了，过阵子来收庄稼，缠妹帮我顶住，先谢谢了。

缠中说禅　2007-01-16　15：51：16

市场的任何事情都是锻炼人的机会，特别是那种痛苦的事情。另外，说过多次了，自己找吃的，本ID提供找吃的方法。

目前市场就两条主线，一个是低价补涨，一个是中高价的打开空间。后者不大适合散户。

药是去年的酒、钢铁是去年的有色，另外像能源、汽车、军工等，都会有表现的。迟点，有业绩、有送股的股票，特别是去年炒得厉害的，必须通过送股把股价弄下来，这是春节前后，特别是业绩公布高峰时候的重点，这个节奏很明显。

技术上，用好第三类买点，足以把95%以上的人赢了，自己找，别整天希望别人喂你吃饭。

解读：春节前后和业绩公布高峰时，是高送转的炒作时机。高送转的意义是通过送股，把股票价格降下来，因为散户都有恐高症，股价太高对投资者也有门槛。

［匿名］悠悠悠哉　2007-01-25　21：44：30

我换了，这两天是其他的，600217明天回跌就再跟进，不管大盘了。老大，你帮我问问这只股票到底有没有并购题材啊？还有，有人说税调整后，许多亏损企业会扭亏的，你估计它会扭亏哇？

缠中说禅　2007-01-25　21：46：59

临近业绩，最好就买有业绩支持的股票，这是最安全的选择。当然，如果投入不大，而且又有技术上的支持，没业绩也不怕，特别大盘调整时，有些亏损股票也会乱奔一下的。

经验：邻近年报、半年报时，最好买有业绩支撑的股票；当大盘调整时，亏损股也经常表现一下。

缠中说禅　2008-02-29　15：18：56

高送的股票，因为大盘不配合，除权前没表现的，那么，表现可能就要到填

权中了，例如这几天的002202，就是一个典型例子。

经验：高送转的股票，如果除权前没表现，那么一般在填权后会有表现。

［匿名］不争而胜　2007-01-09　21：46：45

LZ您说资金量30万的持股最好不要超过3只，我根据您的理论抓来抓去收藏了一大把，虽都有赢利，但想专一点，您能否帮忙剔除一些。

600824，配股后5.5元左右进；

000928，4.9元进；

000520，3.2元；

000429，4.7元；

000100，2.2元；

谢谢您了！

缠中说禅　2007-01-09　21：57：27

告诉你原则，然后自己思考，才有进步。站在周线的角度，一个漂亮的第一类买点与第二类买点相组合的，都应该持有。

目前，很多股票站在周线角度看，都出现第一类与第二类买点，面临突破，这些股票在今年一定会有好表现的，什么时候加速？就是在周线或至少在日线上出现第三类买点，然后会进入加速。

符合以上要求的，都应该保留。

如果一只股票，在周线或至少在日线上出现第三类买点了，那就一直持有等待相同级别或至少是次级别的第一类卖点出现。股票其实就这么简单。当然，如果你短线有时间，就按更低级别的图打短差，如果没时间，也没必要干了。

经验：周线级别出现一、二类买点后，面临突破的个股，接下来基本都会有好表现。日线、周线上出三买的股票会进入加速。三买买入后，要等同级别的一卖或者次级别一卖出现再卖出，更小的级别只是用来打短差的。

缠中说禅　2007-01-18　15：13：08

今天的大盘没什么可说的，工行的破位是为了去完成第三段的走势，所以很正常，当该走势完成后，将出现周线级别中枢的第二段走势。

个股方面，还是中、低价股票。什么药呀、酒呀就不说了，农业、环保、汽

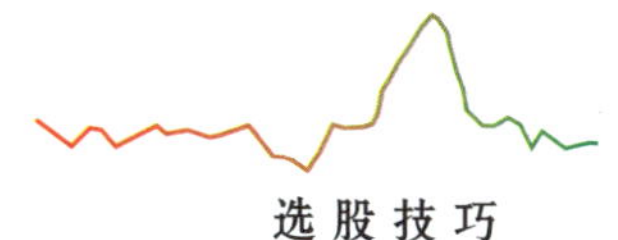

车、科技等，都会有表现的。

注意，中国最多的是人，只要和人口多有关的东西都会被弄的，像酒一样。

目前之下，个股比指数重要得多。

经验：和人口多有关的行业，随着人口消费化的进行，都处于大的发展期，这是一个基本的选股思路。

［匿名］巴索林　2007-01-31　21：45：22

LZ，听您的进军工板块，600316 1 月 26 日明明当时是第三类买点，现在跌惨了，下来怎么操作啊？

你见过前面没有第一、二类买点的第三类买点吗？先把概念搞清楚。

那是不是该股没有搞得价值了，我是否要换？

缠中说禅　2007-01-31　22：14：51

你买之前为什么不研究一下基本面？站在走势的角度，如果你有充分的时间，利用短线，可以把成本等降下来，然后就有价值了。你以为本 ID 买股票都是乱买的？

好。本 ID 也不避嫌疑，告诉你为什么本 ID 要买 600343，因为其 2007 年的业绩，根据研究将达 1 元，而且航天方面将有大动作，以及一些其他没必要说的事情。否则本 ID 凭什么买它？

当然，凭本 ID 的本事，任何股票本 ID 买了都可以搞成负成本，但为什么不挑一个好一点的搞？不能说面首都是男人，所以男人都要搞吧。

以中长线的心态选择股票，短线全部用纯技术把成本变成负数，这才能永远不败。

解读：以中长线的心态选股，用短线技术把成本变成负数，这才能永远不败！

［匿名］下下　2007-02-06　15：47：00

缠主，管子今天是怎么回事啊，其他钢铁股都翻红了，它为什么选择今天调整也没反弹啊。

缠中说禅　2007-02-06　15：53：06

下跌得少，反弹自然少。

大家注意了，如果抢反弹，一般有两类是肯定没问题的。一是指标股，不拉

指标股，人气起不来，所以是必须拉的。二是跌得很多后背驰的，一个小反弹，就有百分之十几以上的空间。

大家一定要注意那些在第一段中不跌的，除非其创新高并很有力度，否则一旦大盘反弹结束，就有补跌的可能。这是必须注意的。

经验：抢反弹要么是指标股，要么是跌很多后出现背驰的。注意那种在第一段中不跌的，除非创新高很有力度，否则在大盘反弹结束后，补跌的可能很大。当天大盘见底反弹，银行等指标股的反弹幅度很大，而新兴铸管当天却是绿盘报收，主要原因是它这波调整的幅度也不大。

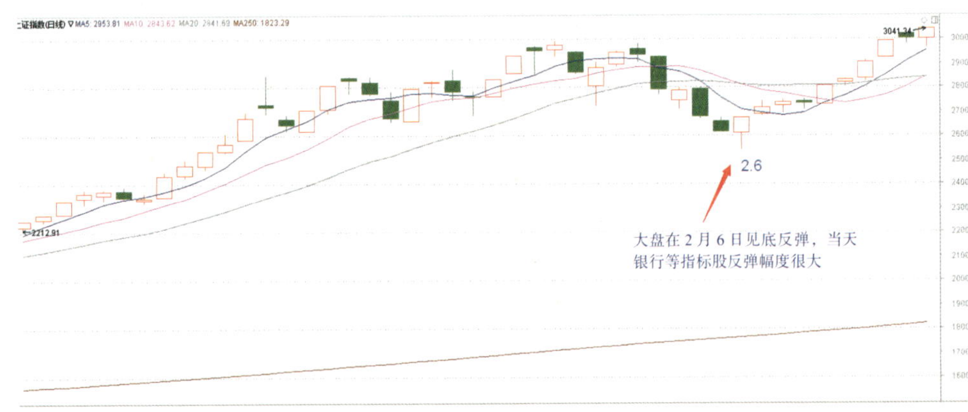

图 33

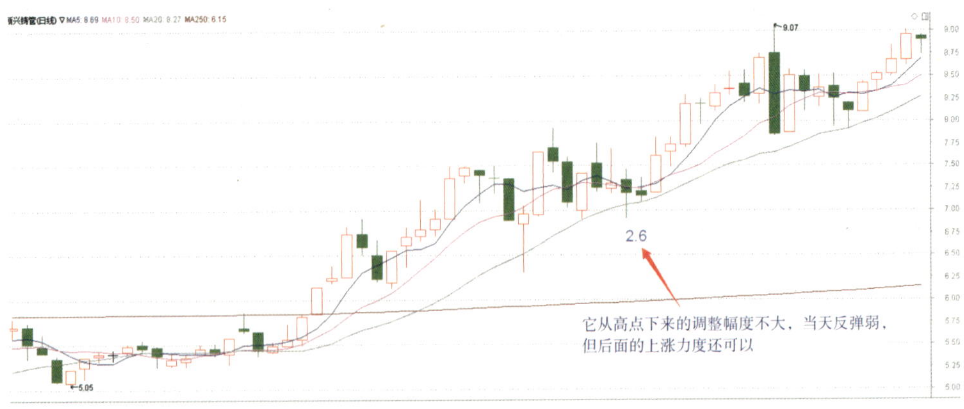

图 34

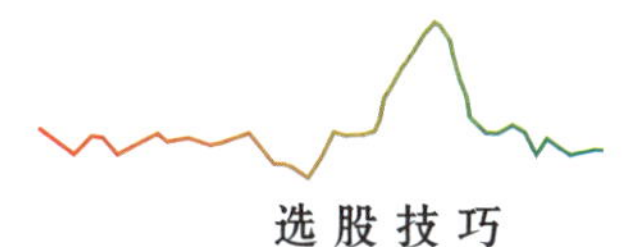

［匿名］清　2007-02-06　15：24：38

先看后顶再问问题，您能帮我看看 600682 S 宁新百的走势吗……大概 1 分钟和 5 分钟都发生背驰了……但走势很弱……是盘整背驰还是背驰呢？谢谢！

还有一个问题。大概 14：50 时，发觉不少股票都滞涨，那个 1 分钟图上，如何判断是否出现背驰而采取相应行动呢？再次谢谢！

缠中说禅　2007-02-06　16：51：48

这股票，最大问题是后来没形成两个中枢，所以没跌透。因此大盘反弹，背驰后会形成盘整走势。一般来说，最坏的情况，就是盘整后再跌一波，形成 30 分钟以上的背驰，才见到比较有力度的底部。当然，如果大盘走势特别强，这背驰演化的盘整也有往上突破的机会，并不必然向下。毕竟盘整后上升、下降都是正常的。至于说今天有些股票没力，这是正常的，今天都有力了，那明天不就没股票反弹？而且反弹中，最有力度的肯定是指标股以及近期相应的板块，例如银行，这很自然，资金在里面。

注意，背驰后不必然出现 V 型反转，也可以形成盘整后再选择方向。所以，为什么抢反弹都是必须跌透的，也就是至少两个以上中枢的原因。

解读：抢反弹都必须跌透，也就是至少两个以上中枢，并且距离最后一个中枢较远。

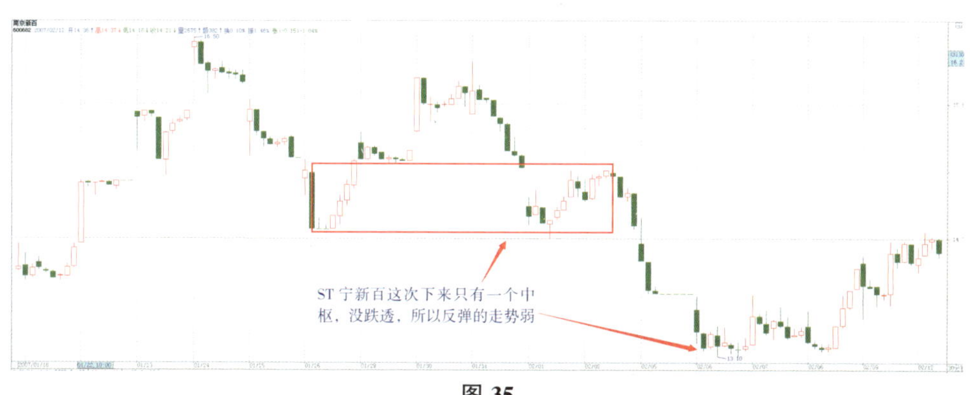

图 35

［匿名］面首甲　2007-03-02　15：52：41

缠姐，这课写得太好了！解了我不少疑点。

能不能讲一下中枢的实质，其和一般意义的阻力位、支撑位有什么关系？

按照缠姐的理论，这段时间对大盘的节奏掌握得很好。所以没亏钱。

但对个股的没掌握好，所以也没赚钱。今天买入的低价股都在调整，没有表现。

缠中说禅　2007-03-02　15：59：54

选股票要找好买点，在牛市里，第三类买点的爆发力是最强的，例如日线上的，如果实在找不到，就找 30 分钟上的。你可以把一些有潜力的板块，价位不高、周线还没拉升的放入自选股，选出个一百几十只的，然后每天在这些股票里选买点，这样就不会太累了。节奏弄好了，基本可以达到出了马上又可以买别的股票，这样资金利用率就高了，散户资金不大，要发挥优势，没必要参与大级别的调整。把已经走坏的剔出你的股票池，不断换入有潜力的新板块，这样不断下去，一定会有大成果的。

解读：这个方法的前提是牛市，股票池的重点是价位不高、周线还没拉升的潜力板块。

缠中说禅　2007-03-20　15：24：15

大盘今天的走势是最恰当的，上次上 3000 是一日游，现在至少是两日游了，缩量在这里整理站稳再谋求上攻，这样是最稳妥的。其实 3000 点什么都不是，只是一个心理问题，包括散户与管理层。管理层的水平，其实经常连散户都不如。

汉奸在这里肯定是要干活的，前几次喜欢用嘴配合，这次还这样就太没意思了。难道汉奸用嘴就能得到快感？总之，在这里等汉奸看能出些什么花招，最好把所有花招都使出来，让散户也多点见识，心理承受能力得到锻炼。

个股没什么可说的，中行等休息，其他股票活跃，这是最好的情况。不过还是要提醒，如果是中线持股，除了用部分筹码打短差，就要持得住。并不是敢涨停的就一定是好股票。涨停算什么，最后能涨多少才是真实的。像前面说过某大叔抓不住的股票，就是 600195 的中牧，从去年 4 月中 3 元多开始到 11 元，从来就没涨停过，也没阻止他一年不到翻了 5 倍。如果一个股票涨了 2 倍还从来没涨停过，只有一种可能，就是要涨 5 倍甚至 10 倍，因此根本不屑于用涨停来现眼。

反复震荡爬升的股票是股票中的极品，可以弄出无数的短差，问题不是这股票有没有涨停，而是这股票波动大不大、最终潜力大不大，一定要把问题搞清楚。天天追涨停的，永远只能是散户，大一点的资金都根本不可能这样操作的。

经验：

（1）对于中线，如果一只股票涨了2倍还没涨停过，那就要重点关注，因为它要涨更多，根本不屑于用涨停来吸引眼球。

（2）反复震荡爬升的股票是股票中的极品，可以弄出无数的短差出来。问题不是股票有没有涨停，而是股票的波动是否大、最终潜力是否大。

［匿名］股虱　2007-03-26　15：23：13

禅MM：根据您的理论，买点买卖点卖，近期颇有些斩获，但操作中也遇到些问题烦请解答：

（1）上周五（23日）发现600271的30分钟背驰，5分钟也背驰，符合区间套原理，上午在44元跟进，但下午却随大盘大幅跳水，不知我起初的判断是否有误？后来我发现其图形并未走坏，背驰仍然成立，故在43元左右补仓，不知是否妥当？

（2）近期发现有买点的股票基本是10元以上的高价股，低价股基本全是卖点，估计下阶段的热点应该是绩优高价股。可以这样估计吗？

缠中说禅　2007-03-26　15：33：30

这问题已经早说过了。没有真正题材的三线股，监管压力很大。600271周五是1分钟背驰，后面出现反弹，不过力度有限。5分钟当时并没背驰，就算看MACD，也没明显回拉。

注意，最好选择周线刚脱离底部的股票，特别那些技术不好的，就算判断错误，也有改正的时候。

经验：最好选择周线刚脱离底部的股票，这类票由于处于周线中枢离开段，所以中线上一般都是不断创新高，想被套也难。

一粒米　2007-04-18　16：09：22

缠MM好！问个问题：

我们小散每次有利润后将它变为0成本的股票好，还是变成现金再搞第二个股票？我发现几个月前的股票留下来的话利润自动升值了。且现在买不到以前的便宜货了。但股票多了，管理起来又很烦。你有好建议吗？（我的资金才3W。）谢谢！

缠中说禅 2007-04-18 16：29：35

你可以选好几只节奏有错位的股票，当成股票池，不断反复操作这些股票，在这些股票中不断根据买卖点买卖换股，每次只操作一只，最多两只。

解读：这是大多数学缠者可以参考的方法，也解决了不停选股的问题。

缠中说禅 2007-04-24 22：06：17

对不起，大家注意了。

上面漏说了一个最容易出黑马的板块，就是故意报坏业绩，但不跌反涨的，一旦大盘有调整，这些股票随着调整后，那么走势强劲的，将是后面的黑马。

全流通后，没有任何股票的业绩不可以做上去的，本ID这里掌握了N只故意公布差业绩的公司的阴谋，但现在是监管时期，本ID不愿意惹麻烦，大家多加注意就是。

为了保险起见，如果没有特别准确的把握，不要买星号ST的，虽然本ID掌握的，有好几只这种股票，但不了解的就别买，否则买错了退市就很麻烦。

有心人，可以把那些故意业绩弄差的选出来，然后选择异动明显的，黑马不难发现，比让本ID直说有意思。

经验：故意弄坏业绩的，但异动明显、不跌反涨的，将是黑马。这里对鉴别是否是故意弄坏业绩有一定的能力要求。

熊市选股技巧

缠中说禅 2007-06-04 07：53：44

由于6、7月开始进入中期业绩主导时段，因此一、二线的绩优成分股就有一定的基本面支持，这对指数的稳定起着关键作用。而三线题材股，将出现分化，只有那些有真正基本面好转支持的股票才会重新走强，而其余的股票，在一定的技术反弹后，大多数都将进入较大级别的调整中。

经验：当大的调整来的时候，如果赶上中报、年报发布期，那么一、二线的绩优成分股有基本面的支持，会对指数的稳定起到关键作用。而三线题材股会出分化，只有基本面真的好转的股票才会重新走强，其他的在反弹后，大多数会进入较大级别的调整。

缠中说禅　2007-06-04　07：53：44

技术上，上面的文章已经说得很清楚，看5月均线，经过今天的下跌，该线已经到了3540点。短线的角度，在该线附近的介入，问题不大。周末说一定注意补跌，不能买所谓抗跌的股票，今天，那些股票都下来了。现在，站在反弹的角度，一定只能介入那些跌幅40%以上，已经跌到半年，最好是年线的股票，一旦大盘有所稳定，其反弹的力度会较大。

至于现在依然没走的，依然全仓的，现在走意义已经不大，不说什么技术，就算是看历史数据，以后肯定有比现在位置要好得多的位置。对于最不幸的满仓的朋友，目前一定要忍住，在第一次大反弹出现后，一定先把一半筹码先兑现出来，下来再找机会回补，这样才能把成本摊低。因为这样的走势后，中线的震荡不可避免，有资金才会有机会。

经验：

（1）当5·30这种暴跌发生后，一定不能买抗跌的股票，因为这是系统性风险，整个市场都在跌，抗跌的个股会有补跌的需求。

（2）做反弹一定只能介入跌幅在40%以上，跌到半年线，最好是跌到年线附近的股票，其反弹力度会较大。

（3）满仓没躲过大跌的，一定要忍住，在第一次大反弹出现后，一定先把一半筹码兑现出来，等下来后再找机会回补。

缠中说禅　2007-12-25　15：16：24

如何判断一个股票有没有短线前途？这种问题就没必要问了，你说一个刚顶背驰的股票有前途还是刚开始第一次中枢上移的股票有短线前途？你说一个刚进入大阻力区的股票有短线前途，还是刚确认脱离阻力区的股票有短线前途？其他的情况，可以自己去摸索，归根结底，图形告诉你一切。

经验：

（1）当出现趋势的第二个中枢后，大概率是要出现中枢级别升级，那么此时要注意中枢震荡的操作。

（2）短线选股优先选择刚确认脱离阻力区的，刚开始第一次中枢上移的股票。

缠中说禅　2008-01-02　15：12：24

千万别追高买任何股票，如果错过了前面的，就在低价与二线中找那些反应迟钝但有资金驻守的。都是人，都要吃饭，只要有资金驻守，总要开张的，否则一年的花费谁给呀？

至于大家伙，技术好的，就等抽筋那几下抽点血，抖的时候就不一定陪着玩了。

经验：市场整体行情向下时，只能选择在低价与二线股票里选那些没出现过暴涨的，但明显有资金在的个股。大盘股指标股只能在指数突然急拉的时候突然表现下，急拉之后就要走人了。

缠中说禅　2008-02-04　19：51：49

有人可能问，如果出现回探的情况，那么可能在背驰买的出不掉。显然，这种情况是很可能的，因为T+1，该反应的时间你可能没资格卖。不过，一个很简单的对策是，你必须买比大盘要强势的股票，也就是先于大盘的股票，这样，一旦大盘回转，这类的股票走势都会比大盘强，这样自然有足够的空间让你选择。

解读：这是非常重要的一个实战上的选股经验，在下跌趋势中，要选择比大盘强势的个股，也就是先于大盘反弹的个股，但需要注意的是，避开那些涨幅巨大、正在放量做顶的股票。

缠中说禅　2008-03-04　15：18：09

真正的大牛股，基本都是个位数起步的。所以，现在就是要去找那些个位数的明日之星。

不管平安能搞出点什么，大盘是否再被击毁一次，等待的都是机会，下跌就是爹，送钱来的。

经验：大牛股，基本都是从10元以下起步的，低价股永远是出大牛股的摇篮，选股优先选择10元以下的个股。

操作技巧

买卖技巧

伤心太平洋　2006-11-22　12：38：26

你好！你不说北辰还好，说起来上吊的心都有了！

上市第二天，就进去了，结果拿了十来天，启动前却出来了，现在是涨不停，不停涨！

当初的想法是：股价低，盘子大（方便大资金出进），有比价性，基本面好，可受不了老公唠叨，是不是耐得住寂寞的人才能成为真正的高手呀！

缠中说禅　2006-11-22　12：47：46

主要是你介入的时机不对，或者介入的动机不对，介入时，首先要想好是短线还是中线介入，如果是中线，就要有至少两个月以后的操作期。介入的动机，对于投资特别重要，这点以后会说到。

解读：北辰实业刚上市，肯定没有大一点级别的中枢，所以上市第二天肯定没有短线、中线的买点，最终上市十几天后震荡出了一个大一点的中枢后再向上突破，并于 11 月 14 日出现该中枢的三买。

所以，新股的短线介入时机要选择三买处，中线介入时机可选择在中枢震荡下沿附近。但介入的动机是根本，动机成立后，介入时机只是技术上的问题，如果介入动机有问题，技术再好也难有作为。

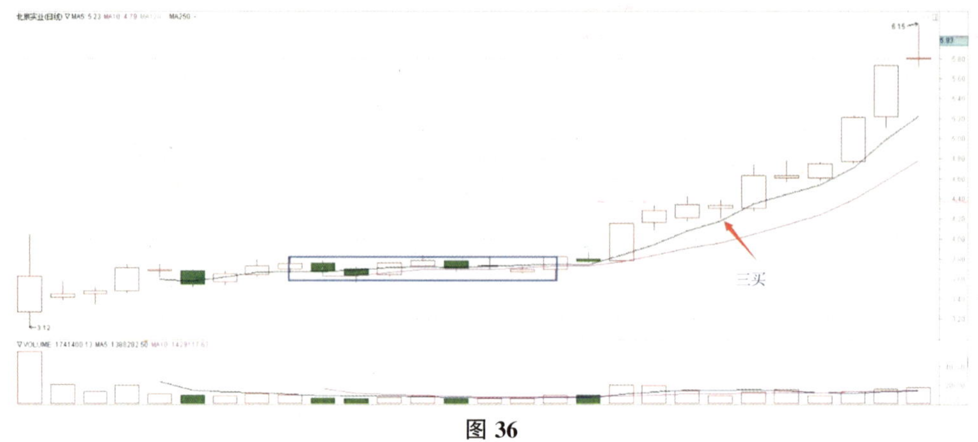

图 36

［匿名］捣蛋　2006-11-23　12：11：44

600653 能不能介入呢？我几个月前买的 600653，正打算出手了呢。

缠中说禅　2006-11-23　12：25：38

这个位置比较尴尬，中线没问题，短线要小心找好介入的时机。顺便告诉你一个奥秘，介入股票最好在均线黏合时，例如这只股票，11 月 13 日就是最好的短线介入时期，而现在等于要赌第二波，比原来的位置差多了。

关于如何介入的一些小窍门，以后会陆续写的，请关注。

中线就不存在出手的问题，短线已经错过出手的好时机，因你没看本 ID 写的如何教你炒股票，放巨量后就是一个好的短线出手时机，你看 11 月 17 日是不是特别符合这个特征？

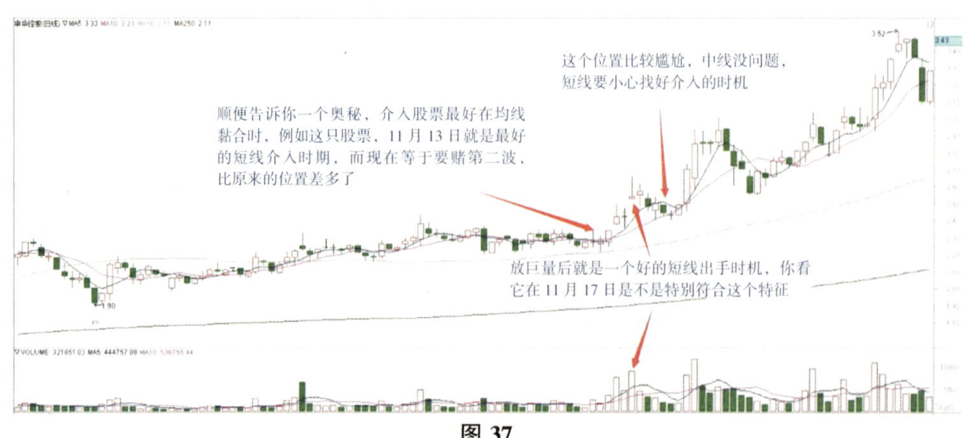

图 37

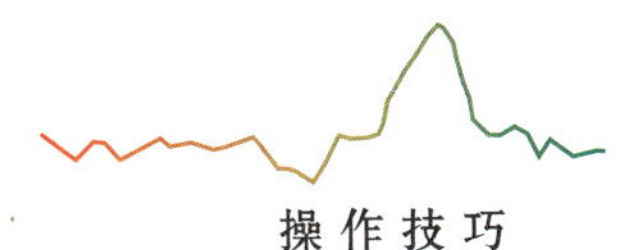

风月　2006-11-23　16：06：30

妹妹帮我看看 600401，这个股，快涨了吧！3 天再不涨，我就换！

缠中说禅　2006-11-23　16：19：40

你的介入时机不对。如果是短线，一定要在均线黏合时介入，这样就不用浪费时间了。当然，既然已经介入了，就好好看着，不过要承受一定的短线风险。

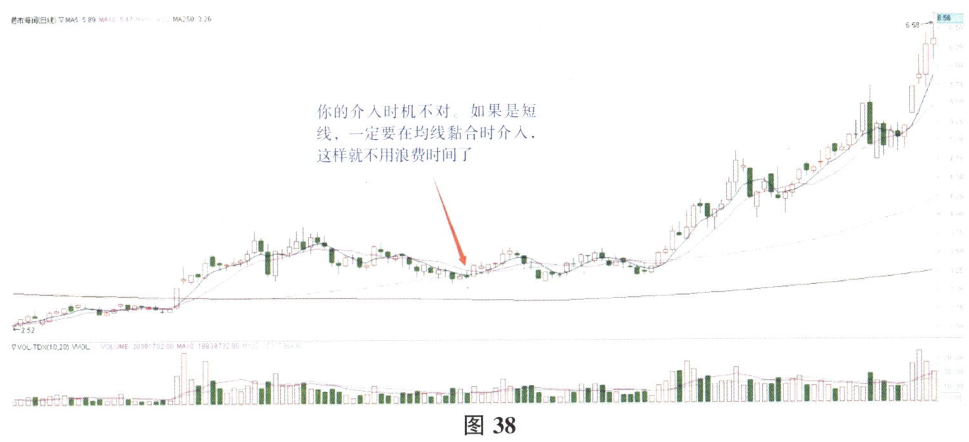

图 38

经验：

（1）短线介入最好在均线黏合时，这样不会浪费时间。

（2）放巨量是短线卖出的好时机。

针眼麦芒　2006-11-23　16：07：58

现有 600795 冲击年线入，未果，短线还能持否，呵呵，看过你的经济学。自觉惭愧，从零开始，望楼主不吝赐教。

缠中说禅　2006-11-23　16：17：16

如果是短线，第一、二次冲击年线都是最好的短差机会。这只股票的下方支持在 5.67/5.72 的缺口位置。只要不破，中线就没问题。如果是希望中线持有的，就要耐心等待年线和半年线的突破。

关键是你希望短线还是中线，这和你的资金量及持有量有关。

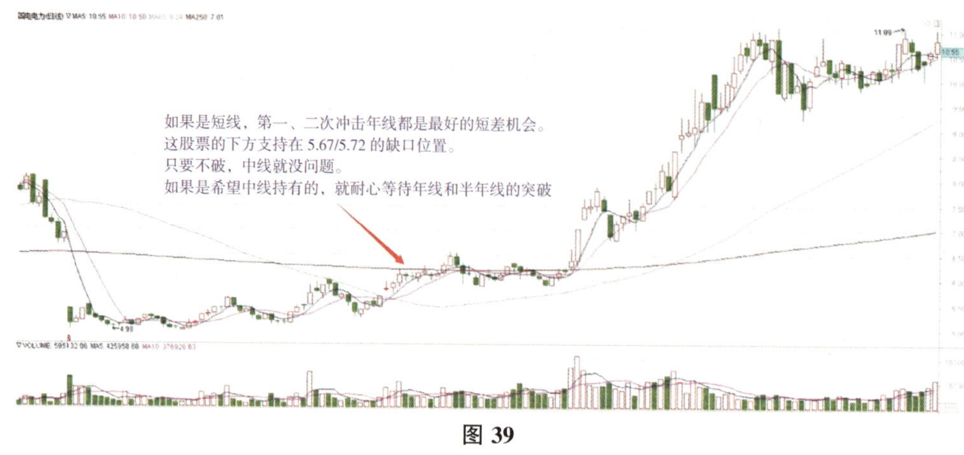

图 39

［匿名］诚心请教　2006-11-23　12：29：41

楼主 600320 应怎样操作呢？谢谢了！

缠中说禅　2006-11-23　12：55：05

中线问题不大，短线昨天是一个打短差的好时机，因为第一次冲击年线。错过就算了。

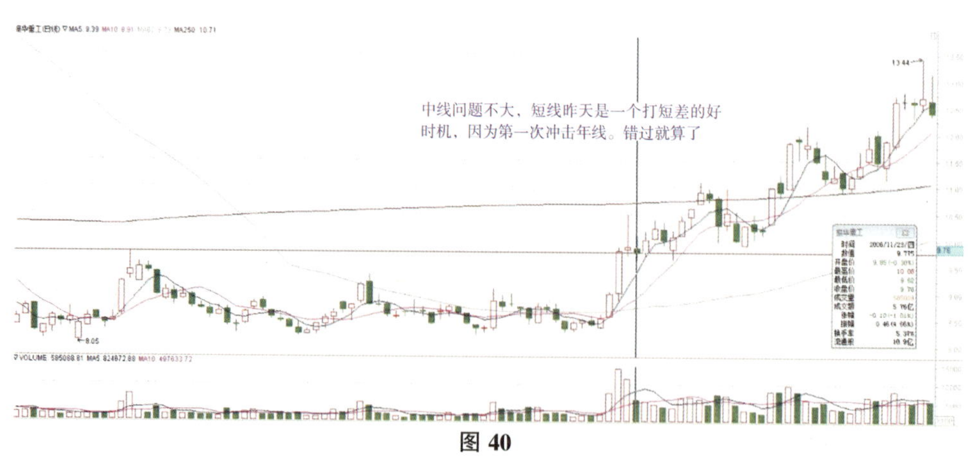

图 40

经验：对于长期下跌的个股，第一、第二次冲击年线一般都会失败，所以此时是短差机会，重要的是冲击年线时有突然放量。

［匿名］谗　2006-11-23　14：01：45

请教 000100TCL 高位被套，成本价 5.6，后期如何操作？多谢了！

缠中说禅　2006-11-23　15：56：06

这成本，估计是抄底抄出来的。首先要严重吸取教训，特别是散户，绝对不要抄底，一定要等股票走稳将启动才介入。

目前该股正在磨年线，一旦站稳会有一波行情。但你的成本也太高了，能否到你的成本还真不好说。如果有可能，趁调整时补点仓，能把成本调整到3元附近，那解套甚至挣个百分之几十的机会，还是很大的。

如果你短线技术好一点的，可以不用那么死板，补三分之一到一半的仓，根据短线指标弄短差把成本降下来。你现在的问题是成本太高了，以后千万别去抄底，千万记住。

解读：这个案例中，最有价值的是如何对待高位被套的股票，当被套幅度比较大时，可以回补一些，做几次短差，把成本降下来。

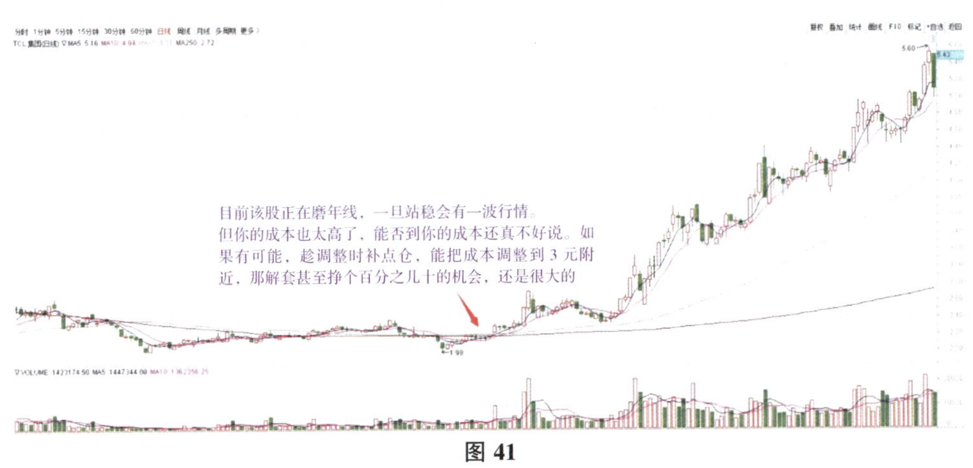

图41

经验：散户不要抄底，要等股票企稳要启动时再介入。如果被套幅度比较大，可以回补一些，通过做短差将成本降低。

［匿名］谗　2006-12-04　13：59：22

前段时间请教的000100（TCL），果然如楼主说的正在磨年线，现已突破年线，我也跟进补仓，现在成本4.3元，不知能否解套或需要再次补仓。

缠中说禅　2006-12-04　15：12：37

以后补仓就坚决一点，别分次补，一次性就把成本降到某个标准。4.3元在明年是有机会达到的，但如果是 3.3 元，机会就大多了，很有可能明年上半年就见到。

有一种方法，就是也不再补仓了，在下次中线上涨的高位把这次补仓的出掉，然后等其后的中线调整回试年线在补回，而原来套牢的一直不动，这样估计你的成本能降到 4 元以下，明年解套的机会就很大了。

当然，如果你的短线技术还可以，就利用每次调整把回补的出一部分，下来再回补，这样反复几次，很快就能解套了。当然，有一个原则，原来套牢的不要动。这用补仓的仓位来动，这样既不增加仓位，也不占用更多的资金，其他钱可以关注另外的。

解读：教了一个解套方法：亏得多的，补一些仓位，然后在一个中线 / 短线高位卖掉补的仓位，然后在调整低位接回来，反复降低成本。短线的对短线技术要求较高，做不好很容易做乱节奏，一般散户还是中线操作比较好。

［匿名］**酸辣粉**

多个嘴，这个技巧没有一定的功力不要乱用，给你举个例子，600685 在 9.19~9.27 元，600220 在 9.14~9.21 元，你把它们的 K 线调出来看，你能看出任何差别吗，都是均线黏合，可后面的方向是截然相反的，事后看都明白，可人处在当中时，一般都认为肯定是向上的，其实却不然，这样的例子很多，所以说，技巧不能乱用，一定要全面看，就像楼主昨天所说的程序组合，即是多方位考察个股的意思。

缠中说禅　2006-11-23　21：24：02

还是有区别的，后者是三角形整理的最后骗线，而前者不存在这个问题。另外，本 ID 从来不赞成搞那些第一波走势太强，其后调整时间又太长的股票，这种股票充满骗线。

解读：这两只股票的差别在于 600220 之前有过一波猛烈的上涨走势。

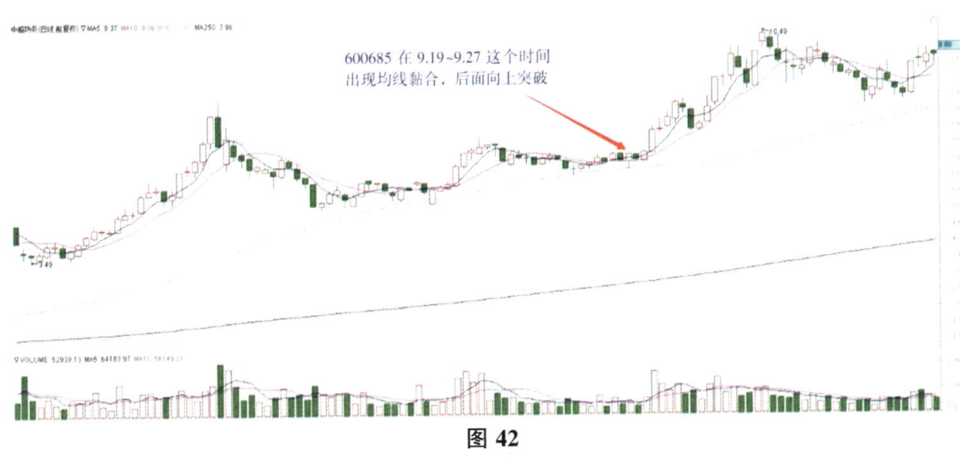

600685 在 9.19~9.27 这个时间
出现均线黏合，后面向上突破

图 42

600220 在 9 月 14~21 日
看起来也是均线黏合，
但后面却向下跌了 30%

图 43

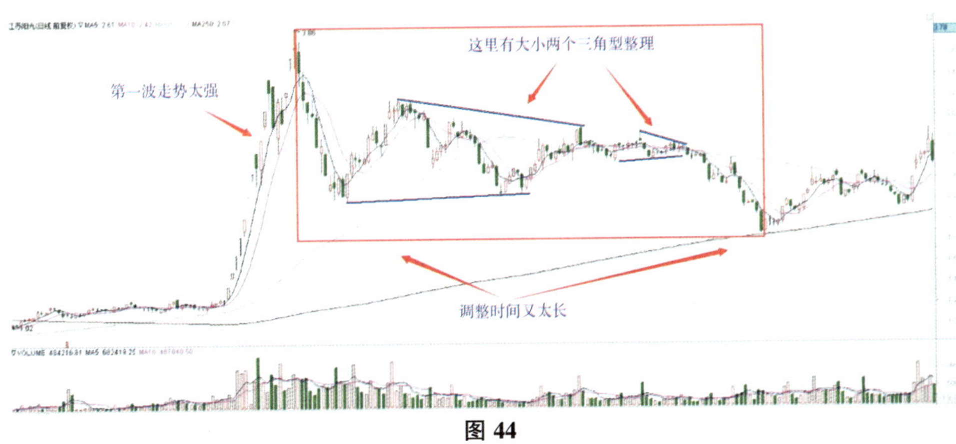

这里有大小两个三角型整理
第一波走势太强
调整时间又太长

图 44

经验：第一波走势太强，其后的调整时间又太长的股票，走势往往充满了骗线。

网友留言

你好楼主！我在2.91元介入中国嘉陵和4.6元介入青海明胶。希望楼主帮我分析我该如何运作尽量减少亏损！！！万分感谢！！！！

缠中说禅　2006-11-23　22：07：36

临走才看到你的问题，本ID对套牢者的问题总要优先回答。

首先请一定要记住，不要在以巨量大阴线构造顶部的下跌反抽中介入，这是投资大忌。你的青海明胶大概就是这样买的。等吧，中线应该有解套机会的，这个教训一定要吸取。

你的中国嘉陵大概是追高买入的，这又是一个教训，也是等吧，中线应该有解套机会的，这个教训千万要吸取，一定不要追高买股票，一定要有这样的心态，它爱涨多少是多少，权当这股票不存在。

解读：这两只股票，都应该是在前期顶部附近介入的，一定是追高了。

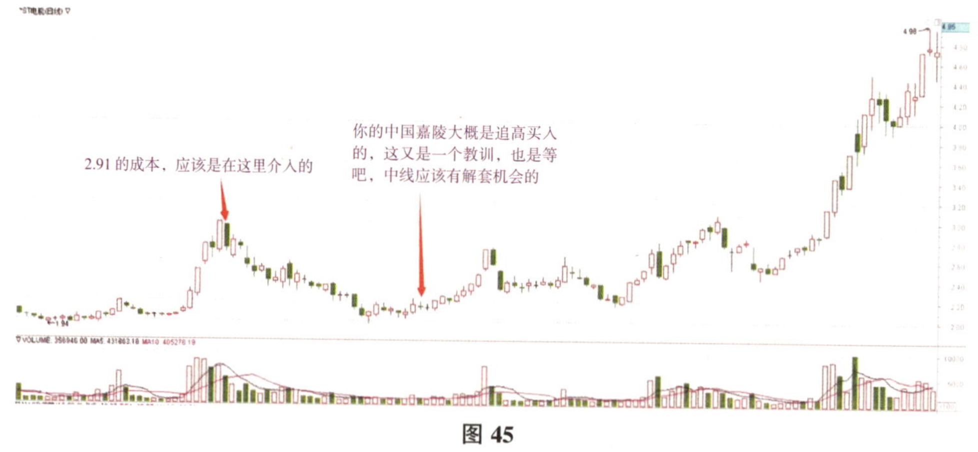

图45

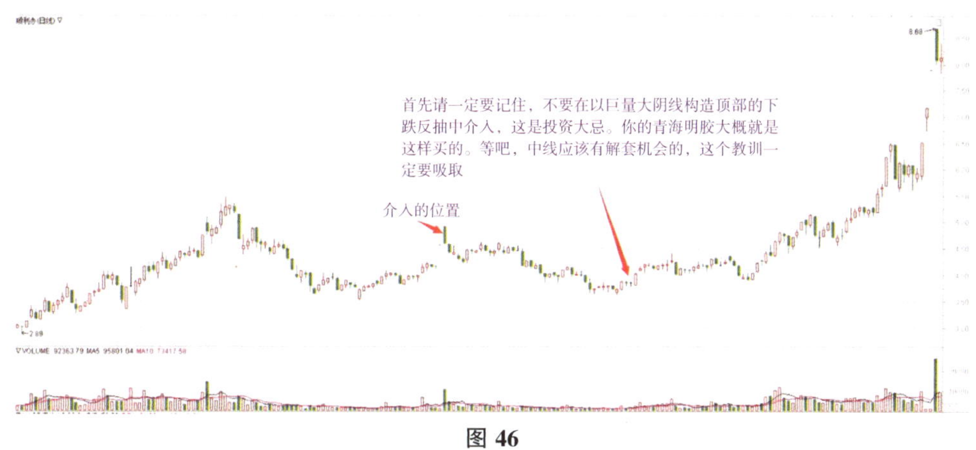

图 46

经验：不要在以巨量大阴线构造顶部的下跌反抽中介入。不要追高买，即使是短线，也要在强势调整时（一般在 5 日均线附近）买，而不是追高。

［匿名］**打死你我也不说　2006-11-27　12：18：45**

上午买了 000004，请数女解读一下。

缠中说禅　2006-11-27　12：23：33

中线有机会，但短线没突破 4~4.2 元的压力区，还要继续折腾。

另外，如果不是强力突破的走势，一般最好别早上买股票，因为没有 T+0，经常下午可以有很好的选择。当然，如果是中线着眼，逐步建仓，那是另一回事。

解读：该股当时走势如图 47 所示。

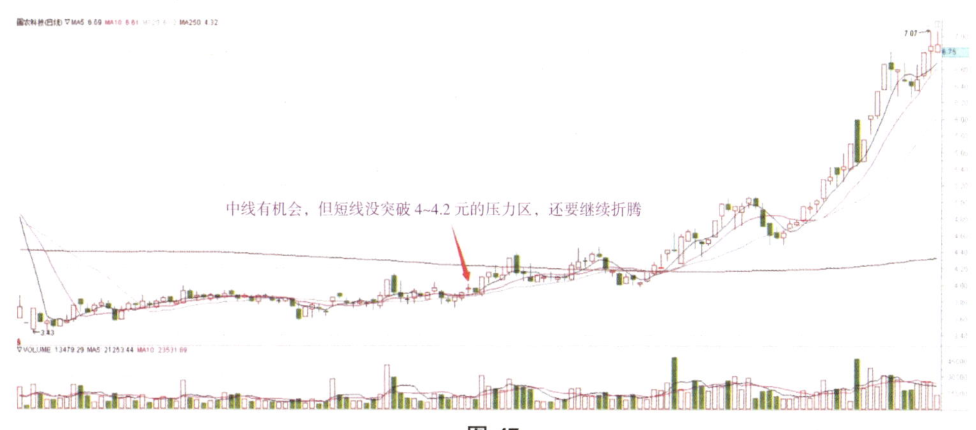

图 47

经验：如果不是强力突破的走势，买股票尽量在下午买。

［匿名］**瞎鼓捣　2006-11-27　12：51：13**

请教高人600087如何？

缠中说禅　2006-11-27　15：17：51

短线放量过急，需要缩量确认突破后再放量。

解读：这句话的断句是：短线放量过急，需要缩量确认突破，（之）后再放量。

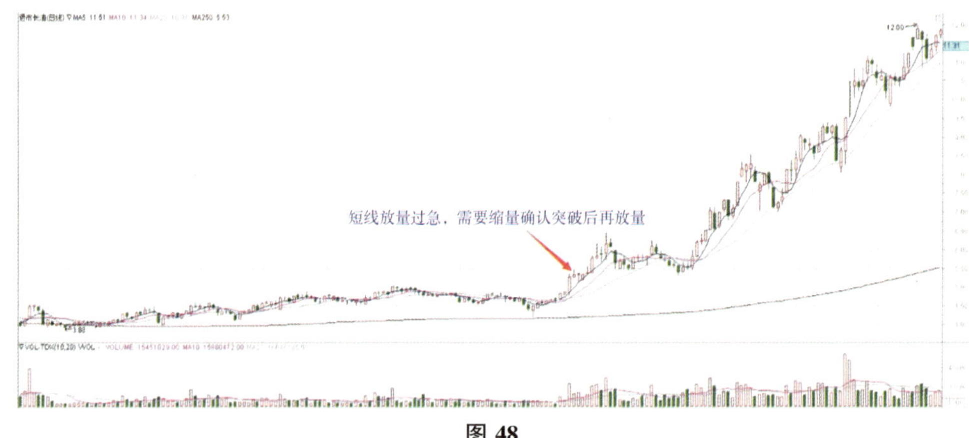

图48

［匿名］**小股民　2006-11-27　21：58：57**

请楼主禅师帮忙看看600426和600016的后市，不知道这会儿进入600016会不会有大风险。

缠中说禅　2006-11-27　22：22：29

600426，一般股票从个位到十位都要长期折腾的，该股就是围绕10元波动，中线问题不大，短线还是看成一个9~11元的大箱型比较稳妥。

600016，本ID从来不希望人追高介入，4元多刚破年线时哪里去呢？世界上又不是只有一只股票。当然，该股中线没问题，但这不是一个必须介入的理由。

解读：600426当时刚出现一个日线上的盘整背驰，然后回到上方中枢内，最终也是逐步站稳上方中枢后才开始快速拉升。

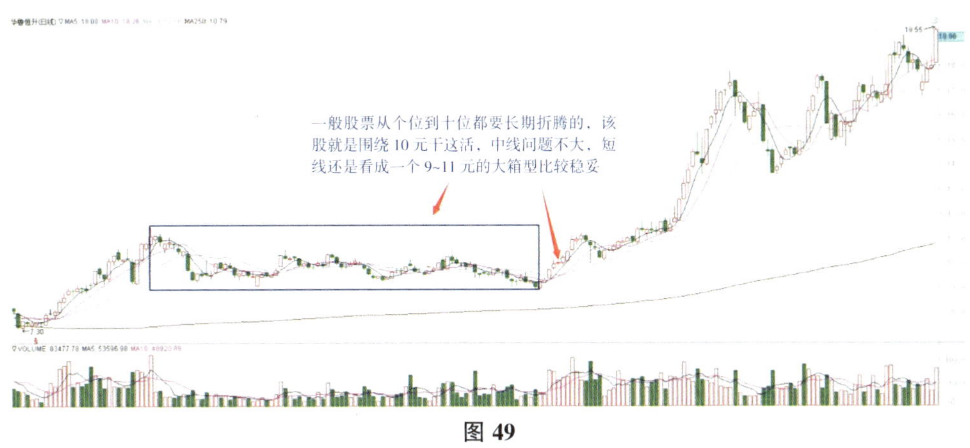

图 49

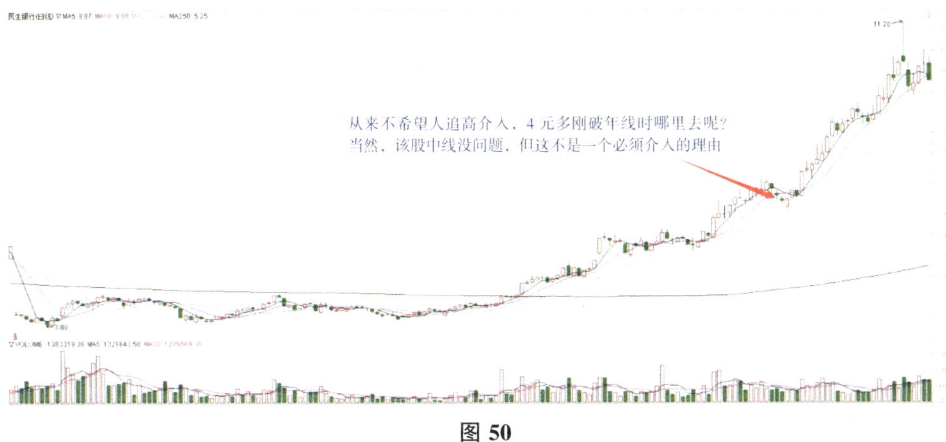

图 50

经验：一般股票从个位到十位都要长期折腾的，也就是股票从几元涨到十几元时，在 10 元附近一般都有反复折腾。

［匿名］**糊涂蛋　2006-12-04　12：33：58**

因可能要出去一段时间，我想把满仓的 600653 和 000822 换成 000932，值吗？

缠中说禅　2006-12-04　12：41：04

要养成完成整个操作的习惯，如果持有的股票没有出现卖出信号，就要一路持有，没有人能保证换回来的一定是金子，即使事后真是金子，那也是事后，但却养成了一个坏习惯。

投资市场，习惯是最重要的。一个坏习惯就足以致命。

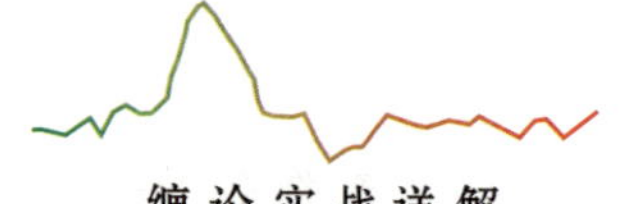

缠中说禅　2006-12-04　12：43：34

离开市场一定要有人跟进，不能把股票抛一边没人管，这不是一个市场参与者应该有的态度，现在网络发达，即使外出，关照一下股票还是不难的。

解读：做股票要专一，不能是狗熊掰玉米，散户经常会受到各种诱惑，来回换股票，这是非常坏的习惯。一个走势一般都会从缓慢到加速，然后疯狂，出卖点，最大的一段利润就是在加速之后，换股票的结果只有两种：

（1）嫌股票慢，换已经加速的，那么容易赶上加速末期，从而被套。

（2）一直换没加速的，一直吃不到利润最大的一段。

［匿名］**nn　2006-12-04　12：45：13**

整篇文章都很有道理，只是想问一下，假如撤出时很难做到不亏损，那么还能等反弹吗？如真那样，亏损不就更大吗？当然这种情况多半出现在熊市，可是牛市基本不需要止损，对吗，因为介入时基本都把它作为可搞之列而介入的，俺的理解对吗？

缠中说禅　2006-12-04　12：50：01

其实，熟悉走势的人根本不需要等到真跌破低点了才发现问题，一般来说，一半的位置是不会跌破的，一旦跌破，就会出问题。至于跌破低点，一般都会有反抽的，这是最后的走人机会。再不走，只能杀跌走了。

解读：这里是指第二类买点，也就是女上位后第一个吻，由于此时并不能确定这到底是女上位的第一吻还是男上位的又一个湿吻，因此这第二类买点还有失败的可能，那么一旦失败，就要止损认亏了。缠师的经验是，第二类买点一般不会跌破一买后最大涨幅的一半位置，一旦跌破了，二买的可靠性就大大降低了，如果跌破一买的位置，一般会有反抽，这是最后的卖出机会。

［匿名］**外科医生　2006-12-05　12：10：50**

我的600639今天又涨停了，看了一下日线好像背驰了，红柱子缩小了对吗？

缠中说禅　2006-12-05　12：16：06

没有，但中线已经进入成交密集区域，再上行后短线出现震荡洗盘很正常。

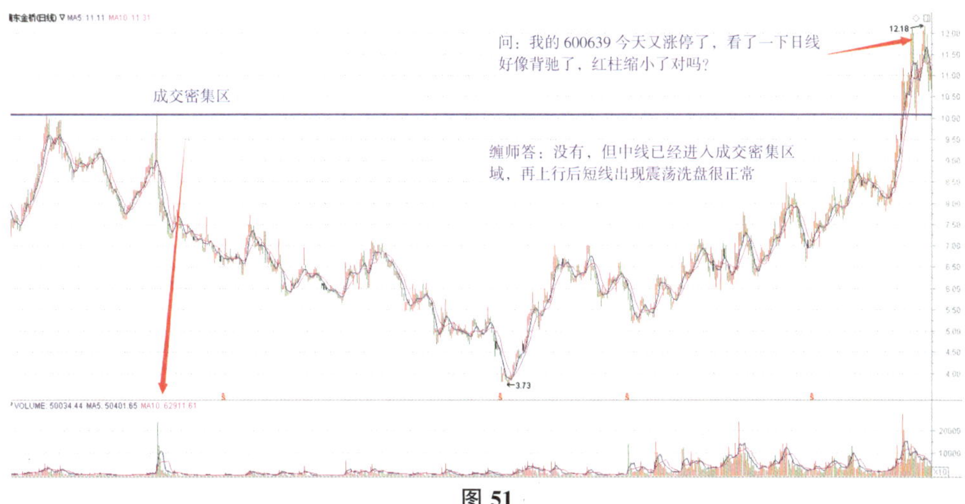

图51

解读：

这个问答很有料，分两部分看：

（1）缠师说日线没背驰，是因为当时还是涨停板，向上的走势还没完，而且在大级别上，这波上涨力度最大，不会有背驰，而这名网友看的是这个日线上涨笔内部是否有背驰。

（2）缠师要表达的意思是：因为中线已经进入了历史上的成交密集区，这个区域内短线出现震荡洗盘很正常。

［匿名］nn　2006-12-08　12：29：25

首先感谢楼主无私教诲，但理论性较强，年龄老了，还需要“漫漫”领会，有一点不明，比如向北辰股份那种走势，如何判断其卖出信号，现在如何处理为最佳方案（首先强调，我并没有该股，只是以此举例而已）？谢谢！

缠中说禅　2006-12-08　12：47：17

这种短线太猛的，看30分钟图，卖点十分清楚。目前如果没走也不用怕，反抽会很猛烈的，就等着吧。

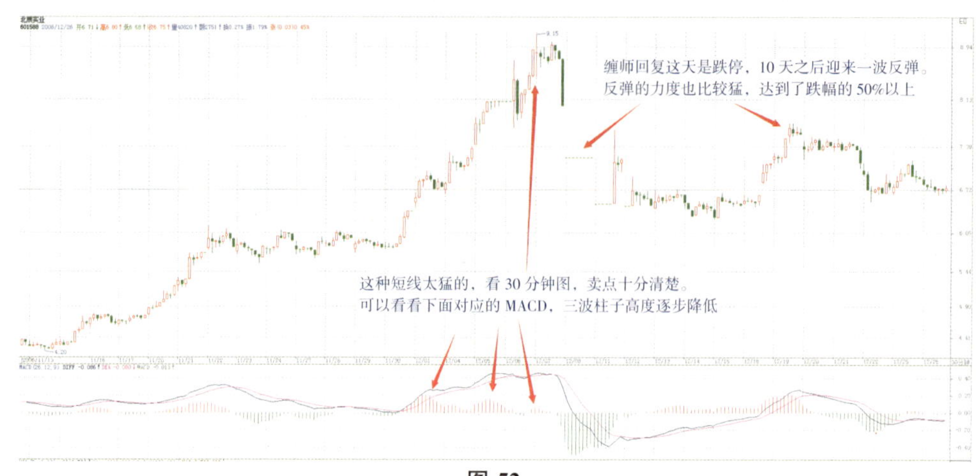

图 52

经验：上涨趋势中的猛烈的调整，其反抽也会很猛烈。

［匿名］清　2006-12-11　12：05：39

关于《教你炒股票12：一吻何能消魂?》中"注意，买的时候一般最好在第二个买点"??? 为什么呢?

同篇文章中"一般，男上位后的第一次缠绕肯定不是（最后一次缠绕），从第二次开始都有可能"，请问这种分析是在什么时间周期的图上都有效吗？盼回复！

缠中说禅　2006-12-11　12：16：08

如果你已经对背驰很熟悉，最好当然是第一类买点。第二类买点对不熟悉的人好一点，至少可以避免判断错背驰在下跌中买股票的风险。

本ID所说的对任何周期都有效。但必须注意，"第一次缠绕"是针对趋势中寻找背驰来说的，因为如果是趋势，一定会有两次以上的缠绕，而没有趋势没有背驰。

关于如何判断趋势，以后都会说到的。

当然，在盘整中，一次缠绕后就会有买点，但本ID不赞成在盘整中买股票，除非这种盘整是周线或月线级别的，这样才可以弄出大的利润来。

这些问题以后都会详细说到，不用急。

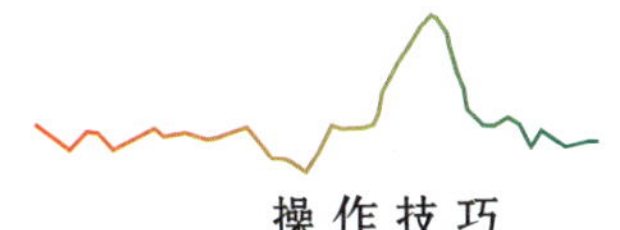

经验：

（1）技术不熟练的最好用第二类买点。

（2）不赞成在盘整中买股票，除非是周线或月线级别。

［匿名］**摄影之友　2006-12-14　15：33：14**

博主：

现在的大盘已经取得了阶段性的进展。请再次为我们明示下一步的操作吧。这几天没有你的明示，实在郁闷至极，成绩欠佳。就当“扶上马，送一程”吧……

今天轻仓。但愿我的思路是对的。

缠中说禅　2006-12-14　15：50：32

又是一个错误思维。请问现在是牛市还是熊市？如果是牛市，机会满大街都是，为什么要轻仓？从1000点上来，你的仓位整天变来变去，能否比一路持有成分股不动来得高？如果没有，那你的操作都是有很大问题的。

如果你是市场中的人，资金回来就要马上选择标的进入对象，例如在30分钟或日线图上找符合要求的股票，或者找轮炒的股票，这样资金利用率才会高。或者干脆就长抓一些股票，根据市场的波动不断弄短差，把成本降低，这样资金利用率也高。牛市里不挣钱就与熊市心态有关。

解读：牛市中，想提高资金利用率，就得不停找符合买点的股票，上一只票刚做完就要立刻进入下一个有买点的票。如果做不到，那就老老实实地抱着一只票，根据市场的波动做短差，把成本降低，这才是牛市里的操作思维。熊市里，就把操作级别放小，然后不停找背驰的票，有利润时及时注意兑现，不能天长地久。

［匿名］**赚到了　2007-01-12　16：19：56**

［匿名］**股市雷锋　2007-01-12　16：10：55**

请教缠姐，580003还有没有机会，我拿了3个月了，想等到4元卖的，可是目前看有点想卖了，请缠姐指点一二！

老兄，来这里的人应该学会只在卖点到了时卖股票，你等卖点过了才问这种问题。个人意见：现在卖，实在不是时机。

缠中说禅　2007-01-12　16：24：20

对，卖点过了，那就随便干什么都可以，反正都不是必须要干的事情了，就听天由命。但你愿意一直都这样？为什么不自己把握自己的命运？

把握自己的命运，只在买点买，卖点卖。

解读：卖点过了，是留还是走都可以，留的话，就等下一次卖点出现。走的话就相当于重新来过。很可能留下的话不如走，或者走了的话不如留，但这都是不可预知的事情，做好了选择就不要后悔，就按照新的选择来，别和假设对比，没意义。

［匿名］牛牛　2007-01-16　17：24：18

真心地感谢缠姐，自从学习了缠姐的理论后，我彻底改掉了追价的恶习，这一个多月的业绩是去年一年的总和。

还有几个问题请教缠姐：

（1）现在的普涨行情，很多股出现了第三买点后等发现已经涨高了，是放弃，还是找次级别的一、二买点进入呢，如何应对。

（2）我时间比较多，资金量不是特别大，缠姐建议我用什么样的级别比较好呢。

谢谢缠姐了!!!

缠中说禅　2007-01-16　21：10：31

如果你手头的股票在一个良好的上涨趋势中，就一定要坚决持有，有些股票开始走得慢，但越走越快，不拿着，扔了换其他股票，一来要忍受刚进去时震荡产生的亏损，二来一旦扔掉的涨得更好，心理影响就更大了。

以前本 ID 不是说过一个大叔，3 元多让买的北辰，4 元不到就扔了，被本 ID 一顿数落。当时说他去年主要是 3 元多买了一只股票，所以还挣了点钱。他和上市公司十分熟悉，最后反而是让上市公司的人给洗出来了，10 元钱全没了。到今天刚好一个月多几天，今天一个涨停，快 14 元了，后悔有用吗？

卖点不出来就别卖了，股票只要中线启动，其升势就不会很简单地改变。

至于新进股票，最好还是按规程来，这是一个习惯问题，如果按次级别进入，就要按次级别的规程来。一旦上涨趋势确认，就一定要持有到卖点出现为止。

一个好习惯，比短线的蝇头小利重要多了。因为无论你能挣多少钱，一个坏毛病就足以化为乌有。

解读：这些经验对散户来说太重要了，也是大多数散户容易犯的毛病。

（1）如果你手头的股票在一个良好的上涨趋势中，就一定要坚决持有，有些股票开始走得慢，但越走越快，不拿着，扔了换其他股票，一来要忍受刚进去时震荡产生的亏损，二来一旦扔掉的涨得更好，心理影响就更大了。

（2）卖点不出来就别卖了，股票只要中线启动，其升势就不会很简单地改变。

（3）如果按次级别进入，就要按次级别的规程来。一旦上涨趋势确认，就一定要持有到卖点出现为止。

（4）一个好习惯，比短线的蝇头小利重要多了。

［匿名］**一样一样　2006-12-28　21：20：25**

缠姐，上来晚了点不好意思，请问比如 000897 这种典型的上升三角型的走势应该怎么用您的理论来判断呢？它的卖点又应该在什么地方和情况下呢？请指点迷津。

缠中说禅　2006-12-28　21：42：45

临走回答一下，看次级别的图。中枢形成后的走势不一定要超越中枢的范围，例如收敛三角型的走势，就一定一直在中枢的范围内，这有点像空间的压缩，所以三角形的突破都比较迅猛，但回抽与骗线也较多，在波浪理论中更把它

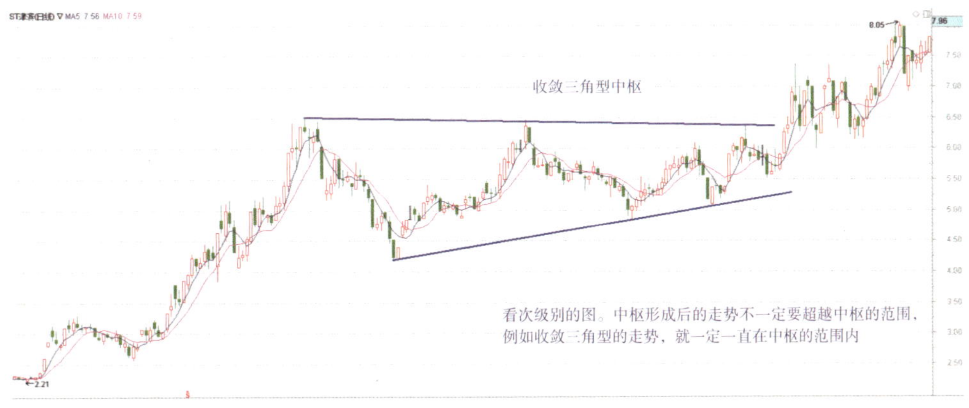

图 53

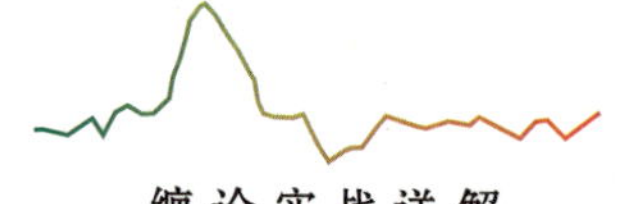

当成第四浪的主要形态，其理论的依据都在这里。中枢形成后形成压缩性走势，意味着多空力量的平衡与强硬，即使突破后，反方向的压力也会很大，很容易构成最后一段的走势。但这最后的走势往往特别疯狂，在期货中更是这样。

解读：提到了一个非常好的实战经验和背后的原因。

收敛三角型的突破一般比较迅猛，但突破后的回抽与骗线也比较多，这是因为收敛型中枢意味着多空力量的平衡，因为收敛，说明双方力量的强硬，寸土不让，那么即使突破之后，反向的压力也会很大，容易构成最后一段的走势，因此，三角型中枢在趋势里往往是最后一个中枢时出现，这也是波浪理论里把它当第四浪的原因。此外，在期货中，最后突破三角型的走势往往特别疯狂。

［匿名］新年好　2007-01-04　16：12：14

经缠姐这么一说，我算是明白了，为什么今天中国银行涨停，而工商银行并没怎么涨。郁闷的是我今天还补了一些工商银行，希望明天就回到中枢里，不然我可要赔钱卖掉了。

缠中说禅　2007-01-04　16：23：21

千万要养成好习惯，买股票只在理论规定的买点里买，不能一路上涨一路买，一旦一个小的震荡就受不了了。站在理论规定的角度，工行在日线上的最后一个买点就是本 ID 要和各位玩的那游戏所说的第三类买点，15 日以后就从来没有任何理论上值得介入的买点。

千万要记住，在底部买股票一路持有，不能一路追买。教训！

工行中线问题不大，短线人寿上市前后出现调整是很正常的，这个调整的规模决定于是否能快速重回今天的 5 分钟中枢。能，就是一个 30 分钟级别的调整，不能，就至少是日线级别的调整。

解读：从工行后面的走势可以看到，这是一个日线级别的调整。

缠师这段话中隐含了一个实战经验：由于当天工行是冲高回落，回落的幅度很大，一般出现这种幅度的回调时，要么尽快收复，否则调整的级别就会比较大。其背后的理论依据是，小级别背驰后，正常的调整依然是围绕最后一个中枢的调整；如果第一波调整力度很大，之后还不能快速收复，那么出现小转大的概率就很大了。

图 54

[匿名] 外科医生　2007-01-08　20：57：01

比如最近中国银行的跳水，在 5 分钟图上还没来得及出现第三类卖点就急跌了！等反弹也在 5.6 元左右了！跌了 3 角钱啊！像这种情况怎么预防？

同问，多谢了。

缠中说禅　2007-01-08　21：14：56

第三类卖点是最后逃命线，逃了以后必然还要下跌，这和已经跌了多少有什么关系？还有，为什么一定要到第三类卖点才卖股票？第一、二类时去哪了？

经验：卖股票时尽量在第一类卖点，买股票时尽量在第二类买点。

wy1499　2007-01-30　16：09：40

雨中荷，没事儿，我也在 11.20 元以上进了点货，药在 5 分钟上也背驰了，做个短差足够了，现在工行这种价位，要大跌也得先涨一段，就拿这药练习一下短线技术，我做短差也都是拿接近 6 位数的资金做的，不这么搞，胆子练不出来，想在股市上赚钱，先要做到不能把钱当钱，筹码而已。

楼主以为如何！

缠中说禅　2007-01-30　16：22：09

应该是首先不把股票当股票，凭证而已。但短线比较适合在日线等大级别出现震荡时，如果是日线的上涨中，太多短线是不适合的，特别是技术不过关时，

就会买不回来给夹空了，而在日线的下跌中，就会被严重套住了。所以，先要判断好日线等大级别的走势，然后再说短线。

注意，卖错了无所谓，千万别买错了，宁愿买不到，不要卖不出。不过，有时候被套其实无所谓的，特别中线依然看好时，适当的短线，可以把成本降下来，等于又买到正确的位置上了。不过这都需要磨炼，不断总结。

高手，就是该短线能短线，该长线能长线，能控制住量，量其实是最关键，出多少，买多少，这比买点和卖点更重要。不过这对小资金意义不大。

经验：

（1）日线上涨中，太多短线不适合，容易卖丢。而在日线下跌中，太多短线容易被套。要先判断好日线等大级别走势，然后再想短线。

（2）短线比较适合在日线等大级别出现震荡时去做。

（3）卖错了无所谓，但别买错了，宁愿买不到，不要卖不出。

（4）高手是该短就短，该长就长，控制住量比买卖点更重要。

［匿名］白玉兰　**2007-04-04　16：19：01**

妹妹看看我的症候：

777是9元进的，15元卖了再也没敢进去，如果能和振荡共舞，我可以小发一下了。

缠中说禅　2007-04-04　16：27：19

第一次大洗盘让MACD日线第一次回拉0轴后一定要买回来，就算是背驰的情况，还有创新高的机会，而且还存在不背驰的情况，那就厉害了。本ID说过，那14只里，涨1倍是小菜，涨1倍后才稍微洗一次盘，只能证明不止涨1倍。不过，现在就别追了，没有什么股票是值得追的。

经验：第一次大洗盘让MACD日线第一次回拉0轴后一定要买回来，就算是背驰的情况，还有创新高的机会，而且还存在不背驰的情况，那就厉害了。涨1倍是小菜，涨1倍后才稍微洗一次盘，只能证明不止涨1倍。

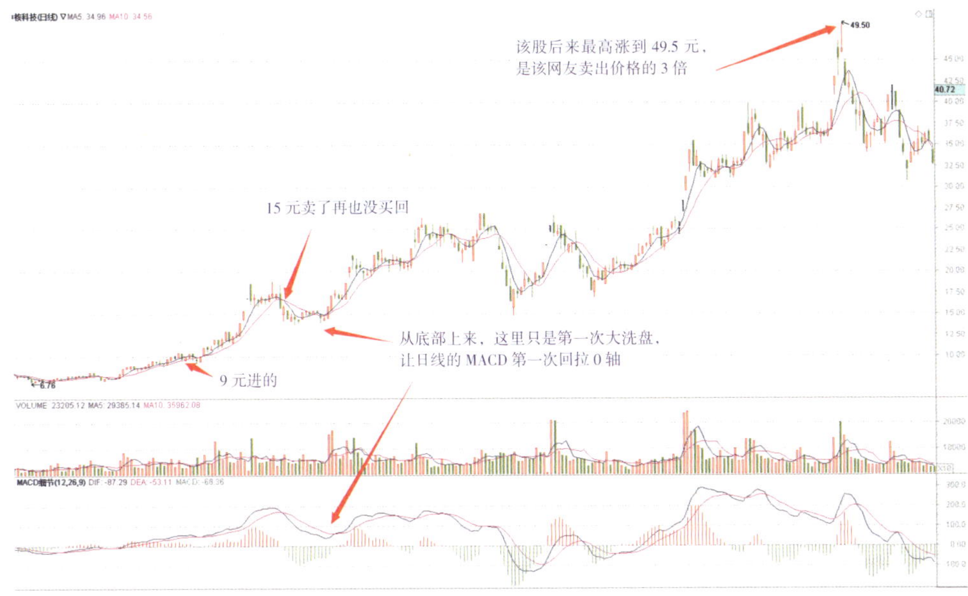

图55

［匿名］**缠迷　2007-04-04　16：33：10**

缠妹妹，600649也是14只票里的，现在看就它走得最慢，但我一直握在手里，让它磨炼我的耐性，但也快坚持不住了。呵呵。

缠中说禅　2007-04-04　16：50：58

你要看看它现在什么地方，打开周线图，看看它的左边，这是历史密集区。

［匿名］**新年好　2007-04-04　16：59：49**

缠姐说的历史密集区是什么意思啊？又有什么影响啊？

缠中说禅　2007-04-04　17：03：03

就是历史上大多数的人都套在这个地方，股票又不是慈善晚会，那些没信心、没耐心的人不下来，换手不充分，怎么可能大涨？

经验：在历史的成交密集区附近往往都会有磨人的阶段，让持股不坚定的人下车，此时需要注意的是换手要充分，充分换手后才会加速突破上去。

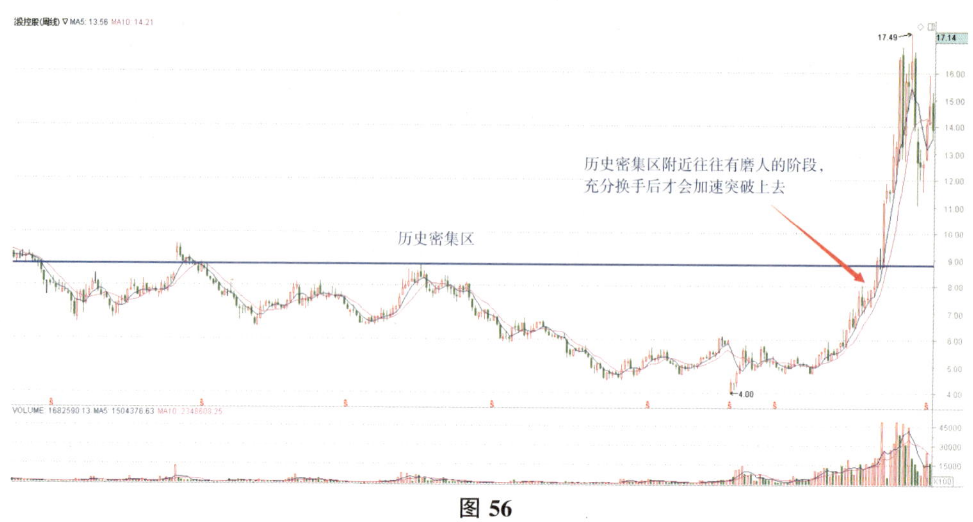

图 56

缠中说禅　2007-04-10　15：25：20

昨天说了，由于中石化等业绩很好，大盘股是压不住了，那些说现在市盈率如何如何的人，算一下中石化现在是多少？且不说今年依然可以高速增长。其实探讨这些没什么意义，只是汉奸总是拿这些说事，不妨也说说。

今天的震荡，就是对昨天缺口压力的一个反应，这在技术上是很简单的情况，没什么特别的。现在，以前说的深圳 1 万点已经在眼前，当然，现在主要是考验管理层智慧的时候，一个连深圳 1 万点都接受不了的管理层，绝对是历史性的笑话，谁愿意当这个笑话的主角，请便。

纯操作上，1 根 5 日线，反复强调，看好这就足够了，至于那些喜欢测顶的人，从 2000 点就测到现在，劝一句，千万别玩期货，否则死都不知道怎么死的。

不过，即使在最有利于多头时，也绝对不能得意忘形，任何时候都不能追高，在这种走势中，如果技术不好，用均线控制持有，这是最简单且有效的办法。如果要换股操作，一定要注意节奏，必须在某级别顶背驰抛了，然后盘中回跌确实站稳后再换，这样才风险小。一般情况下，技术不好的，最好别随便换股，轮动走势，只要是本 ID 反复强调的优质二线成分股以及那些业绩、送配优良的二线股票，肯定都会启动的。

解读：如果要换股操作，一定要注意节奏，必须在某级别顶背驰抛了，然后

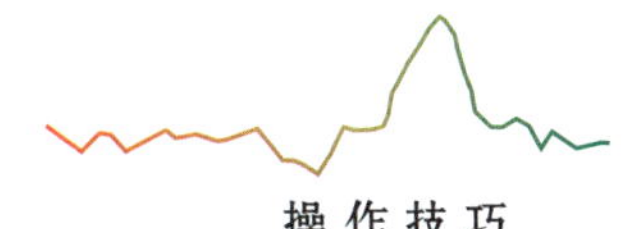

盘中回跌确实站稳后再换。注意，这句话的意思是个股在某级别顶背驰抛了，然后盘中回跌，整体市场站稳之后再换，因为当你背驰卖出后，此时市场还未站稳，如果着急换，也许换入的个股还有更深跌幅。

［匿名］后知后觉　2007-04-11　16：50：20

请老大帮助分析一下 600327，盘面内、外的东西都行。

缠中说禅　2007-04-11　16：54：19

一个股票从一位数变成两位数，有一个大的震荡，是最正常不过了。

经验：从个位涨到十位数时，有大的震荡是正常。

［匿名］飞　2007-04-19　15：59：12

博主，有些股票本来买点出来了可大盘一跌也跟着在往下跌啊！大盘的走势是不是很重要？会影响个股的走势吗？

缠中说禅　2007-04-19　16：00：33

大盘不好，一定要等待大一点级别的买点，或者在尾盘出现的买点。否则不一定能逃过 T+1 的限制。

经验：大盘不好时，一定要等待大一点级别的买点，或者在尾盘出现的买点，否则因为 T+1 的原因，当天卖不掉。

［匿名］新浪网友　2007-04-19　20：29：57

今天上午看 600855 走势很强，就进了，没想到下午跌破 5 日线了，请教缠姐是否会继续下调？

缠中说禅　2007-04-19　21：44：54

这问题说过多次，除非是有较大级别的买点，否则，买股票都应该在下午，特别在走势不明朗的时候。而且这只股票，早上也没有任何买点，所以必须要好好总结。

经验：除非较大级别的买点，否则，买股票都应该在下午，特别是在走势不明朗的时候。

［匿名］好人好报　2007-04-19　16：26：45

学习缠妹妹理论，觉得在大的买点买（30 分钟）比较安全，在卖点上以 5 分钟的卖点比较好。如果在大的下跌趋势中如果也按 5 分钟，1 分钟买点买难免要受当日不能卖的局限性，不知缠 MM 我说得对与否？

缠中说禅　2007-04-19　21：28：43

对 T+1 的局限是必须考虑的。但一般来说，特别巨大的下跌，如果真有 5 分钟的背驰，其反弹力度已经足够短线。当然，这是对小资金来说的。

经验：特别巨大的下跌，如果有 5 分级别的背驰，其反弹力度也会比较大。

［匿名］新股手　2007-04-23　21：51：58

很多股都创历史新高了，比如钢铁板块中的大多数。

对已创新高的老股，如何把握？

缠中说禅　2007-04-23　21：56：55

如果你是中线的，就看着 5 周均线，看看那些牛股票，当它们中线拉升时，什么时候跌破过 5 周均线的？一旦跌破，就是一个较大的调整了。短线的可以看 5 日线。当然，最精确的，还是看中枢、背驰等，那需要你学习到一定程度才行。

经验：牛股在中线拉升时很少有跌破 5 周均线的。

［匿名］技术学习 ing　2007-04-24　21：09：32

睁大眼睛看好明后两天的走势，下面 3688~3692 点小中枢不能有效被跌破。

请教 LZ，怎么才算有效跌破？连续 3 个 5 分钟线收在 3688 点下方？

缠中说禅　2007-04-24　21：15：49

第一类卖点的最主动，第二类卖点也不错，第三类卖点就差点，如果整天都是第三再跑，那比较累，要尽量在第一、二跑。当然，级别越低，操作难度越大，需要的技术精确度越高，这需要实践来提高。

经验：卖股票尽量在第一、二类卖点。一、二、三类卖点，依次越来越差。

缠中说禅　2007-05-24　01：37：31

回到上面的两种分解，其实这两种分解对于 g7 点来说，结论是一样的，而从 MACD 辅助看，走势两次拉回 0 轴都冲不上去，而且第二次红柱子还面积小了，这种情况也预示着后面有麻烦。但多种分解，其实并不是什么麻烦事，反而是相互印证的好办法。不过一定要再次强调，分解必须符合规范，不能胡乱分解。

经验：在反弹无力，MACD 黄白线双回拉 0 轴都上不去的时候，一般都会有一波下跌，尤其是第二次回拉对应的 MACD 红柱子面积比第一次回拉对应的红柱

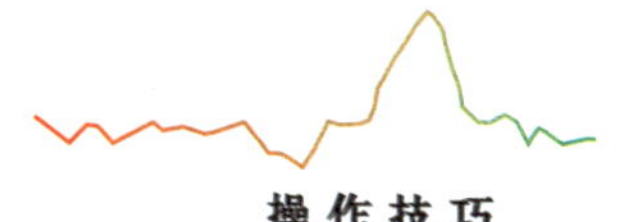

子面积小，那么往往预示着要下跌。先看一个案例：

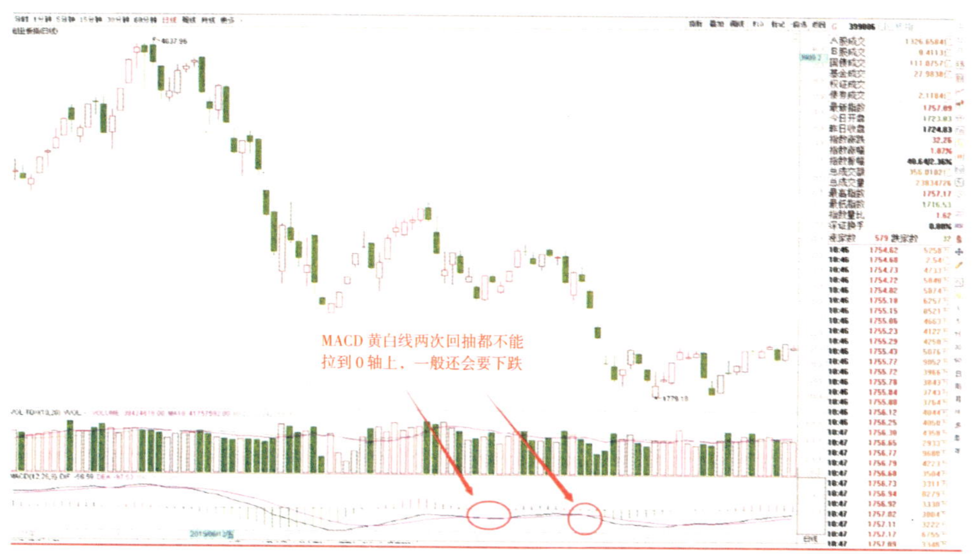

图 57

相反，在上涨时该经验同样适用，只不过都倒过来，是从上方向 0 轴回拉，第二次对应的绿柱子面积要小。如图 60 所示。

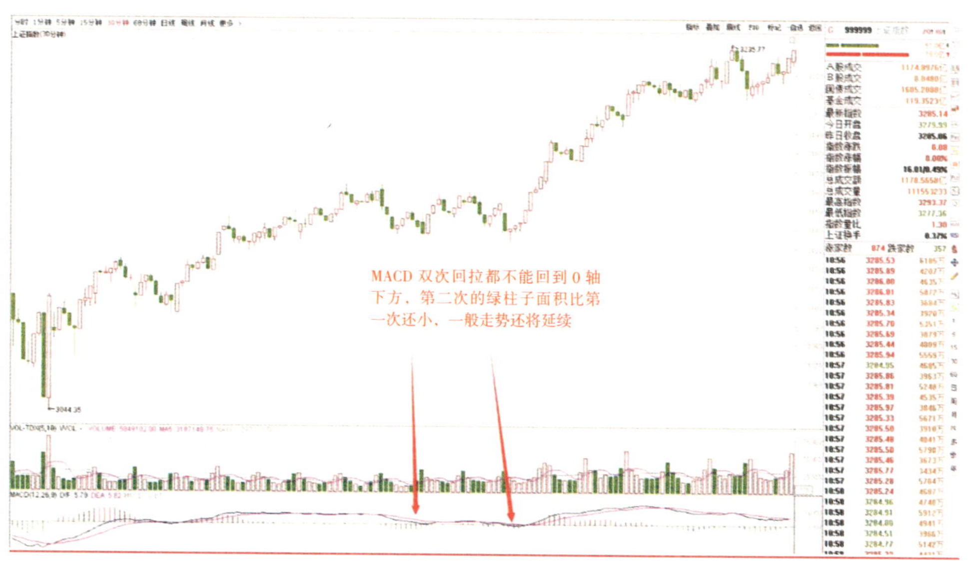

图 58

缠中说禅　2007-05-29　16：17：56

补充一句，空仓的，千万别追高，一定要利用震荡的低点再介入，否则会左右嘴巴。操作，一定要冷静，有钱，什么都有，还怕没有好股票？

下了，明早见。

经验：永远不要追高，有钱不怕买不到好股票。

缠中说禅　2007-06-04　07：53：44

这样的市场，是对所有市场参与者的考验，能经受住，也就成熟点了。有些经验是必须记住的：对下跌不能有幻想，像 30 日这种第二类卖点，一定要走，否则就没有翻盘机会了。

经验：对下跌不能有幻想！尤其是 5·30 这种突发性的下跌，第二类卖点一定要走，否则没有翻盘机会！

缠中说禅　2007-08-08　15：44：40

当然，没这个技术的，看 5 日、5 周、5 月均线。短线上，后三天是关键，因为 5 日线已经逐步上来，如果在目前位置不能有效向上，那跌破 5 日线，向 5 周线靠拢寻求支持就是理所当然了。

经验：上涨趋势中，当 5 日均线上来时，如果不能有效继续加速上涨，那么往往会跌破 5 日均线向 10 日均线或者 5 周线寻求支撑。

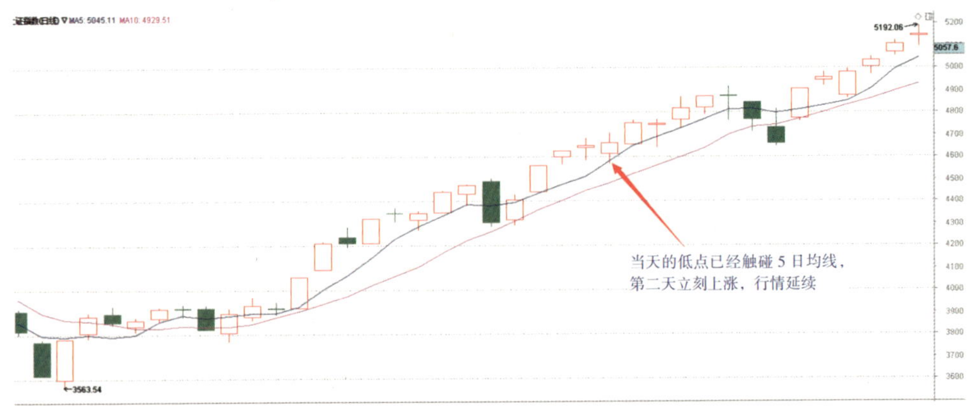

图 59

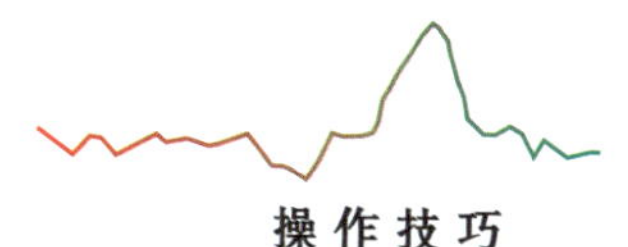

缠中说禅　2007-10-23　15：40：39

在前面已经明确说了，空头现在的策略，就是逢反弹必抢的，抢了以后，等不死心的涌上去没力时，才有筹码喂饱人。注意，这里本ID又有金针度人，不是任何反弹都可以抢的，只是做顶行情中的反弹可以抢，一旦顶部完全形成，破位后，那么反弹就没必要抢了，让别人去多杀多就可以，除非有特别大级别的买点。这是一个十分微妙的关系，但一般脑子进水的都不大明白。因为在那些人眼里，反弹都是一样，而实际上，在做顶行情中搞反弹，只是为了促进顶部的形成，而且也为一旦顶部形成不了而准备好后手。

经验：只有在做顶时可以抢反弹，一旦顶部完成破位后，反弹没必要抢了，除非有大级别买点。

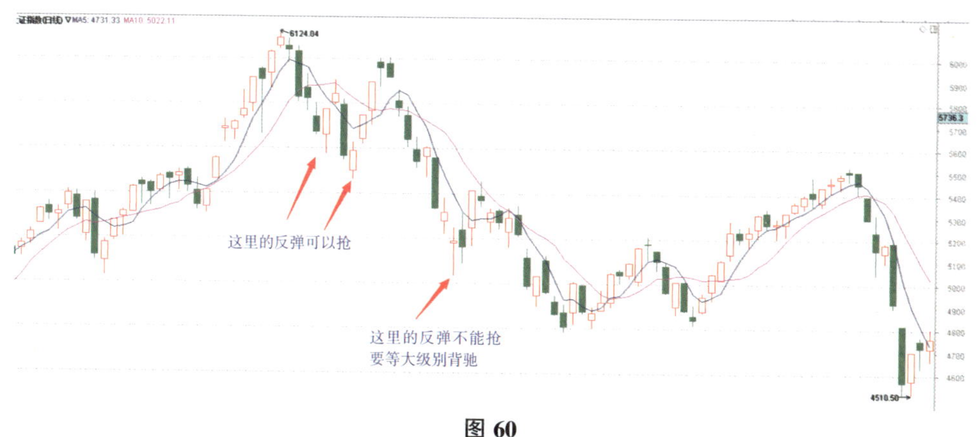

图 60

缠中说禅　2008-01-17　15：14：57

注意，现在没必要追高买股票，注意调整中洗盘洗干净后准备重新启动的。还有就是前期不动，有新资金介入的，但所有的前提是，大盘的恐怖期过去了。

经验：当大盘处于单边下跌中时，选好股票耐心等待，要等大盘的快速下跌过去后，进入盘整时再动手。

资金管理

缠中说禅　2006-12-13　12：17：52

关于038004的作业，回答比较正确的是下面这位。但还是有点出入。10月

23~25 日是本 ID 的建仓期，第一波上去后，11 月 8 日减了一半，后来在 60 天线附近一路回补，加仓是在 12 月 6 日、7 日两天，比第一次买的，加了 1/2 的仓位。这里的理由除了第二类买点，还有一个现在没说到的，就是三角型整理的第五波末段。该走势十分标准，自己去研究一下。昨天根据 5 分钟线的背驰出了大半，把剩下的成本变为 0 了。本 ID 作权证，特别是认沽，第一轮上去都会这样减仓操作，只持有成本是 0 的仓位等待第二波，第二波是否有，这已经问题不大了，这样就绝对立于不败之地了。

解读：缠师的具体操作如图 61 所示。

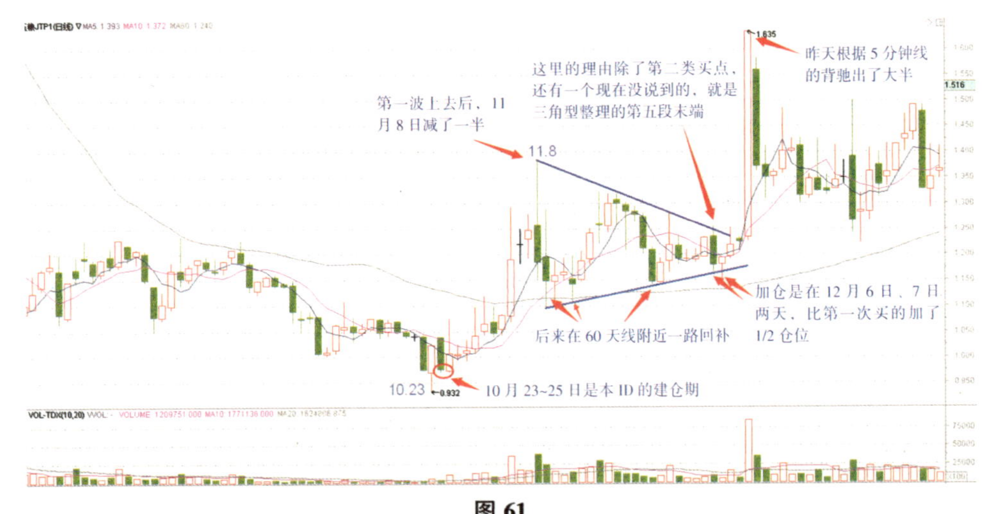

图 61

经验：

（1）11.8 日是次级别背驰，次级别走势的卖点可出一半。

（2）缠师在 60 天线附近一路回补，说明回补时并没有去按照次级别买点回补，而是在某重要均线附近，说明短差的回补未必一定在次级别一买处。

（3）三角型整理的第五段也可以作为二买的辅助判断。

（4）二买加仓了一买处买的 1/2，如果一买买了 100 万元，二买加了 50 万元，这个资金管理可以参考一下。

（5）最后一次依然没有全出掉，只出了一半，使得手中的筹码成本为 0，这也是由于 12 月 12 日的卖点是 5F 级别的，而建仓时的级别是日线的，所以并没

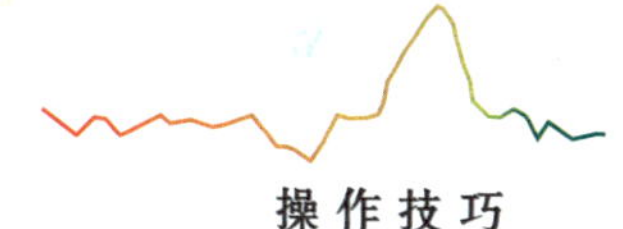

有全卖光，也就是短差的仓位不能全仓。

［匿名］快　2006-12-14　12：24：34

LZ，当前点位，更适合分散持仓还是集中持仓，资金50万元左右。

缠中说禅　2006-12-14　12：28：10

最多不要超过3只。你这种资金，学好这种方法，用30分钟图或日线图，1年下来达不到300%的赢利，那算太差劲了。

经验：散户持仓不要多，不超过3只，级别用日线或30F正好。

［匿名］勇敢的心　2007-01-25　15：58：24

今天我买了600151，600663，600432，600731，600180。原来的000859，600055，600488被套，心情沉重。

缠中说禅　2007-01-25　16：02：19

坏毛病，不能买太多股票，而是要集中点，然后用机动的资金不断弄短差把成本降低，这才是最安全的弄法。任何时候，都要集中兵力，而且要有机动的资金。

本ID资金量大，当然不能太集中，否则就要举牌了，只要不是本ID这种情况的，都应该集中点。

解读：散户买股票，不要超过3只，反复强调过。

新浪网友　2007-07-16　15：51：41

楼主好，每天看你的文章，受益不浅，无言感激。

想请教一个也许是肤浅的问题，别笑我哦：

作为小散，同时操作多少个股票合适？与资金多少有关吗？如果50万元的资金呢？

缠中说禅　2007-07-16　15：53：39

不要超过3只。

经验：散户买股票，不要超过3只，第一是因为资金量小，买一只股票完全可以随时全身进退，第二是因为技术不熟练时，要专心一点，先做好一只股票再说。

小糊小舞　2007-02-15　15：41：01

楼主，还有一个问题请教，具体操作中如何把成本变为0？以后会有课吗？应该不是一定要等股票翻倍然后出一半吧？

缠中说禅　2007-02-15　15：48：31

你在震荡中不断短差，一般不用翻番，你的出一半后成本就是0了。其实，当时的卖点，关键看30分钟或日线的卖点，有了就出手，如果还在连续拉升，那过了1倍也没必要出，等卖点出现，这要灵活点。

［匿名］白玉兰　2007-04-04　16：19：01

妹妹看看我的症候：

777，9元进的，15元买了再也没敢进去，如果能和振荡共舞，我可以小发一下了。

［匿名］白玉兰　2007-04-04　16：23：11

上面错了，是15元卖的。

但是，山东人操作得还好，因为我卖掉了大部分，留了一些。成本是23元。

可是，套现的钱却不知该买还是观望？

［匿名］白玉兰　2007-04-04　16：41：43

妹妹如果不回答，我就认为是默认暂时观望了。

缠中说禅　2007-04-04　16：55：32

套现股票到成本为0就足矣，特别还有中线潜力。这是一个习惯好坏的问题。例如777，基本翻番后就抛一半，剩下就扔一边不管，就算你不会弄短差把筹码变多，凭这一招，就可以在大牛市中用最小风险获得最大利益。

解读：缠师的一个习惯是当在翻倍左右时，卖掉一半，这样筹码就变成0成本了，能坚持在震荡中不断短差，那么涨幅不到一半时，你的盈利基本就到100%了。而且还可以用来对付拿不住股票的坏毛病。

［匿名］你的样子　2007-04-25　21：48：11

老大有个问题想请教，成本成为0是说股票市值涨了1倍，卖掉一半，还是做短差做成软件上显示成本为0？

先买后卖软件上显示的成本是越来越高的，只有先卖后买才能把软件上显示

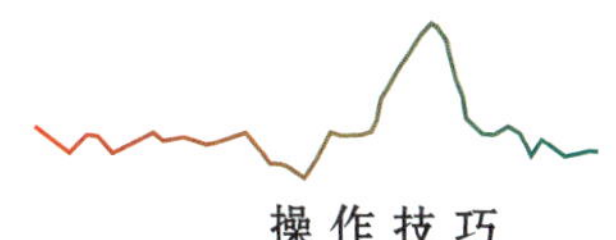

的成本降下来。

缠中说禅　2007-04-25　21：54：56

能弄短差成0是最好的，这是最终要求，因为没人能预测那股票一定能涨1倍或几倍，所以那种等1倍的方法，不一定完全实用。当然，如果真1倍了，如果你出来的钱能找到更好的选择，当然可以先抛到成本0，如果没有，当然可以继续短差，但依然不动，这关系的是资金利用率的问题。成本为0后，就要赚筹码，直到特大级别出现卖点。

经验：当股票上涨1倍了，如果有更好的股票，可以先抛一半，把成本降到0，抛出的钱去买其他，如果没有更好的股票，就继续短差。

［匿名］兰兰　2007-02-26　16：26：31

缠姐好！兰兰报到。

关于资金管理，想听听姐姐高见。如果已买了若干股票在上涨中，隔一小段时间有一点小小钱，姐姐不建议再买这些股票；如果用这些钱买新股票，那么所买股票会多于两三只，姐姐也不主张这么买，如何管理运用这些小小钱？

缠中说禅　2007-02-26　16：34：52

前面说过了，买之前必须认真分析，有足够信心才买，买就一次性买，留点机动性资金就可以。千万别追着买，股票几千只，不要一棵树吊死。

经验：有足够信心才买，买就一次性买够，留部分机动资金就好，别追着加仓。

［匿名］外科医生　2007-01-22　16：26：44

那请问禅妹，现在空仓的怎么办？何时介入最妥？

缠中说禅　2007-01-22　16：44：04

不是早说了，三角形，你看这三角形多标准，当然是在三角形的下边介入最好，现在还说介入，有点晚了。只能找那些个股里反应比较慢的。

牛市里最大的毛病就是空仓，就像熊市里最大的毛病就是满仓。牛市的调整，特点就是时间快，卖了一定要找地方买回来，否则就买不回来了。而且对那些特别强的股票，走了基本就没有买回来的可能，如果你50元卖的茅台，估计N年的熊市低点，都不知道有没有机会买回来了。

经验：牛市里最大的毛病就是空仓，就像熊市里最大的毛病就是满仓。牛市的调整，特点就是时间快，卖了一定要找地方买回来，否则就买不回来了。

［匿名］新浪网友　2007-04-25　21：33：39

如果能够利用资金不断买卖股票盈利，为什么还要降低持股成本至 0，并持有到牛市结束？这样不是会浪费资源，降低效率？请教。

缠中说禅　2007-04-25　21：42：20

如果你只有 10 万元，当然没必要这样，但如果你有 10 亿元，那当然就要这样了。资金大了，怎么可能整天换来换去？而且，换股需要的精确度高，对操作时间与通道都要求高。本 ID 说的是一种终极的方法，任何人，资金增长到一定规模后，都需要这样。这也是很多人到一定规模后会碰到瓶颈的重要原因。

解读：资金量大不可能总换股，尤其是当资金到了一定规模之后，一定要这么做才能突破瓶颈。

［匿名］启程　2007-06-04　16：06：51

无视风雨，依然崇拜!!

但想问……今天下午就建仓，虽然没有看到买点，只是觉得会有超跌反弹，请问楼主，这算不算错误呢。现在建仓后的仓位大概有 90%了。请指教。

缠中说禅　2007-06-04　16：16：10

其实最好要耐心等买点，这种下跌，小级别的买点，如果不能 T+1 跑掉的，就有很大风险。而且这种建仓有赌博的意思，应该分批来，宁愿没买到，少弄一次反弹，也要保证资金和仓位安全。

经验：因为当天是大阴线，力度非常大，所以大级别上不可能有背驰，而小级别上即使有买点，也要承受 T+1 的风险。这种赌小转大的建仓，应该分批买，宁愿没买到少做一次反弹，也要保证资金和仓位的安全。

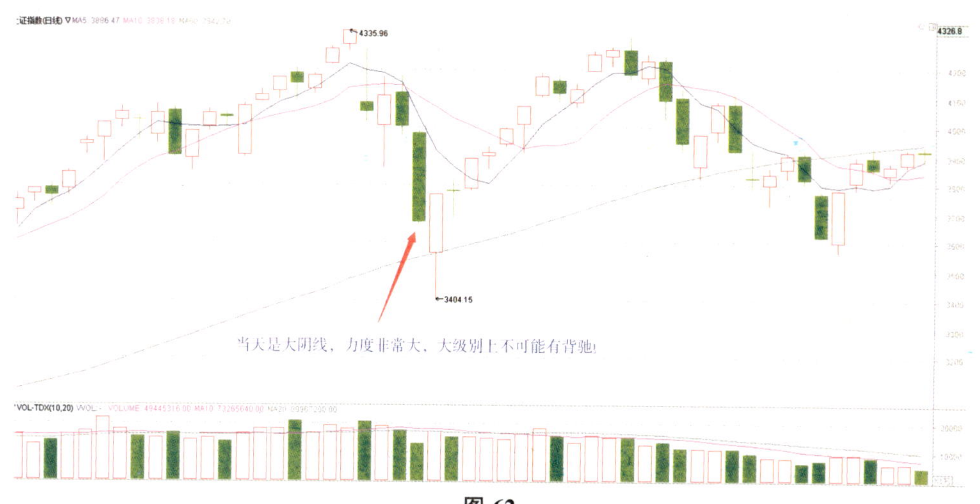

图 62

缠中说禅　2007-08-09　16：04：24

注意，本ID说了只坐轿子，但没有任何地方，本ID曾经说要看空。本ID之所以能在市场中生存十几年而不断壮大，唯一秘诀就是底部之后只坐轿子。本ID的方法很简单，就是留了机动的资金后，把仓位打到最大，然后不断在出现中枢震荡时，保持仓位把差价搞出来。一般情况下，到一段行情顶部的时候，本ID原来的仓位都要下降到70%~75%，注意，筹码不丢失，只是钱多出来，所以仓位自然下来了。这样，无论发生什么，本ID都是大赢了。

解读：这段话信息量比较大，第一，留部分机动资金，剩下的全买成股票，这个前提也是对要买的标的做了充分准备，包括基本面和比价，一旦定好了要做这只股票，就直接重仓，然后利用中枢震荡搞差价。第二，缠师说过，一般机动资金为10%~30%，大卖点时机动资金能占到30%，股票持仓70%，以初始资金100万元为例，刚开始10万元作为机动资金，90万元是股票持仓，到一段行情顶部时，假设股票上涨一倍，如果没有做差价的话，总资产是90×2+10=190万元，股票仓位为90×2/190=94.73%，如果按照缠师所说，在筹码不变的前提下，股票持仓下降到70%，那么总资产应该是90×2/70%=257万元，此时机动资金为257－90×2=77万，也就是说，通过做差价，额外做出了67万元的利润，由于做差价的最大仓位只有30%，那么这67万元的利润，也就是做差价最大仓位30万

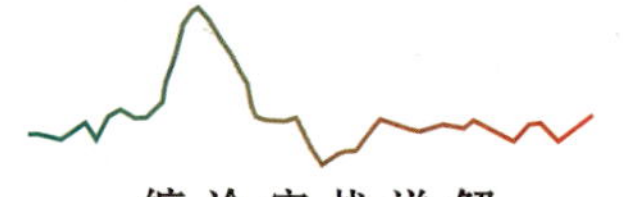

元本金的两倍多，由此可见，利用中枢震荡做差价是非常重要的，其利润空间不比单边市差。

短差

［匿名］**潜水员　2007-01-12　16：10：27**

楼主，如果我以日线操作，是否应以 30 分钟线来规避短期风险？回补时是否也应在 30 分线上找相应买点进入？或者可在更次级别买点回补？谢谢。

缠中说禅　2007-01-12　16：15：34

可以，但如果在急促变动中，30 分钟太慢，可以看 1 分钟或 5 分钟的。

经验：如果出现急促变动，要看小级别图，1 分钟或 5 分钟的。这也是打短差时需要注意的。

［匿名］**无知　2007-01-18　21：45：00**

［匿名］**无知　2007-01-18　21：10：29**

缠姐，有两个问题求教！

000682 昨天下午收盘后发现 MACD 回抽 0 轴后红柱显著缩小，早上集合竞价出掉了。不过今天好像没怎么下跌。不知这个背驰判断是否正确，卖得早了吗？

缠中说禅　2007-01-18　21：30：38

先把趋势搞清楚，看该股日线上在干什么、30 分钟在干什么，然后才轮到 5 分钟的问题。如果 30 分钟或日线在一个明确的上涨初期时，那 5 分钟的背驰当然不可能制造太大的回挡。对于 3 元多的一个上涨初期的股票，一个 5 分钟的背驰，让它从 3.48 元回到 3.35 元，4%的幅度，已经足够了，没人告诉说 5 分钟背驰就一定要跌 50%的。中国人寿之所以跌得那么多，就是因为背驰前的 5 分钟是一个快速的急拉，因此对称着跌下来了。而 000682 不存在这种情况。

像这种情况就不该卖了吗？卖了找不到买点接回啊。看来要学的还有很多啊！

缠中说禅　2007-01-18　21：47：41

可以卖，为什么不可以？卖了知道回补就可以，这叫打短差。如果是超级短线的，用 1 分钟图，卖了，5 分钟后就可以回补，当然前提是 T+0 而且又重新出现买点。

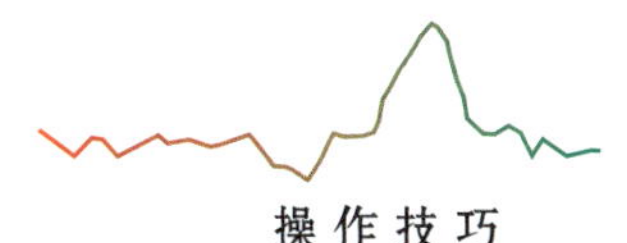

经验：一般来说，这种背驰出现后，次级别里出现买点即可回补。比如000682，在3.48元这个5F背驰卖点卖出后，在1F上，如图63所示。

图63

［匿名］牛牛　**2007-01-26　15：36：39**

缠姐，在震荡中来回，一般就用1分钟的买卖点吧，另外今天10：30也满上了，稍微早了点，效果很好。

缠中说禅　2007-01-26　15：46：09

在快速市场中可以用这个，1分钟背驰就是把机动的资金撤出来，为下次进攻作准备，而且这部分资金绝对不能追高，而下次的买点，就要看30分钟等的调整情况，要综合判断，不能光一味用1分钟。

为什么今天1分钟就这么好使？因为这是一个快速变动的市场，1分钟的背驰足以引发回头。其实，按最稳健的操作，今天的尾盘可以把机动资金的一部分退出来，先把这个差价的利润兑现一部分，因为在急剧变动的市场里，下一天的开盘是什么情况，受消息面影响很大，人的心理很浮躁，所以波动特别多。

注意，本ID这里说的都是机动资金，一般这种资金应该占仓位的1/4到1/3，走势特别不好时甚至应该提高到1/2。在牛市里，即使是中期调整，也没必要完全空仓，因为在调整中，来回的次数很多，把这些都把握住，拿着比不拿着弄的钱多多了。

［匿名］学习　2007-01-26　15：31：51

现在我可是死死地盯着 1 分钟，只要一个回拉，产生背离就先跑。

缠中说禅　2007-01-26　15：48：25

这样也太短了，在急剧变动的市场中才有必要，市场缓和下来后，还是看 5 分钟或 30 分钟比较好。

经验：

（1）1 分钟背驰把机动资金撤出来，机动资金绝不能追高，下次再进要看 30 分等稍大级别的调整情况，综合判断，不能只在 1 分钟级别里折腾。

（2）短差的级别是跟随市场变化而变的，在快速变动时，1F 的背驰足以引发回头，可以用 1F 级别，而当市场缓和下来后，级别要放大一些。还有，在 1F 背驰买入后，当天尾盘可以兑现一部分利润，因为在剧烈变动的市场里，下一天开盘受消息影响大，不确定性大。

（3）机动资金一般占仓位的 1/4 到 1/3，走势特别不好时应提高到 1/2。

［匿名］淡定　2007-01-30　15：26：05

楼主辛苦！000001 坚定持有，早上出了小部分 600050，感觉短期是否该回避风险了？

缠中说禅　2007-01-30　15：29：26

看技术买点，一定要综合地看，如果 30 分钟很强的，甚至 1 分钟的买点也该回补了，但如果 30 分钟很弱，那至少要等 30 分钟的买点出现。

经验：短差卖出后，如果 30 分钟强（短线强）的，1 分钟的买点也可以回补，如果 30 分钟弱，那就至少等 30 分钟的买点。

［匿名］善存　2007-02-01　16：06：29

今天利用大盘 1 分钟背驰和个股 5 分钟背驰弄了一个股票的短差，不但成本降低了 1%，而且套出了部分资金，接着又拿出部分资金搞另一个股票的短差，又略赚了一点。

还是那个道理，多干多总结就熟练了。

缠中说禅　2007-02-01　21：31：13

不错，但不能太迷恋 1 分钟的，如果有 15 分钟甚至 30 分钟的，更要弄好，

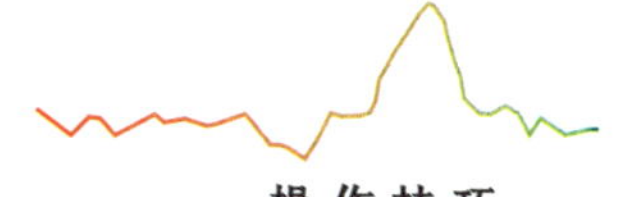

这种短差一旦弄好，成本至少下降 10%，来回几次，成本就负数了。

另外，一定要灵活，不能光会先买后卖，也应该学会先卖后买。还有，该以什么比例运用也是一个关键，不熟练的情况下，如果仓位不太大，1/3 或 1/4 是比较合适的。

多练习，多总结，这样才能不断提高。卖错了不怕，但一定不能追高回补，宁愿错过，也不能追高，只在买点买。

经验：不能迷恋小级别，小级别只有在快速波动时弄比较好。最好是 30F 级别的短差。

注意：卖错了，不要追高回补！宁愿错过，也不追高！

［匿名］第一次实战　2007-02-02　15：55：45

今天终于鼓起勇气，按照 lz 理论进行了第一次实战。

目标是宝钢，15 分钟 K 线下午两点出现明显背驰，买入后宝钢马上强烈反弹，2%的幅度。转而观察低级别 5 分钟，1 分钟 K 线，是否有卖点出现。可虽说无卖点出现，但由于大盘忽然转弱，走势急转而下（5 分钟、1 分钟 K 线均无出现卖点），5 分钟再次出现男上位缠绕。按照 lz 所示，应严守纪律退出，这正好盈亏为 0。但是初次实战，犹豫了一下，走势急转下跌，-2%，于是坚定退出。再次等待机会。

结语：任何走势都是无定的，严守纪律，给操作戴套。

缠中说禅　2007-02-02　16：09：29

你知道你的操作为什么有问题吗？首先，你对背驰的判断是错误的，宝钢 15 分钟根本没有背驰，更谈不上标准。黄白线都没拉回去，怎么可能有背驰？该背驰是典型的 1 分钟背驰，3 波拉上去后就是一个完美的卖点，为什么？因为这卖点要看次级别的，而 1 分钟下面看不到，所以一般来说，3 波上去就可以走，而且刚好碰到 250 的 1 分钟均线，最好的对冲出逃机会了。好好总结，继续来。

注意，是涨的时候形成卖点，而不是跌下来再走。宁愿卖早了，不要卖晚了。特别是对冲。

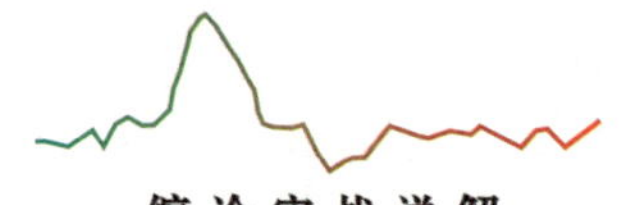

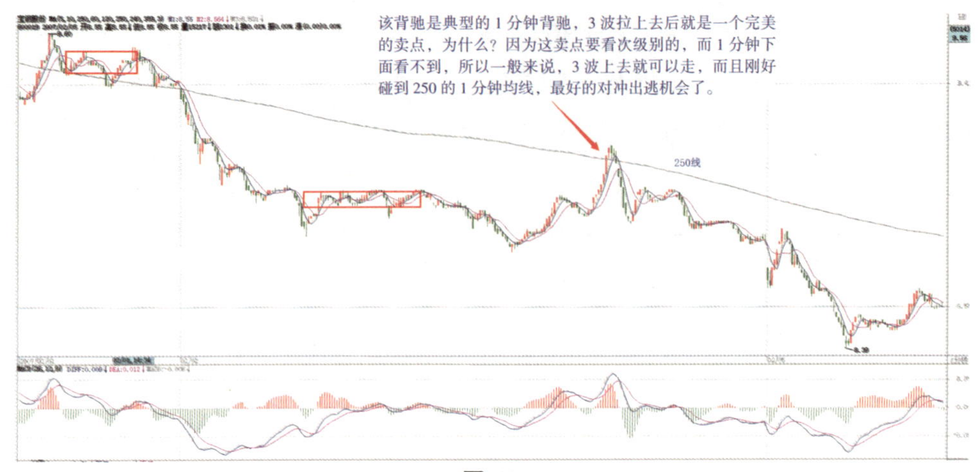

图 64

解读：在做日内短差时，宁可卖早，也决不卖晚。背驰买入后，3 波回拉，卖出要看次级别卖点。

[匿名] 摄影之友　2007-02-05　14：49：38

尊敬的博主：

跌得我心都痛了，现在我才知道你为什么讲中、小资金高效买法中尽量不参与调整了。

我都不敢看股票了，这样跌，不好下手做短差，只是买入。

今天是我入市整整六个月，半年的时间，可今天却不好过。

缠中说禅　2007-02-05　15：28：13

这不是长久的办法，你应该按本 ID 说的，卖点要卖，买点要买。你一点短差都不弄，死拿着，这样怎么能把成本降下来。死拿的，最容易就是低位砍仓，如果你一定要死拿，那就没必要学本 ID 的理论，按什么基本面分析，选一只股票长期拿着就完了。

对长期持有的股票，一定要多弄短差，特别在形成大级别中枢时候。

解读：缠论学习者就是要多做短差，把成本降到 0，多弄短差，特别是在形成大级别中枢的时候。

[匿名] 酿酒制药　2007-02-06　21：09：59

缠姐好，那个药还不出消息呢，不是 1 月底出结果吗？39 太不讲信用了。

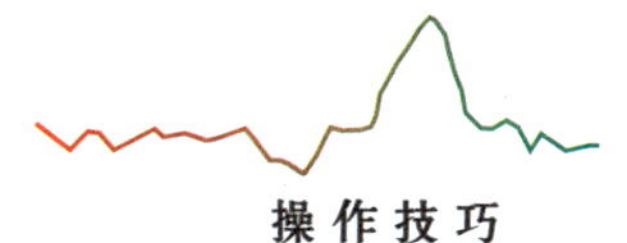

缠中说禅　2007-02-06　21：37：23

这就构成了这个阻击的一个外在环境，否则阻击还真不好弄。毕竟目前各基金的持仓总数已经超过50%，如果没有大盘的配合加上消息迟迟不出，向下阻击也不会轻易展开。所以，单纯技术还是不够的，必须多方面综合。当然，如果是单纯的短差，就是另外一回事了。为什么？因为在短差的时间内，其他因素基本都可以假设是恒定的，因此只考虑技术因素就可以了。

解读：单纯的技术不足以撼动大方向，必须多方面综合。但单纯的短差没问题，因为在短差的时间内，其他因素基本可以假定恒定，只考虑技术就可以。

［匿名］mmhh　2007-02-12　15：35：31

大盘一分钟明显背驰，为何还上涨？请缠MM解释解释，谢谢！

缠中说禅　2007-02-12　15：44：20

30分钟在明显的突破前期，1分钟的背驰制造一个盘中的震荡就可以完成，就像今天下午一样。已经反复强调，一定要从大级别往小级别看，用区间套的方法。1级别的背驰发挥大威力，是因为在大级别的背驰段里，如果大级别是第二买点开始的初升，甚至是主升段，看小级别的背驰有多大意义？就算卖了，也要马上找位置买回来。否则都光看1分钟的背驰，那不乱套了？

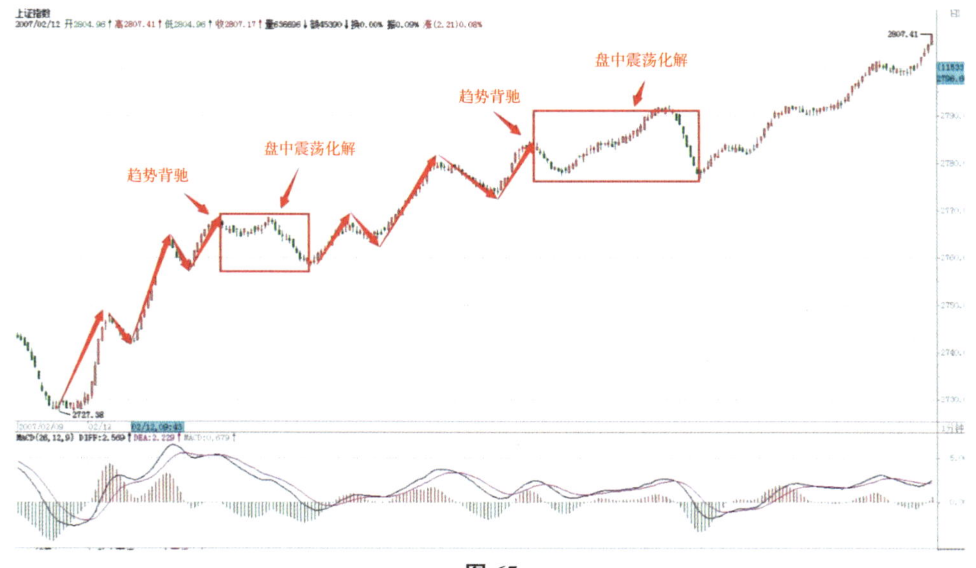

图65

本 ID 的理论是在各级别之间系统、综合应用的，不是光看一个级别的，一定要搞清楚。

经验：小级别背驰，如果不是在大级别的背驰段里，就要马上回补回来。尤其是小级别虽然背驰，但大级别却处于主升阶段时。

［匿名］小鸟　2007-02-15　15：24：35

想起来了。

盘整是只形成一个中枢的，假如在某级别盘整背驰中出掉了，是不是下跌中只用形成一个中枢后就可以再捡回来？

缠中说禅　2007-02-15　15：28：44

次级别背驰后接回来，但必须关照大级别的，一旦有盘不住的倾向，就不要接了，等破位再说。这个问题的精确解决，要等以后的课程。

经验：

（1）只要反向次级别走势完成就可以回补。

（2）要看大级别走势的情况，一旦有盘不住的倾向，就不回接了。

［匿名］兰兰　2007-02-15　16：07：26

缠姐：

请问股票上涨一倍后，出一半股票，成本为 0 后，做短差时，是用退出来的全部本金来买卖相应股票数量，还是买卖股票数量和原来卖出的股票一样？谢谢回复!!!

缠中说禅　2007-02-15　16：16：43

成本为 0 前，只补进相同的数量，仓位不增加。成本为 0 后，抛出后跌回来，就把抛出的钱全补进去，这样买回来的数量一定多了，股票才会越来越多。

经验：成本是 0 之前，股票总数不变，成本是 0 之后，高位抛掉的，低位要全部变成筹码，股票总数不断增加。

［匿名］无敌槟榔　2007-02-26　17：04：45

根据 LZ 文章内容，今日重仓建了 66，为本地与低价概念，但介入位置不是很理想，未能在上午 10：00 动手，结果跑了一段路才上车。

这将是第二次利用 LZ 理论进行操作，上次是试手，这次把我小本买卖集中

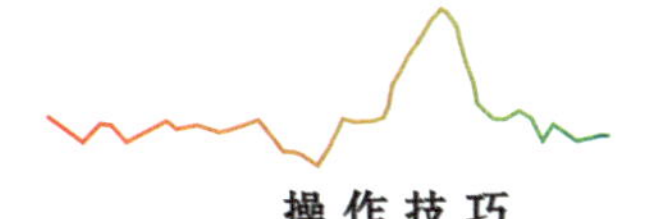

干66，主要练习做短差，将本金分成5份，4份买货，1份做预备队，买货的半量为短差最大范围，一直操作到LZ说的大级别卖点清仓，改变以前以盈亏百分比判断清仓的方式。

有以下问题请LZ指点：

（1）短差最理想的目标是将成本下1/3还是1/2，剔除价格大幅上升，例如缓升，每天振幅在5%右，时间为1个月，不计其他因素，本人倾向前者；

（2）以2个月为判断点，买卖系统是以日线加60，还是60加30为妥。

谢谢。

缠中说禅　2007-02-26　17：14：32

买的位置确实不好，就算是10点买，也只是一个小级别的第三类买点。不过，资金不大，纯练习也可以了。短差，是按图操作，不要设定目标，不要给自己一个框，如果你资金很小，那每天可以找一个对冲的位置，这样等于每天都有一个短差，这个一般看1分钟的都能找到。而5分钟、30分钟这些级别，能把成本降很多，特别那些活跃的，震荡幅度大的，一次30分钟级别的操作，如果资金不大，基本能把成本至少降10%。

注意，有了中枢，均线只能当参考。

解读：做练习时：①不要设定目标；②每天可以用1F的买卖点做对冲。

［匿名］淡定　2007-02-27　15：39：25

楼主好！

今天过得不容易啊，本来留了一半的清醒想高位出掉手中的货的，可一时犹豫下午又进了，郁闷ING！另外，请问楼主是否真有市场传闻的重大利空啊？

缠中说禅　2007-02-27　15：41：07

第一个中枢才刚出现，回补什么？按图操作，利空是无意义的。

经验：遇到大跌，回补先别急，只有一个中枢，不会出现趋势背驰，所以别急。

［匿名］无限　2007-02-27　15：57：42

现在我半仓，继续等大盘至少5分钟，甚至30分钟的底部背驰中，但是不太会选股，不知道哪个股能快些。

谢谢女王的背驰理论，让我逃过一次被套。

缠中说禅　2007-02-27　16：01：12

回补不能着急，连中枢都不形成，意味着趋势很强烈，就一定要耐心等待中枢的出现。两个中枢以后出现背驰，那这就是很安全的回补点了。

经验：回补不能急，尤其是连中枢都不能形成的强烈走势，一定要耐心等待中枢的出现。

［匿名］红欲然　2007-02-27　17：01：50

姐姐，我今天操作比较失败，早上看势头不对全部出了，不过已经下来一段了，下午看 099 在 5.70 元有个 1 分钟背驰又全仓进去，结果尾盘被死死按在地板上。请问姐姐，在现在这种情况下，明天一开盘是不是不计代价先出来，等跌势尽了，形成第二个中枢背驰后再买进。

缠中说禅　2007-02-27　17：07：39

要等真背驰才回补。你买的位置不对，如果 1 分钟的下跌已经引发 5 分钟的主跌，这时候就算有背驰也不能用，为什么？根据区间套，要等 5 分钟进入背驰段。你那个位置问题不大，就当弄了一个短差，把成本降低了。

经验：如果 1 分钟的下跌已经引发 5 分钟的主跌，这时候就算有背驰也不能用，而要等 5 分钟也进入背驰段后再回补。

缠中说禅　2007-02-28　08：44：37

如果 B 段一个 5 分钟级别的开始上涨已经使得 30 分钟的图表中不可能出现背驰的情况，那么你就可以有足够的时间去等待走势的延伸，等待形成一个 5 分钟的中枢，一直到 5 分钟的走势出现背驰，这样就意味着 B 要出现了，一个 30 分钟的新中枢要出现了。是否走，这和你的资金操作有关了，如果你喜欢短线，你可以走一点，等这个中枢的第一段出现后，回补，第二段高点看 5 分钟或 1 分钟的背驰出去，第三段下来再回补，然后看这个中枢能否继续向上突破走出 C 段。注意，C 段并不是天经地义一定要有的。

解读：这个问题是实战中的难点，因为 C 没有时，要么等中枢震荡中的盘背，要么等三卖，但很多时候不容易看出，从而错过了卖出时机，这点一定要注意。还有一种笨办法，就是直接在 B 的上沿附近卖出，换股操作，因为一个趋势

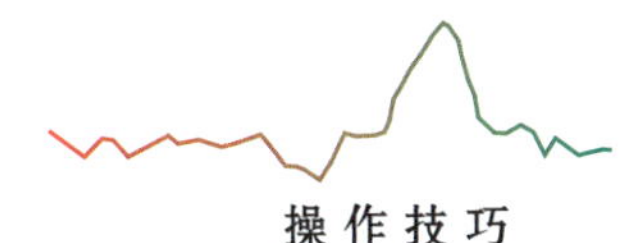

大部分只有两个中枢，尤其是大一点级别的走势，出现3个以上中枢的趋势极少。

步点 2007-03-01 16：34：14

大跌真可怕。

今天辛辛苦苦去抄底补回前几天卖出的PP们，不料收盘还是整体跌了1%。剩下的银子，等到2600点补。

缠中说禅 2007-03-01 16：40：44

昨天怎么不补？而且不是随便补的，最好是补有日线第三类买点的。

经验：下跌后的回补，最好补有日线三买点的。

［匿名］酒吧心情 2007-03-23 15：28：02

JJ好，今天帮同事练了一下000938，在下午的时候抓了个12.20元，虽然不是很精确，但小有收获。

目前的问题是个股配合大盘的问题。如果选择大盘股票，比较稳妥，看图行事。而如果选择个股，特别是对指数灵敏度高的，在现在的高位，虽然看到小级别买点，但总是怕大盘单边跌，然后在T+1的模式下很难获利。

希望JJ能够指点，怎么样在这种高位踩准节奏。

缠中说禅 2007-03-23 15：44：46

这几堂课就是说这个问题，你必须有一定的节奏韵律。例如，高位没走，低位去回补等于加仓，这样不好，一定要搞清楚向下段与向上段。特别资金不大的，卖就全买，回补如果信心不足，可以分单回补。只要是先卖的，回补起来就不会害怕了。所以节奏是第一的，你跳舞，节奏全乱，会有好心情、好心态吗？

经验：高位没走，低位回补等于加仓，不提倡；回补如果信心不足，可以分批回补，只要先卖掉了，有利润，回补起来就不会害怕。

［匿名］夜雨 2007-05-18 15：56：54

美女姐姐，我这两天老是卖最强势的股，减仓600597，昨天卖点卖出600203，买的都还在盘整，像600203我昨天卖了，今天这个位置，怎么才能把握啊，还有600203今年的涨幅也跟416差不多，这两只股票，有的比，有什么可以八卦一下吗？

缠中说禅　2007-05-18　16：01：07

不熟练的，可以把级别放大点，别 1 分钟都没背驰就急于操作，甚至可以规定自己，那种 5 日线都不跌破的调整，可以不管的。另外，卖了是为了买回来，特别对那些大级别在强劲上升的股票，否则，卖了不买，那为什么要卖？

至于 203，和 416 比不上吧，一个 300%多，一个 500%多了。

经验：做短差，刚开始可以先不做小级别，甚至 5 日线都不破的调整就不参与短差；卖了之后一定要买回来，特别是大级别上升的股票。

［匿名］乐土　2007-05-22　17：38：30

在实际操作中我有个毛病：小级别背驰全进全出，因为花心，总忘了回补，错过好多主升段，老师可开个方子？

缠中说禅　2007-05-22　17：40：54

只看大级别的图。或者只反复操作几只股票。

解读：沉迷于小级别，结果总错过主升阶段，这个毛病很多人都有，缠师的方子就是只看大级别图，或者反复操作几只股票！

［匿名］christine　2007-05-23　16：25：38

自强不息厚德载物那个，操作了 2 次降低成本，失手 50%，于是成本提高了。原先在自己的大盘子里做降成本倒是比较顺手。看来还是继续用大盘股做降成本。

缠中说禅　2007-05-23　16：28：55

不熟悉的，可以先卖后买，卖错了无所谓，至少不用亏钱。股票多得是，不用一棵树掉死。

解读：先卖后买，这样持有的股票数量不会增加，而先买后卖，很可能会越卖越多。

［匿名］水浴清蟾　2007-05-28　16：04：02

我现在用 000900 学习妹妹的理论，进进出出好几次了。上周五看出背驰，在 21.01 元出了，但今天冲好高，我看的 5 分钟的中枢，但这次判断失误，1000 股被套，现在已经 30 分背了。不过，我基本空仓，手上只有 000900，所以还有机会把成本降下来。

缠中说禅　2007-05-28　16：08：09

一般来说，如果卖了没回补，最好别养成追高回补的坏习惯。抛了，在技术允许的情况下，一定要买回来，否则节奏就会乱，一旦发现再冲高，再追，反而容易被套住。

经验：卖了没回补，最好不要养成追高回补的坏习惯。

缠中说禅　2007-06-14　15：33：09

注意，在中枢震荡中，安全的做法应该是先卖后买、形成节奏。其实这个问题很简单，从低位上来的筹码，当发现单边走势结束，进入较大级别震荡时候，其标志就是出现顶背驰或盘整背驰，这就要求减磅，然后等震荡下来，出现底背驰或盘整背驰再回补，这样差价才出来，成本才下降。如果是先买后卖，那唯一可能就是在单边的时候，你的仓位不高，所以才会不卖股票也有资金，这其实是节奏先错了的表现。

当然，这些都需要通过练习才能熟练。而且必须注意，一旦震荡的力度大于前面有可能形成第三类卖点时，就一定要停止回补，等待第三类卖点引发的下跌出现买点时再介入，很多人经常出问题，就是心里先假设一个可能的跌幅，觉得肯定跌不深，这都是大毛病。一定要养成只看图形操作的习惯。

还是那句话，无论是政策、心理、消息等，都是市场的分力，而走势是合力的结果，这才是问题的关键之处。

解读：这也是做短差的技巧。

（1）在出现上涨的趋势背驰或盘整背驰时先卖出，下来出现底背驰或盘整背驰再回补。

（2）需要注意的是，当出现次级别下跌的力度大于上一个下跌的力度时，此时有可能出第三类卖点，那么就先不回补，除非出现背驰或盘背的买点。

（3）千万不要心里先假设一个可能的跌幅，觉得跌不深，这是大毛病。

（4）走势是集合了政策、心理、消息等各方面分力，是合力的结果，一定要根据走势来操作。

缠中说禅　2008-04-02　15：17：01

短线就是要来回折腾，一看不行先回来，一看行了，甚至可以打点提前量，例如为了避开 T+1，可以在前一天的尾盘买。

经验：为了避开 T+1，可以打一点提前量，在前一天尾盘买，牺牲一点空间来换取第二天的安全。

缠中说禅　2008-04-16　15：15：02

我们不当专家，我们只当赚家。面对这种围绕关键点位震荡，还没有决定方向的走势，最笨的方法当然就是等关键点位出现第三类卖点之后走，但这确实太无聊了。以前已经多次说过，这种操作其实十分简单，就是在震荡高位利用盘整背驰抛掉，下来不破位就回补，千万别浪费这震荡的短差机会。注意，这样必然是半仓操作，如果真破位，下来不回补就是，然后把半仓也扔了，这样效率最好。

当然，还有一种是最干脆的，就是震荡高位先走了，等真正重新站住关键位置出现第三类买点再介入，这是最安全又有效的作法，就不费心去预测最终是否站住了。

我们的操作，一定要用操作的眼光而不是争论的眼光，来市场是为了赚钱而不是为了表现自己的聪明。

经验：震荡高位利用盘背卖掉一半，下来不破位再回补，如果破位就全卖掉。最安全有效的是震荡高位全走掉，然后等关键位置附近出现三买时再买回

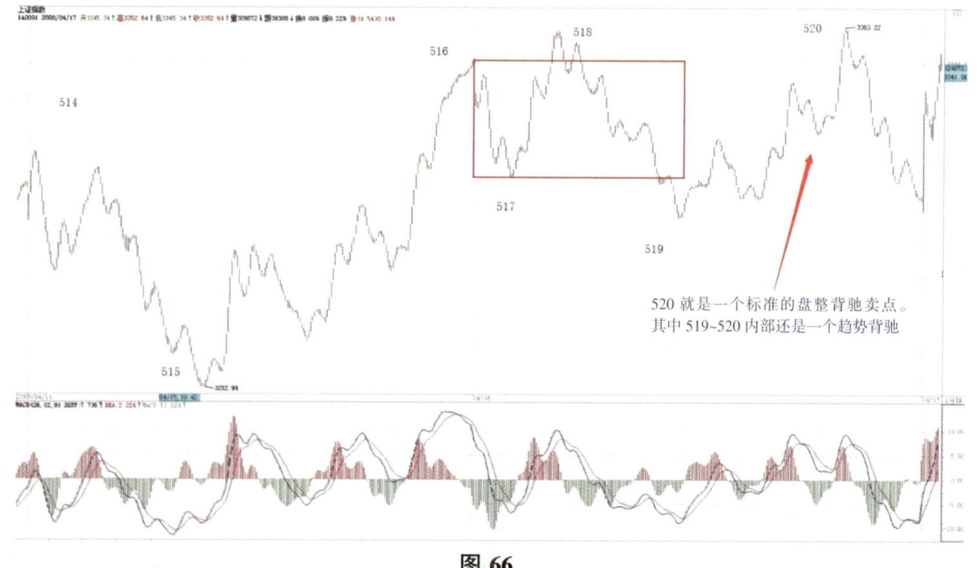

图 66

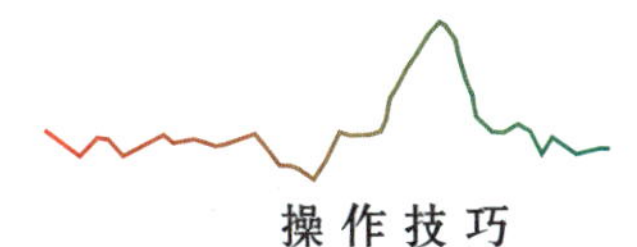

来，这样就不用费心去预测能否跌破和站住关键位置了。比如，当天的大盘，在下午时就出现了一个盘整背驰的卖点520点，卖出后，尾盘在3311附近又有一个线段内部的趋势背驰，这时完全可以回补回来，这样短差就做出来了。

解套

［匿名］过客　2007-02-01　15：31：42

缠姐，给分析一下600677如何？

缠中说禅　2007-02-01　21：17：02

现在是业绩陷阱最多的时候，所以选择该股票确实比较麻烦。一般碰到这种情况，如果有出逃的机会，一定要先逃出来，至少也应该先逃1/2出来，然后在下面补仓，一个反抽就解套出来了。看了一下图，昨天并没直接封跌停，还有8元碰5日线的机会，绝佳的出逃点。目前关键是你的仓位，如果都是这股票占的仓位不多，那可以先放着，因此刚才查了一下，该公司本次亏损，是因为公司前任董事长被立案调查、部分下属控股子公司发生重大清算等造成的。所以，这种亏损还在可以接受的范围内，但这绝对是空方的一个打压武器，在业绩兑现前都受到压力。不过中线上，这种亏损股变黑马的情况太多见了，所以，中线上今天亏损的股票，并不一定就是坏事情。

技术上，下方最重要的就是250周线，这是中线最关键的位置，目前在5.9元，只要该位置不有效跌破，就不会进入大空头走势，也就有重新走强的可能。

如果仓位很重，可以耐心等待反抽出现把仓位减掉一半，然后利用短线把成本逐步降下来。如果仓位不大，就没必要出来了，可以先利用短线把成本降下来，一边练了技术，一边练了心态。

本ID是不赞成顺便斩仓的，一个股票，就是一段命运，战胜命运，才能上一个新的境界。但一定要总结经验，不能买对基本面不太了解的股票，例如该股董事长给抓，一定不是这两天才发生的，一般这种股票，一定要了解清楚，让冲击过去再进去。

经验：

（1）一旦碰到雷，一定要先逃出来，至少逃1/2，然后下面补，一个反抽就解套了。

（2）亏损如果是一次性原因造成的，还在可以接受的范围内，在业绩兑现前股价都会受到压力。

（3）亏损股变黑马的情况太多了，今天亏损的股票并不一定是坏事。

（4）不赞成随便斩仓，一个股票就是一段命运，战胜命运才能上一个境界。

［匿名］LL　2007-05-30　15：52：47

缠姐姐，我今早满的仓，您的课程太难了，一直没明白，姐姐，我明天是应该割肉还是坚守阵地呀。

缠中说禅　2007-05-30　15：56：36

今天第二卖点怎么不走，这么明显，ABC 上去，C 段力度不足，典型的图形。没走就等等，没必要杀跌，在后面的震荡找机会把仓位控制下来。现在半仓是比较好的，进退自如。

经验：没躲过大跌的，就没必要继续杀跌了，在后面的震荡找机会把仓位控制下来。

缠中说禅　2007-06-04　07：53：44

当然，在 30 日第二卖点走掉的，仓位不重的，目前的任务就是好好把握住本周必然出现的大反弹，注意，如果你技术不好，就要对超跌个股逐步买入，而且必须要有针对性，集中力量，在反弹中，如果还拿着几十只股票，那是操作不过来的。

经验：快速的下跌必然对应快速的反弹，技术不好的，可以对超跌个股分批买入，但要集中力量买一只，而不是买 N 只。

两只老虎　2007-06-04　16：31：11

神仙姐姐，反弹到多少出来呀！比如现在跌了 40%。

缠中说禅　2007-06-04　16：34：16

半仓，如果技术好，资金又不大的，可以全仓出来，回跌以后再找好的品种补入。

经验：出半仓，回跌再回补，然后一个反弹就基本解套了，技术高的可以全仓进出。

主力手法

缠中说禅　2006-12-27　15：18：10

对于庄家来说，对一般人所认识的所谓技术分析理论，早就研究得比谁都精通，任何坐过庄的人都知道，技术图形是用来骗人的，越经典的图形越能骗人。但任何庄家，唯一逃不掉的就是本 ID 在分析中所说的那些最基本的东西，因为这些东西本质上对于市场是“不患”的，只要是市场中的，必然在其中，庄家也不例外。就像任何的大救星，都逃不掉生老病死。

解读：当一个分力特别强大的时候，也就是有坐庄的参与时，技术图形是可以依靠资金等优势任意画出来的，而固定的模式试图用某种单一不变的图形来预测某种结果，这就像发明永动机一样滑稽可笑。

［匿名］关于有色股　2006-11-27　21：54：52

今天下午时候似乎有色股的主力在撤退？似乎在进攻其他的品种，LZ 如何看？这是主力暂时的撤退吗？很快又能搞起来？

缠中说禅　2006-11-27　22：13：34

短线轮动很正常，长线看，有色股票的分化在于筹码的集中度，有些散户拿得太多，就只能继续折腾了。散户不敢拿的，都变庄股，走起来就没谱了。

解读：散户拿的多，就要继续折腾洗盘，散户不敢拿的，就成庄股了，庄股的不确定性太大，这就造成了板块内的分化。

［匿名］青皮六　2006-11-29　15：27：39

为标题图片送一句诗：花径不曾缘客扫，蓬门今始为君开。请教女禅师银行股会在 12 月 11 日前基本调整到位吗？

缠中说禅　2006-11-29　15：33：18

其实让他们调整时间更长会更健康，这一波就让其他股票表现，他们在这里进行上升三角型或旗型的整理，这样对大盘中线走势更有利。昨天说的，目前关键看招行，它率先突破历史天价，它的走势，就是大盘的风向标。

经验总结：大盘股第一波走完之后，没必要一直持续下去，只要保持震荡就可以，给其他板块轮动的机会。

［匿名］外科医生　2007-01-11　21：34：20

请问禅妹，怎样在盘面上看出所谓的控盘？

另外，泸天化的庄好慢啊，拉一天，休一天，磨洋工啊。

缠中说禅　2007-01-11　21：42：34

长庄和短庄当然不一定，长庄在推升前期，基本不会拉什么大阳线，特别是通道式上升那种，一旦突破通道上轨就会出现调整。

短庄是快，基本就是三段，拉一段，歇一下，再拉一段就收工。对于大一点的资金来说，都跟短庄是不切实际的，只能小部分资金参与其中，特别现在越来越集团化运动，以后短庄会越来越少。

［匿名］JESSIE　2007-05-22　16：14：28

缠姐，自从跟你学习以来，我真的整个人都变了，变得更加自信开朗智慧了，我相信这是一种缘分，感谢上天让我遇到你，希望这种缘分能一直延续到永远。以后不论你到哪里，一定要事先给我们一个预告，让我们能跟上你的脚步，让我们这些喜爱你的人可以一直追随你。当然，不论以后怎样，我们会学好你的理论，这才是你给我们的最大财富。根据你的理论，我一直实践在操作，收益虽然不如别的同学大，但足以让我惊喜，而且我不会像以前那样恐慌了。这一切要感谢你，你的理论真的很伟大，而你的为人更让我喜爱。

我想问一个问题，一般股票会在什么时候拉涨停，为什么有的股票一直几个涨停，而有的股票总也没有涨停？谢谢姐姐。

缠中说禅　2007-05-22　16：19：32

上升，基本分两种，通道式上升的，一般都不爱涨停，具体的，以后课程里都有。

经验：

（1）长庄在推升前期，基本不会拉什么大阳线，特别是通道式上升那种，一旦突破通道上轨就会出现调整。例如，002463 沪电股份从 2019 年 6 月起来的这波行情，如图 67 所示。

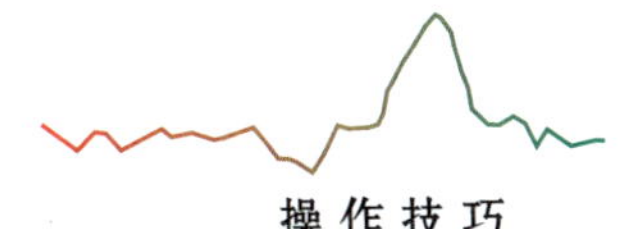
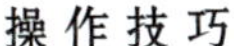

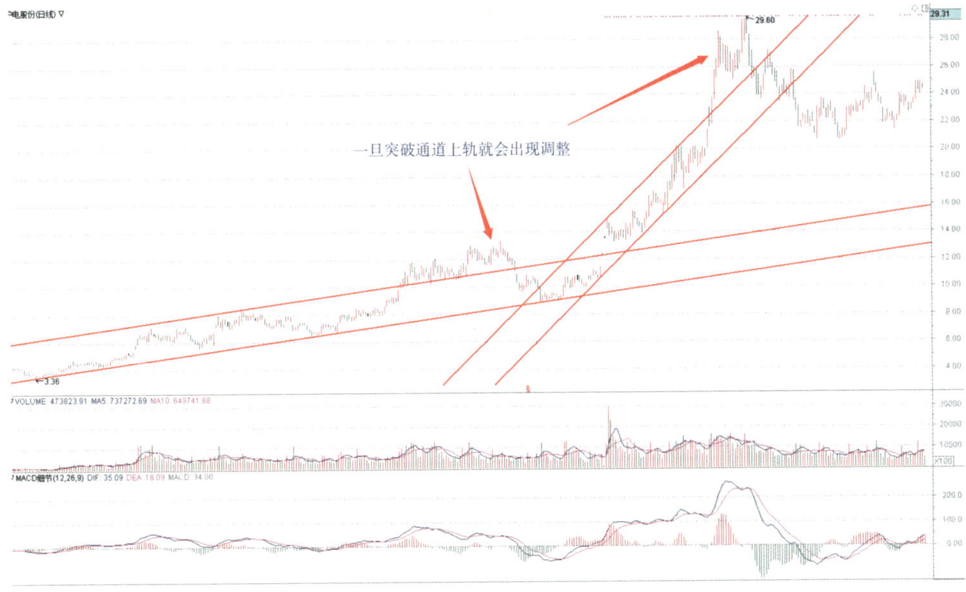

图 67

（2）短庄是快，基本就是三段，拉一段，歇一下，再拉一段就收工。比如2019年的大妖股600776东方通信，基本就是三波。

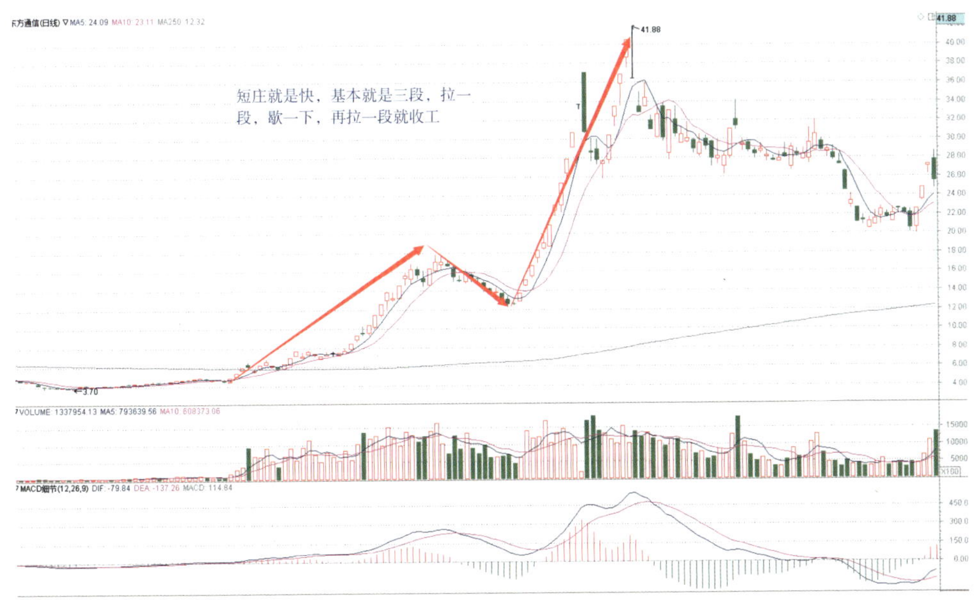

图 68

（3）短庄会越来越少。

在选股上就可以根据长庄的特征，选择在底部缓慢通道的，出现大阳线少的个股。

［匿名］摄影之友　2007-01-12　11：43：11

博主：

在沪的山东人我可是整了快三分之一的了，你这样一说，我怎么忽然没底了……

缠中说禅　2007-01-12　11：56：44

这种N个人在里面的对于散户最好操作的，成交量萎缩下来就可以找短线买点介入，成交量一急剧放大就找位置走人。

因为成交量突然放大，就是至少有一方先出手了，一般这种情况，例如四方，最后都要斗下最多两方。但也有例外的，像N年前本ID搞的一只东北股票，四个人一直从7元搞到40元，都没停下来，后来一窝蜂出来，瀑布一样就下来了。

对于本ID来说，对山东人，考验的是耐心，绝不先出手。因为本ID的资金是自有的，没有利息压力，凭什么让本ID先出手？

经验：里面不止一个主力的股票，就等成交量萎缩下来找短线买点介入，成交量一急剧放大就找位置走人。

［匿名］小明　2007-01-25　21：58：56

［匿名］炒楼又炒股　2007-01-25　21：55：14

卖掉人寿，听大姐的找买点换2线。

卖人寿？都40元还卖啊。

明天上午会有个继续顺势下探，估计在下午会有个明显的背驰到时候有钱就可以补仓了！

缠mm，人寿在你们主力看来应该属于二线股吧？

缠中说禅　2007-01-25　22：07：13

一线股，权重股，在盘整中用来控盘，在上升中用来突破。这次上涨最大的问题，就是没人关照这些一线股，大家都忙各自的一亩三分地，这也正常，现在是二、三线的天下。

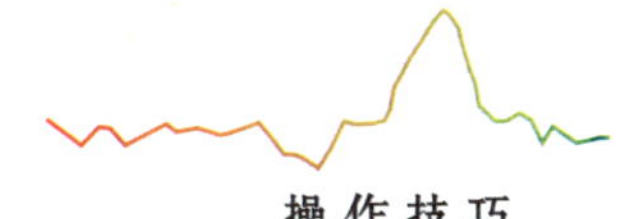

人寿短线机会不少，看5分钟和30分钟可以找到很多的。

经验：一线股，权重股，在盘整中用来控盘，在上升中用来突破。

［匿名］**夜雨　2007-02-02　15：44：21**

美女姐姐，我总结一下今天的操作，卖都是对的，没找好买点，买都是错的，一定要看清楚了才下手，可今天买点好难找啊。

缠中说禅　2007-02-02　15：49：51

谁告诉你每天都一定有买点的？在强烈的趋势中，1分钟的买点有时候2~3天才有一个。不过5分钟的买点正形成中，对于大资金以及好股票，其实今天就可以开始部分介入了。

解读：对于大资金，背驰处买不到足够的货，只能提前买一些。

缠中说禅　2007-04-16　22：19：10

个股方面，如果从中线的角度，多注意一下那些估计报亏损，或业绩故意不好的股票，这些股票都是有预谋的，先可以不买，但一定要关注，已经有不少股票玩这招数，后面这类股票会越来越多，特别在很多人踏空的情况下，很多人会用这种招数骗筹码。

太晚了，必须下了，再见。

经验：利用基本面利空骗取筹码，这在牛市中期时容易出现，主要是一些踏空的资金会用这种招数。

［匿名］**学缠人　2007-04-24　22：26：02**

缠姐好！

请问故意出坏业绩的是指年报出坏业绩还是一季度出坏业绩？

谢谢！

缠中说禅　2007-04-24　22：31：21

都有可能。对那些年报、季报业绩特别好的，后面却是明显出货走势的反而要小心。

经验：业绩特别好的，如果是高位放量，就要小心是出货；业绩不好的，低位异动，反而不弱的要注意可能是黑马。

缠中说禅　2007-07-13　15：36：38

个股方面，还是一直强调的那两类，中低价位的一类，都处在换庄或筹码收集的过程，所以短线不一定会有火爆表现，而沪深 300，由于有长线资金一直关照，所以会有轮动表现，先让成分股轮动起来，然后延伸到大盘，一旦这个良性循环能形成，一切关于资金、人气的情况都无须担心了。路还很长，慢慢走吧。

经验：中低价的处在换庄或者筹码收集的过程，短线不一定有火爆表现。

石头叁　2007-07-16　16：09：03

老大，年线附近的票安全吗？下跌空间是不是相对会小一点？不过又担心是不是会弱者恒弱啊。

缠中说禅　2007-07-16　16：11：06

不是年线就一定好，本 ID 前面说得很清楚，是在年线附近有新资金进去迹象的，这从成交量不难发现。

解读：要放量突破年线（新资金进入），缩量回调至年线附近并站稳（回到新进资金成本附近）。

［匿名］新浪网友　2007-07-31　16：23：34

缠主，消息面怎么看啊？——今天看两证券报都在大版面力推钢铁股，并说机构正持续加仓中，可是买进就被套！难道消息要反着看？

缠中说禅　2007-07-31　16：35：15

去年年尾，本 ID 在这里明确说了今年的两大主题：钢铁、医药。这两大板块的布局，去年就开始了。主力资金用了这么长时间来运作，你考虑的是短线，根本不是一种层面的东西，当然没法看了。

经验：主力运作大板块时，在布局阶段肯定不会有什么消息放出，只有在拉升和派发的阶段才会有消息配合。

级　别

看图级别

［匿名］大盘　2007-01-24　16：09：38

求助解答关于中枢理论的应用和学习难点。

通过楼主几次的解答，自己感觉判断中枢形成的难点已经不在于概念，而在于理解和分清楚构成中枢的三段中任意的一段必须是至少由次级别连续三段完成的。例如，判断日线中枢的形成，首先至少要有三段连续的 30 分钟走势类型完成，而 30 分钟的每一段又要求是 5 分钟图表上的三段走完，5 分钟的三段又要求至少 1 分钟图表的三段要走完，如此循环判断，感觉实际应用起来真是不太方便。

不知楼主有什么实际的应用技巧可以帮助我们不用一层一层去判断每一段是否走完，而是可以只从一个次级别就方便地判断出来。

缠中说禅　2007-01-24　16：19：32

看日线没必要去找 1 分钟的，一般日线上很明显地看出三段，而且，每段中日 K 线有至少三根以上重合，那基本都是 30 分钟的走势了。当看次级别的背驰等，才需要去看次级别的图。

解读：这是一个快速分辨 30F 中枢的技巧，由于此时还没有笔的概念，所以缠师说的日线上一段，其实类似后面所讲的日线一笔，但并非严格按照笔划分，只要有明显的波动即可，并且每个波动里，至少有 3 根以上 K 线重合就可以了。

［匿名］白玉兰　2007-01-25　21：21：31

禅妹妹：

你看小锣国多出息呀，大家叫他班长，嘴上说 no，no，……

可是她好像已经找到感觉了，你同意他做临时班长吗？

我还有问题：你说的中线一般指多长时间？

缠中说禅　2007-01-25　21：23：41

周线级别的，日线算中短线，月线以上算长线，30 分钟算短线，5 分钟只能算超短线，而 1 分钟只对 T+0 有意义。

解读：这里的级别是说，在当前级别的图形下，出现笔中枢构成的走势。比如中线是日线、周线级别，就是指在日线或周线上，出现了三笔构成的日线 / 周线中枢的走势。同理，长线是月线以上的级别，30 分钟是短线，5 分是超短线，1 分是 T+0。

［匿名］勇敢的心　2007-03-20　18：49：09

请教缠主：关于第三买点，日线上是否次级别就一定要 30 分钟的走势？是否这个走势要完美？

缠中说禅　2007-03-20　18：55：11

临走回答一下，关键是你的级别是如何事先规定的，例如你是按 5、15、60、日、周等安排级别的，那次级别就是 15 分钟的。关键级别的安排，是为了免除从最小级别一直看上来的麻烦，这样会导致一些误差，但不会影响任何操作，所以是一个实用的办法。

当然需要走势完美，所谓走势完美，实质上就是必须形成相应级别的中枢，如果你连 30 分钟的中枢都没有，怎么算是 30 分钟走势？一旦中枢形成，该走势就是完美的，可以随时结束，至于是否延伸，那是另一个问题。

解读：这段话解答了 5、15、60、日、周和 5、30、日、周这样的级别划分的区别，本质上是为了免除从最小级别一直看上来的麻烦，因此会有一定的误差，要想没有误差，就还是按照递归的方式来。不同周期的走势图就是不同倍数的显微镜，缠师对级别的命名相当于是根据一套不同倍数的显微镜来给级别命名。

缠中说禅　2007-05-31　22：35：44

注意，这是为了示范才分析 1 分钟的图，这类图是最复杂的。一般来说，级别越大的图越简单，而操作上，技术不好、通道不好的，一般不用 1 分钟的图，把级别放大点，这点必须明确。

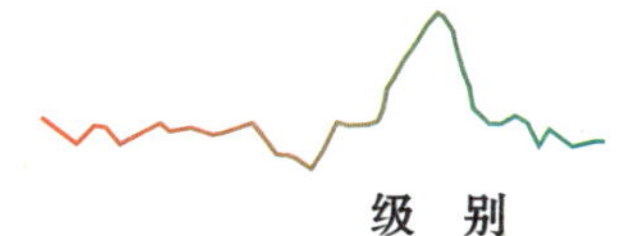

解读：级别越小，意外的分力影响越大，使得出现古怪的走势越多；级别越大，其中的单个分力影响越小，走势自然越简单。

楚狂人　2007-07-11　15：49：25

请问缠君：

在30F图上找到的30F中枢和在1F图上找到的30F中枢，起始位置是否会一样呢？

缠中说禅　2007-07-11　15：53：14

当然不一定一样，就像两个不同倍数的显微镜，看的东西当然不一定一样。不过，在一般情况下，没有太实质的差别，只是精确度的问题。

解读：显微镜的问题是初学缠论者问得最多的问题之一，再次强调下：不同周期的图，就是不同精度的显微镜，不同精度的显微镜观察的走势细节也会不同。

［匿名］窗外　2007-07-11　15：57：27

缠MM，问一个划分线段的问题：有一个线段虽然级别很低但很长，在大级别的图上也是很明显的高低点，是不是就把它算作大级别的一段呢？这样和定义又不相同，怎么理解这个问题呢？

缠中说禅　2007-07-11　16：01：45

不，按定义，该怎么就怎么，段的级别和幅度没什么关系，只能说，级别越大，其平均幅度越大，但对单个，并不能这样说。

解读：所以，在这位网友举的例子中，就会看到在小级别图里是一段，在大级别图里也是一段，这也是前面显微镜的问题，如果你用1分钟图作为显微镜，那么这就是1分钟的一段，即使它在30分钟图里也是一段，也并不代表着级别就比1分钟一段大。如果你用30分图作为显微镜，那么它在30分图里是一段，就可以看作是30分的一段，或者是一个5分钟走势，至于1分钟里是什么，跟你没关系，因为你的显微镜就是30分的，再小的级别你看不到了。

海东青　2007-07-11　16：07：40

缠姐辛苦，有个问题想请教。

是否可以这样理解：次级别的线段构成本级别的分笔，而次级别的走势类型构成本级别的线段，差别在于级别越低则精度越高。盼望解答。

缠中说禅　2007-07-11　16：10：26

没必要这样理解，笔、段都是针对最低级别说的，有了最低级别，按中枢和走势类型的递归定义，后面的级别就可以严格推出来了，没必要用什么笔和段。

解读：笔和段都是针对最小级别的，并没有高级别一笔等于本级别一段之说。

多来米　2007-07-11　16：29：15

博主，你说过站在本级别上都把次级别当作线段。但有时候如果只看 30 分钟图的话，貌似高低点的线段是 5F 的，但可能是次次级别 1F 的线段啊。

缠中说禅　2007-07-11　16：36：27

线段，只针对最低级别，把次级别当线段，只能看成是比喻，严格的说法，线段只存在于最低级别之下。

解读：30 分钟一段等于 5 分钟走势，这是错误的理解。应该是 5 分钟走势可以看作 30 分钟的一段，但 30 分钟的一段并不一定等于 5 分钟走势。只有最低级别的图里分段才有意义，因为线段是中枢的基本构件。除此之外，高级别图里的笔和段，都是一种近似的表达。

紫衣飘飘　2007-07-11　16：34：22

姐姐，我都贴了 N 遍了，你能回答一下吗？

我现在遇到的问题是，看大盘一分钟的图觉得比较清晰，但看 5 分钟和 30 分钟的图时，对于段的划分就有点疑问了。还有看个股的图的时候也觉得没有那么清晰，因为个股的上下影线重叠得比较多。

请缠姐姐回答一下，5 分、30 分及个股中如何划分才能清晰呢？

缠中说禅　2007-07-11　16：38：45

请想想显微镜的比喻。

解读：不同的显微镜（不同级别的图），看到的走势精细程度自然不同，刚开始还是建议从低级别图里向上递归，熟练之后，再直接看高级别图。

［匿名］yaa　2007-04-26　22：22：09

缠 JJ，你好，问一个问题。

不知你对一些所谓的 Level 2 的行情软件有何看法？据说可以看到详细的分笔数据。

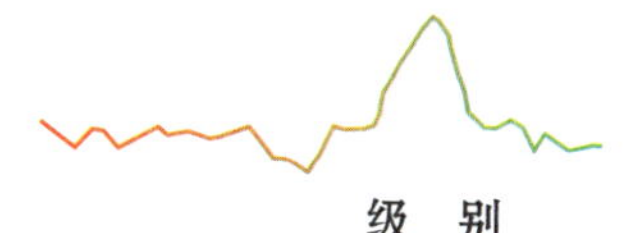

缠中说禅的理论是否能发挥更大的作用呢?

缠中说禅　2007-04-26　22:27:37

其实根本不需要精确到分笔，分笔的背驰用1分钟的柱子面积比较就可以。就算看不到1分钟的，用5分钟的柱子面积比较发现1分钟的背驰。实际的操作，关键是看好各级别的相关性，而不是去深究些太细节的东西。

如果要看细节的东西，可以看盘口语言，有心人可以去观察各级别见顶见底时的盘口语言变化，这更有意义。

解读：最小级别的背驰就看1F的柱子面积，实际操作中不需要精确到太细。如果看细节的东西，就要看盘口语言，见顶和见底时的盘口会有变化。

［匿名］**大盘　2007-05-18　16:09:08**

请问博主：

在1分钟图表上有时1分钟中枢三段加延伸段超过6段（但小于9段）的情况，在5分钟图表中也通常可以看出下上下和上下上的三段，但按照定义这应该仍然是1分钟级别。

如果没有每日下载1分钟数据，那么5分钟图表中看出的下上下三段有没有什么办法可以确定其具体级别？要知道，每日下载1分钟数据很占空间也不方便。

缠中说禅　2007-05-18　16:12:51

5分钟上的走势要完成的，其精确判断一定需要1分钟图，否则并不是5分钟的一定有5分钟背驰，如果小级别转大级别就没法看了。如果只有5分钟图，那只能把操作级别放大，把5分钟当最小级别的。

经验：大周期的图是用来快速分析走势结构的，但精确的东西要到小级别图里去精确判断。

操作级别

缠中说禅　2006-11-29　12:00:00

飞吻：短期均线略略走平后继续按原来趋势进行下去。

唇吻：短期均线靠近长期均线但不跌破或升破，然后按原来趋势继续下去。

湿吻：短期均线跌破或升破长期均线甚至出现反复缠绕，如胶似漆。

飞吻出现的概率比较小，一般都是在趋势特别强烈的时候，而太火爆的趋势是不可能太长久的，所以其后的震荡经常出现。

解读：妖股中经常出现飞吻，看几个妖股的案例。

冀东装备（000856），很漂亮的两个飞吻。

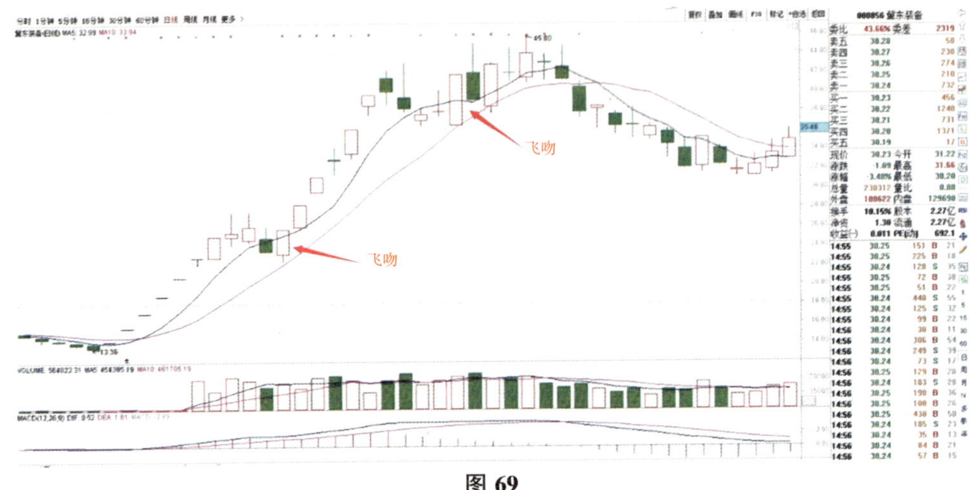

图 69

西部建设（002302）。

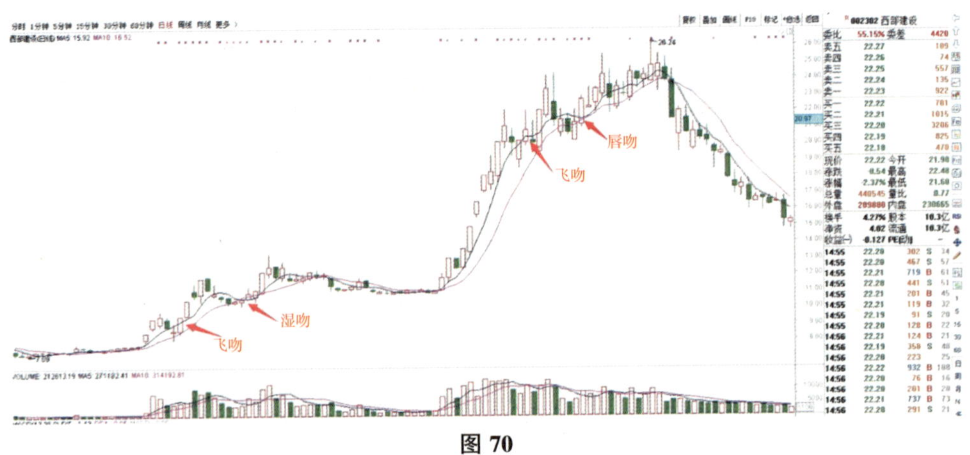

图 70

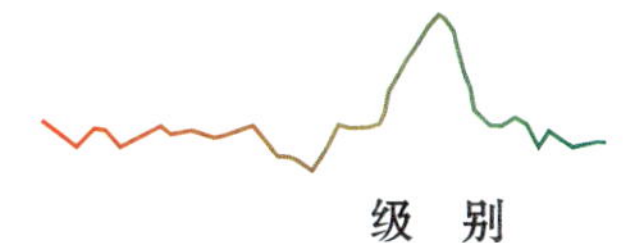

四川双马（000935）。

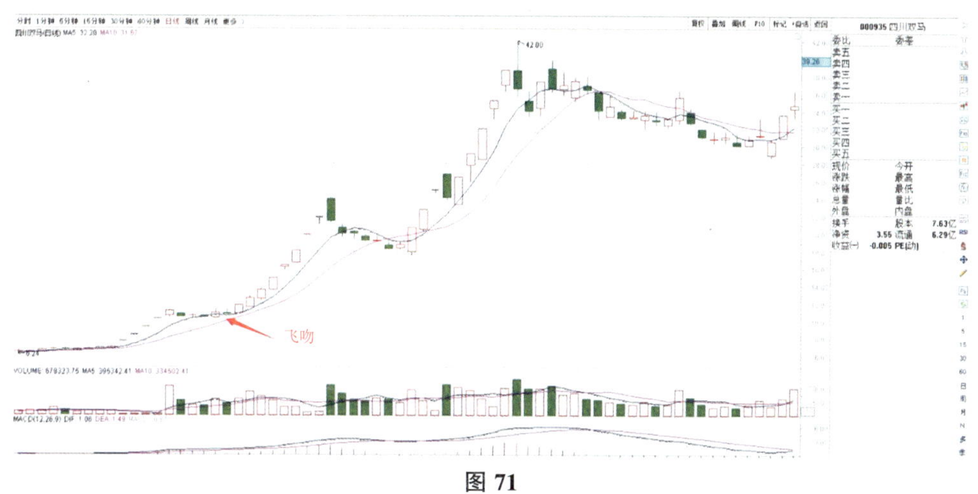

图 71

唇吻，任何一段基本的趋势过程中最常见到的方式，特别在“男上位”的情况下，基本都是这种方式，一旦出现唇吻反弹基本就该结束了，在“女上位”的情况下，调整结束的概率也是很大的，但也要预防唇吻演变成湿吻。

解读：在男上位时，如果出现唇吻，反弹结束的概率很大，这是非常宝贵的实战经验，牢记！尤其是第一次出现唇吻时，看两个案例。

图 72

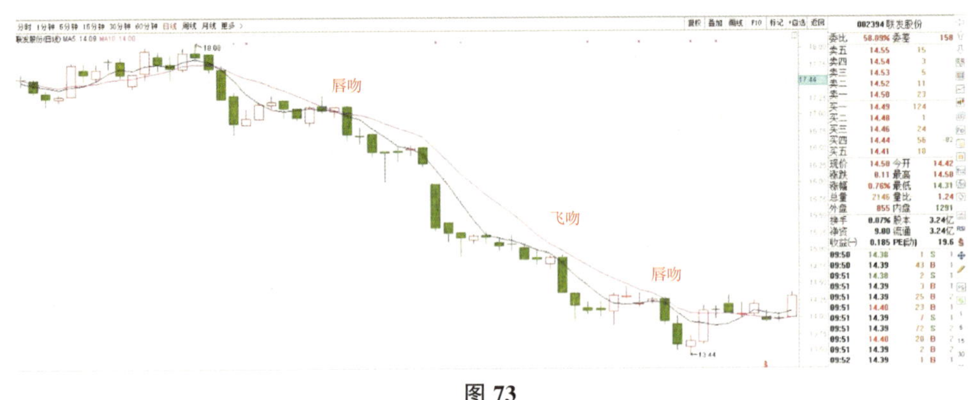

图 73

湿吻，一段趋势后出现的较大调整中时，还有就是在趋势出现转折时，这种情况也很常见，特别是在“男上位”的情况下，如果出现短、中、长各类均线来一个 NP 的湿吻，这么情色的 AV 场景往往意味着行情要出现重大转折，要变天了，“男上位”要变成“女上位”了。

解读：飞吻、唇吻和湿吻分别代表着分歧的力度，湿吻最大，因此湿吻一般出现在较大的调整以及趋势的转折时，而在男上位时，一旦出现湿吻，很大概率要转折了。这里需要注意的是，要在有较大跌幅的男上位出现湿吻时才有效，都没怎么跌，何谈趋势转折呢？

注意，任何的行情转折，在很大概率上都是由湿吻引发的，这里分两种情况：一种是先湿吻，然后按原趋势来一个大的高潮，制造一个陷阱，再转折；另一种是反复湿吻，构造一个转折性箱型，其后的高潮，就是体位的转化了。在“男上位”的情况下，一旦出现湿吻，就要密切注意了，特别是这个湿吻是在一个长期“男上位”后出现的，就要更加注意了，其后的下跌往往是介入的良机，因为空头陷阱的概率简直太大了。

解读：湿吻很大的概率是要改变趋势，要么出现陷阱新低之后再改变，要么直接反复缠绕，形成箱体后再改变，因此，要密切关注出现湿吻的情况。

同时再次提示男上位出现湿吻时往往是良机，这里说的长期“男上位”，个人认为缠师这里指的长期并不是指时间，也就是说时间不是关键的，而空间是主要的因素。我们来看看 2015~2016 年三波股灾时的情景。

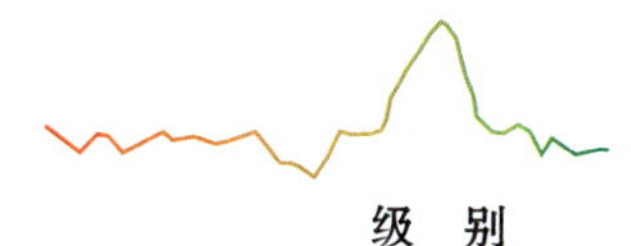

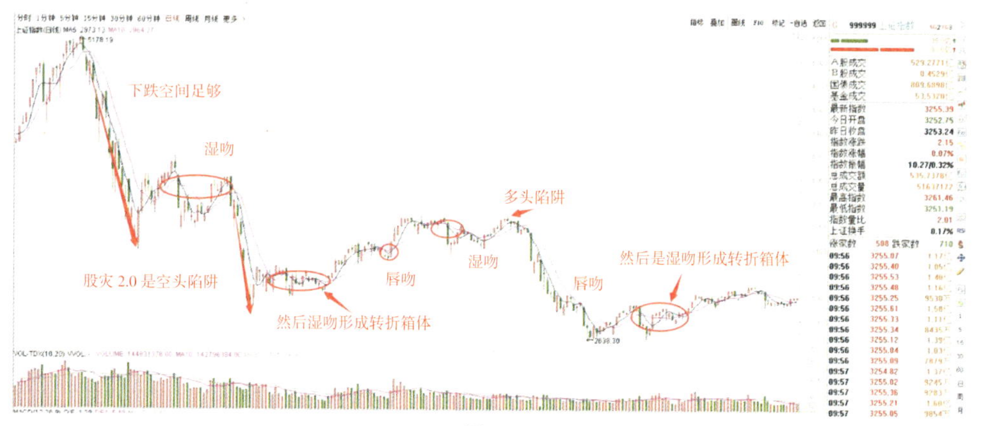

图 74

必须提醒，这一点对趋势形成的第一次湿吻不成立。

解读：这里说的趋势形成的第一次湿吻不成立，本意应该是在趋势还没走出

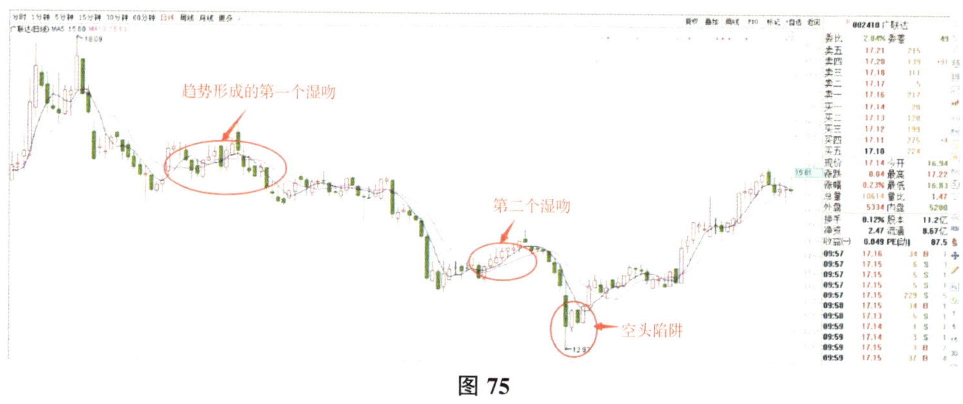

图 75

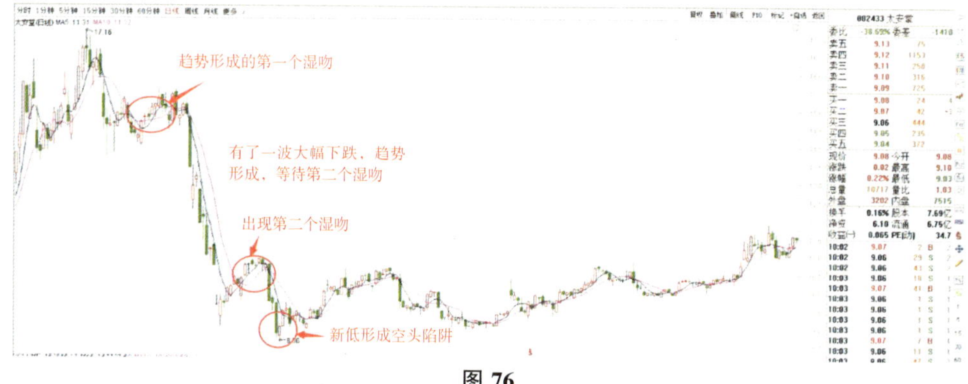

图 76

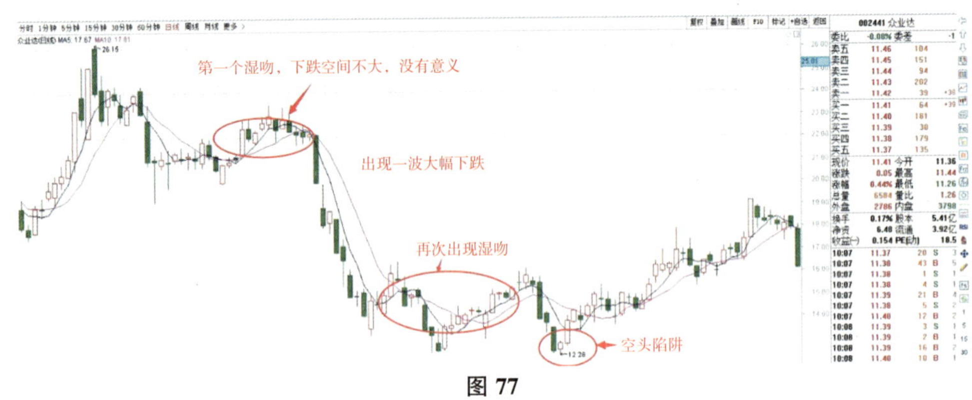

图 77

时出现了湿吻，因为没有空间，也就不成趋势，这里的湿吻很大概率是中继，上几张图感受一下。

但湿吻之后必有高潮，唯一的区别只是体位的区别，关键判断的是体位而不是高潮的有无。

解读：还有一点要补充一下，这个原文上没有，但十分重要，那就是如果两个湿吻离得太近，或者说是波动区间产生了重合，则要将这两个湿吻看作一个，第二个湿吻没有意义。为什么说趋势要运行一定空间之后的湿吻才有意义，就是因为当运行了一定空间之后出现的湿吻，是和上一个吻产生重合的概率大大减小，这样的湿吻才有意义，可以看几张图：

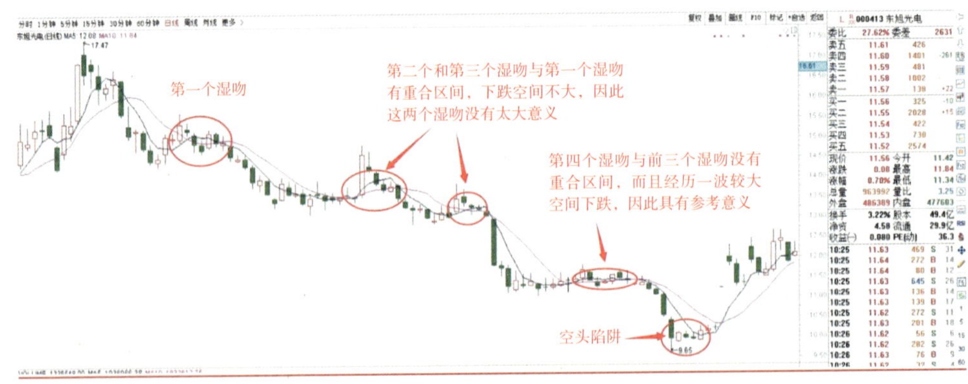

图 78

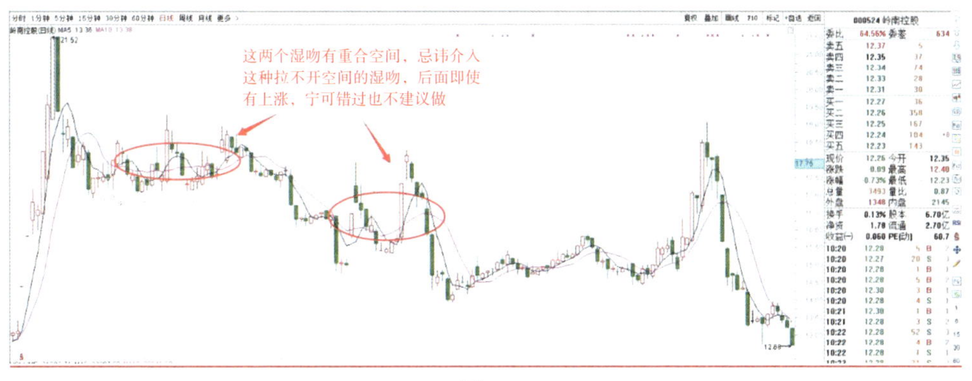

图 79

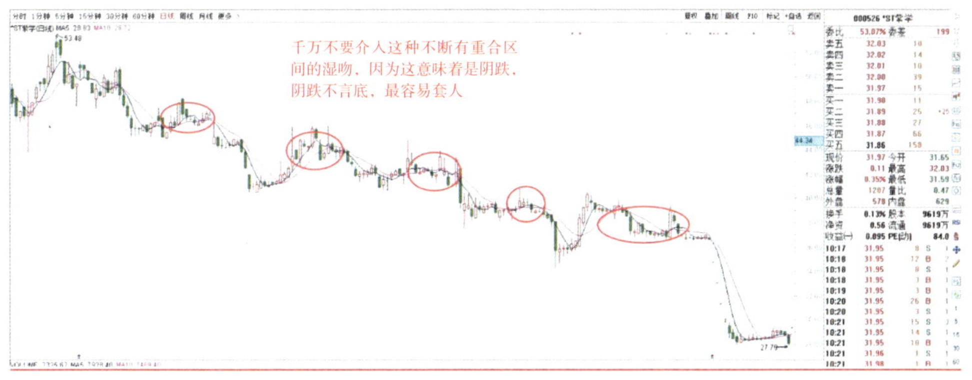

图 80

［匿名］**蕃茄　2006-11-28　12：35：18**

楼主自研的这套东东还真的满贴切，看来沪市要接吻还是要靠银行呀。

缠中说禅　2006-11-28　12：43：24

吻有几种：如果是飞吻，太轻飘，以后的走势不稳。

唇吻：这要小心骗线，只要不是骗线，其后走势都较好。

湿吻：骗线概率太大，但如果不是，那走势反而比较火爆。

［匿名］**想飞　2006-12-13　14：31：23**

“第二个值得买入或加码的位置，就是女上位后第一次缠绕形成的低位。”

LZ，这个缠绕是否一定得是湿吻，飞吻和唇吻算不算？

缠中说禅　2006-12-13　15：12：27

这个并不需要，在变动快速的图上，不出现湿吻也是很正常的，但其基础往往令人怀疑。好好研究一下 038004 日线的第二类买点构成，这是一个用三角形构造第二类买点的完美例子。

解读：飞吻之后的走势不稳；唇吻小心骗线；湿吻骗线概率最大，但一旦不是骗线，之后的走势反而比较火爆。均线吻其实分别代表了不同级别的中枢，湿吻的中枢级别最大，飞吻的最小，级别越大，所代表的空间和力度一般来说也会大。

［匿名］小明　**2006-12-04　15：34：46**

由于本人的资金很小，平均每只股票待在手里不过 2 天，所以到现在虽然是牛了这么久，竟然还亏钱。我准备按照缠 mm 所说，适当地看分钟线。请问，分钟线看多少分钟的适宜？30 分钟是不是最好的？

缠中说禅　2006-12-04　15：37：38

自己好好选择，多模拟，多看历史走势。如果用小资金学会了，以后就好办了。如果是超短线，5 分钟就足够了。

经验：超短线是 5 分钟，看 5 分钟的均线吻，级别不能再小了。

［匿名］如初见　**2007-01-23　15：46：15**

000629，1 分钟图，14：54 出现背驰，见新高、面积小、回抽 0 轴、红柱短，但又不确定，缠 MM 帮看看，如果是，明天开盘出一半，多谢。

缠中说禅　2007-01-23　15：56：11

你要经常考虑的是大的级别是什么，然后才考虑 1 分钟的，除了最后的冲刺以及权证，一般都没必要看 1 分钟的，当然，1 分钟背驰，在盘中肯定有回跌，但关键是这种回跌如果不及时补回来，一下就过去了。所以，除非你每天每秒都趴在股市里，否则太短的短线不一定要弄。

短线是用来摊成本的，要挣大钱，关键是看中线。

例如本 ID 的药，你看 1 分钟背驰，只要你手脚慢点，一定没机会补回来。至少到今天，都是这样。

越难弄短差的，越是中线的好股票，很多人总是说，某某股票曾买过，抛了

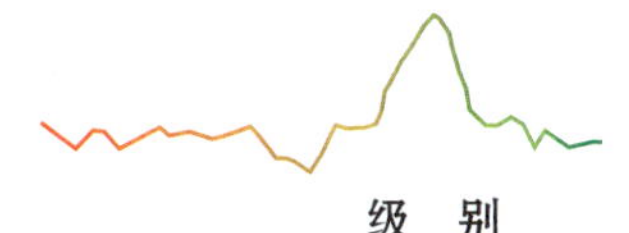

还涨 1 倍、2 倍、3 倍，这种事情少见吗？

经验：看 1 分钟级别的场景为：最后的冲刺，或者是做权证、期权这样的快速波动的品种，短线是用来摊成本的，挣大钱靠中线。越难弄短差的，越是中线的好股票。

［匿名］后知后觉　2007-02-06　16：35：13

新生一个，对缠主的理论了解得浅显，但对缠主个别章节的讲座、图形还能熟记于心，眼前浮现。

在自己关注的股票池中，发现 600495（晋西车轴）的日线蓝柱不再伸长，就看了 60 分钟 K 线，同样蓝色柱子也在缩短。看 30 分钟 K 线，蓝色柱子已经回 0 轴，15 分钟方向奔 0 轴。再看 5 分钟 K 线，黄白线已经上穿 0 轴，并进行了两次回拉，眼前浮现缠主讲的一幕，应该三次回拉，遂耐心等待，果然三次回拉后，蓝色小柱逐渐缩短，此时感觉是缠主说的买点了。综合大盘，各股都在翻红，就 21.7 元坚决杀入。买入后还上下小幅波动几下，几分钱级别的。收盘获利 3%。

此举纯属幸运，还是不明白其中的套路。

请缠主或各位同学根据 K 线结合缠主的理论做个此股的实例分析，这样有助于我的提高。

劳烦缠主给予此股今后的操作指导了，谢谢了。

缠中说禅　2007-02-06　16：40：04

你确实有点碰巧，买的位置是买点与卖点之间的位置，并没有买在真正的买点上。真正的买点只有三种，第一、二、三类。不过这个问题不大，找准卖点就可以了，例如看 1 分钟背驰找一个超短线的卖点，如果走势很强，可以找级别大一点的，反复操作，才有效果的。

注意，短线不是意味着不看大级别。既然大级别在一个明显的中枢里，当然应该多点短线把成本降下来。

经验：走势强，找卖点时可以找大一点级别的卖点。在大级别处于明显的中枢震荡内时，应该多点短线降成本，也就是在小级别上做短差，但如果大级别处于趋势中，此时尽量少做短差，或者说卖出后，应及时回补。

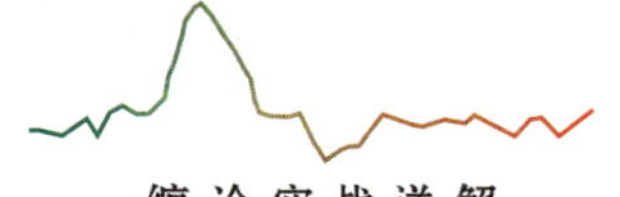

［匿名］**momo　2007-02-26　16：53：12**

600028，周、月线都不是老师说的值得弄的股票，但日以下级别的就还可以，那是不是也要放弃参与。

缠中说禅　2007-02-26　16：55：37

如果你资金量不大，又能短线操作，那看 30 分钟的买点就足够了。当然，最好日线不能在背驰段里。

经验：用 30F 作为操作级别的前提是：资金量不大 + 短线操作 + 日线不在背驰段里。

［匿名］**开心　2007-04-16　21：34：58**

缠妹，晚上好！有两个问题请教。

问题一：4 月 11 日买入隧道股份，13 号停牌公布业绩，在开盘后，以跌停开出，为什么会跌停开盘？怎样判断这类股票的下跌力度？

问题二：今天 000739（普洛康裕）开盘后 15 分钟内上涨 17.82%，最高价为 19.88 元，换手达 28.08%后，最终上涨 7.06%，收在 17.9 元，请教缠妹在盘中怎样处理这样在没有背驰的情况下的操作。谢谢!!!!!!!!!

缠中说禅　2007-04-16　21：55：18

级别越小，判断需要的经验与熟练程度越高，所以刚开始学时，别为一些小级别而折腾，这样很容易搞坏心态，如果能把 30 分钟级别的节奏抓住，这市场 95%的人都不是你对手了。

至于你说那两个例子，都是分笔级别的问题，看盘口摆单与拉升情况，就能把握，但这需要盘口感觉特别好。后面就是小级别转大级别的问题了。

这事情是很公平的，如果你的技术能精确到分笔级别的，你当然就会比别人走得更好，否则，就按小级别对大级别，那么后面还有很多位置是可以走的，或者说是可以打短差的。

经验：在技术没纯熟前，级别不要太小。

［匿名］**再问一个　2007-04-23　21：29：13**

缠 MM 一再教我们不追高买股票。

可在这样的牛市普涨中，眨眼就涨上去了！不追就踏空呀。

能不能教我们一点点牛市追股的技巧？

缠中说禅 2007-04-23 21：41：08

第三买点，如果你技术好，胆子大，就把级别定低点。

解读：

（1）技术好：能分清中枢、离开和返回的次级别，以及返回时的背驰。

（2）胆子大：一旦失败，亏损的幅度一般也较大，风险大，能承受得住。

（3）级别低：在个股拉升阶段是不可能有大级别三买了，只有低级别的三买。

（4）牛市追股：前提是牛市，才可以追高个股。

［匿名］新浪网友 2007-04-23 22：03：23

缠妹妹，晚上好！

盯盘也有几个月了，学得不好，现在一些疑问请问你：

我是以 5 分钟的级别作为买卖的基础的，但实际操作时有一点是无法突破的，当 5 分钟的柱子不再增长时，在 1 分钟上的利润已经减少了很多，所以我一般都是配着看，但问题又出现了，有时候在 1 分钟上盘整背驰可以不下来而是形成 1 分钟的三买所以继续上涨，但有时候 1 分钟的盘背后就直接下来了，而在 5 分钟上则是刚突破新高就下来背了，这两种情况怎样操作？常因为这两种情况无法准确判断而误了战机。谢谢！

缠中说禅 2007-04-23 22：07：39

用 5 分钟不能光看 5 分钟，对 30 分钟怎么都要清楚。另外，看出你对背驰的辅助判断还不大了解，还有小级别变大级别的情况也没分清楚，请再研究一下这两个问题。

解读：一句话也点破了，看走势必须多个级别联立看，起码要 2 个级别联立着看。

［匿名］小凤 2007-04-24 21：30：06

可否请缠女王推介一只股呢？

缠中说禅 2007-04-24 21：46：47

股票是需要养大的，天天要新股票的，肯定永远是小资金，小打小闹。你看本 ID 今年 14 只股票里，还有连续涨停的，为什么不好好养？本 ID 现在不会推

荐什么股票，主要是目前大盘的位置并不是什么值得去买股票的位置，而且本ID那14只股票还有不少中线潜力，但现在买没必要，因为不是好的买点。

缠中说禅　2007-04-24　22：00：11

注意：

本ID这里，除了最早说了14只股票，后来还陆续有北京股、VC股、深圳本地低价股、中小板袖珍股，这些股票都继续有中线潜力，但如果前面没买，现在追高买，一点必要都没有。本ID不需要别人抬轿子，本ID只希望大家都在买点，而且是级别大的买点再买。

如果出现一次较大的调整后，这些股票都会继续有如前面一样的表现的，所以机会是可以等待的，千万别追高。有的，就等待较大级别卖点的出现，卖点没出现的，就持有。

解读：天天换股操作的，肯定永远是小资金，小打小闹。要想成长，还是要做中长线，养股票。

［匿名］阿Q　2007-04-25　21：19：14

老师，一直以来操作上总是产生这样的心理：明明判断出来是一个顶背驰，但又觉得级别不够，结果小级别的顶背驰演化成大级别的顶背驰，到手的短差做不成。有没有什么强制性的法子让自己坚决地走掉呢？

缠中说禅　2007-04-25　21：26：32

这很简单，例如你是30分钟级别操作的，一个5分钟级别的背驰是在你操作的忍受范围内的，5分钟背驰，正常情况下只引发对5分钟走势类型的修正，一旦该修正的第一中枢级别大于5分钟，那就要先出来，因为这里至少要形成30分钟的盘整，这也是需要第二类卖点的原因。精细点的以后会说到。

经验：当本级别没有卖点，次级别有背驰，可以不用理会，但次级别的调整逐步震荡出了本级别中枢，那么就应该在中枢刚形成时先卖掉。

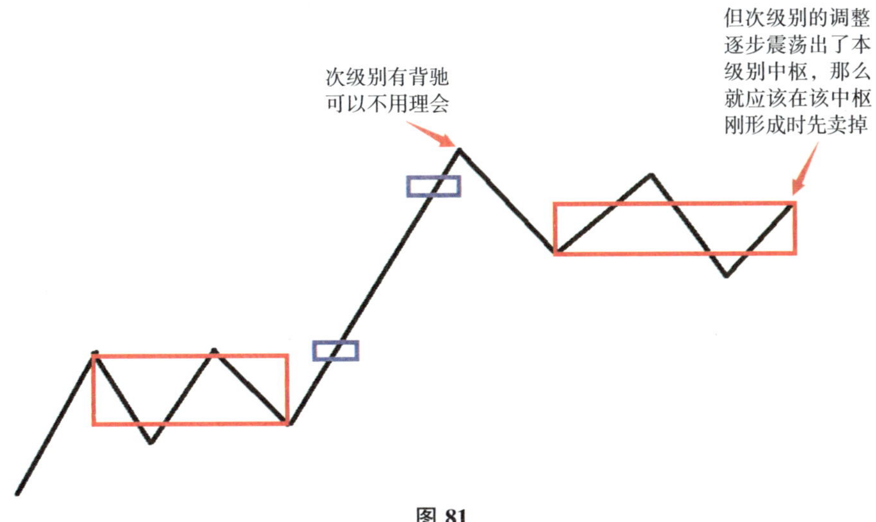

图 81

[匿名] 新浪网友　2007-05-23　15：53：33

请教下北京人今天这样的上涨然后横盘再上涨怎么降低成本？

缠中说禅　2007-05-23　15：58：08

不是什么时候都可以操作的，有些级别太小的就不能操作。

注意，除非你技术特别好，通道特别顺，否则不要参与太小级别的操作。一般技术的人，按 30 分钟操作就很舒服，又不用整天跑来跑去。最小也不应该小于 5 分钟的，特别对于散户，通道不顺，太小级别的，根本操作不过来。

经验：30F 操作很舒服，最小不应该小于 5 分钟。这里的级别是这样定义的：30F 图里的三笔中枢，刚好能让 MACD 黄白线回拉 0 轴，则这就是一个 30F 级别中枢。

缠中说禅　2007-05-23　16：10：00

注意了：

刚才扫了一下上面的回帖，有说到追高问题。在本 ID 的理论里，没有什么追高不追高的，只有买点卖点。一个上涨的股票，如果是日线级别的，最晚就是在第三类买点介入，这是最安全的，100%获利。如果错过了，那就按小级别的介入，30 分钟、5 分钟，甚至 1 分钟，总能找到介入的位置，关键是怎么去把握了。但级别越小，可操作性越差。

经验：如果大级别买点错过了，只能降低级别找买点，关键是对买点的把握，级别越小，可操作性越差。

［匿名］白玉兰　2007-05-28　16：29：34

现在深刻理解小资金不要参与盘整的重大意义，我买了北京人后，机会成本都无法计算了。

缠中说禅　2007-05-28　16：31：01

对的，一定要根据自己的实际情况来，资金量、通道、操作时间等是决定你操作风格和操作级别的，一定要自己选择好。

经验：必须根据自己的实际情况，包括资金量、通道和操作时间，这决定了操作风格和短差的级别。

［匿名］新浪网友　2007-05-30　15：54：47

三买能抗过大盘吗，我昨天买的三买的股票，今天还是跌停了。

缠中说禅　2007-05-30　16：00：41

你如果是一个 5 分钟的第三买点，当然斗不过一个 30 分钟的顶背驰，如果是日线的，当然就没问题。至于跌停的问题不是一个问题，实际的操作就是你如果没有在第二类卖点走，那么就还要学习或磨炼。这和什么卖点之后如何无关。

经验：下跌时寻找刚好出三买的个股。三买的级别要大，个股 5F 级别的三买如果遇到大盘 30F 的背驰，自然斗不过，但如果是日线三买就没问题。也就是说，大盘对个股的影响也是和级别相关的。

［匿名］50 年以前　2007-06-13　15：31：53

缠姐来了没有啊？请一定回答我的问题啊。

缠姐啊，今天 10：20 的时候，我看背驰就减仓了，谁知道在 10：44 的时候直接又拉上去了，这时候补仓的话成本肯定提高了。怎么避免这种情况啊？如果不操作的话，很可能会去补缺口什么的，也就说有一定下调幅度。

缠中说禅　2007-06-13　15：57：01

首先要搞清楚什么级别的，小级别的盘整背驰，盘中跳一跳就化解，以前费用便宜，可以对冲一下，现在，如果技术不好的，就没必要了，关键看好大一点的背驰，能让你的操作有足够空间。

对于小资金，这么多股票，就算出错了，下午盘中震荡，找一个新启动的股票一点都不难，关键是要选择买点级别大一点的。操作上一定要记住，只要是赚钱卖的，就无所谓对错，这么多股票，总能找到股票有更好的买点，没必要一棵树吊死。

当然，如果你技术能更好点，那么这些烦恼都不会有，这需要不断的实践磨炼。

经验：买点的级别要选大的，如果T错了，对于小资金来说可以找一个新启动的股票。

缠中说禅 2007-06-19 15：48：00

还有，级别只是区分可操作空间的，为什么按级别？因为级别大，操作空间在通常情况下就大。但在快速变动的行情中，一个5分钟的走势类型就可以跌个50%，例如这次大跌，因此，一个这样的5分钟底背驰，其反弹的空间比一般情况下30分钟级别都大，这时候，即使你是按30分钟操作的，也可以按5分钟级别进入，而不必坐等30分钟买点了。

经验：当小级别出现大幅波动时，由于空间够，完全可以将级别放小一些，尤其是股票最后疯狂的加速期，如果等大级别的卖点就会错过很好的卖出时机。

缠中说禅 2007-10-24 21：53：45

大买点后小买点。

这种情况，后面的小买点，往往构成相对于大买点的第二次介入机会，但不一定是最精确的机会。因为最精确的机会，一定是符合区间套的，而并不是任何的小级别买点，都必然在大级别买点对应的区间套中。也就是说，这种小级别买点，往往会被小级别的波动所跌破，但这种破坏，只要不破坏前面大级别买点所有构造的大级别结构，那就一定会有新的小级别波动，重新回到该买点之上。

大买点后，必然产生相应级别的结构，因为后面的小买点，不过是构造这大结构中的小支架，明白这个道理，相应的操作就很简单了。

解读：总结来说就是大级别买点后的小买点未必是最精确的买点，而且买了之后可能会被小级别所破坏，但只要大级别的结构没有改变，价格基本都会回到该小级别买点之上。那么带给我们的实战意义是，即使错过了大级别的买点，只要价格偏离得不算远，也完全可以在后面的一个小级别买点下手。

缠中说禅　2007-10-24　21：53：45

大买点后小卖点。

如果两点间有一个大卖点，那么，就可以归到第2种情况去。如果没有，那么这个小卖点后，将有一个小级别的走势去再次考验或者确认这个大买点后形成的大级别结构，只要这个走势不破坏该结构，其后形成的小买点，往往有着大能量，为什么？因为大结构本身的能量将起着重要的力量，一个结构形成后，如果小级别的反过程没有制造出破坏，一种自然的结构延伸力将使得结构被延伸，这是一种重要的力量。

解读：第二种情况是有大卖点，那应该在大卖点处卖掉。大结构本身的能量是重要的力量，小卖点之后的走势如果不破坏大级别的结构，其后形成的小买点往往有着大能量。

缠论技术点

背驰

［匿名］在路上　2006-12-05　13：52：21

请教缠姐：关于茅台 2004 年 12 月 22 日买点至 2005 年 4 月 26 日的卖点，买点好理解，卖点有点疑问，为什么不是 4 月 13 日，那天它的 MACD 明显背驰了啊。

我理解是其后才出现第一次湿吻（对这一次的买卖），但其后 4 月 26 日的 MACD 又明显放大了，按当时来看应该不算背驰啊，请指教！

缠中说禅　2006-12-05　22：12：54

本 ID 用的 MACD 周期比普通的要长一倍。按普通的指标，4 月 13 日的背驰构成的是 MACD 双头走势，一般到 0 轴后都有双次拉回，这次才是构成最终的背驰。有关背驰的课下回详细说。

解读：4 月 13 日是 5、10 日均线死叉的时候，前面那个高点的背驰只是小级别的背驰，而 4 月 26 日的背驰，其级别比 4 月 13 日那个背驰的级别大。

实战经验就是：MACD 红柱子构成双头走势后，黄白线回抽 0 轴后一般还有一次拉升，这里构成的背驰才是最终的背驰。在《教你炒股票 24：MACD 对背驰的辅助判断》里提到，中枢一般会把 MACD 黄白线回拉到 0 轴附近，这就是该技巧的理论来源。

缠中说禅　2006-12-11　12：28：56

对于女上位，除了最后一次缠绕，每次缠绕后买入都会挣钱，但本 ID 只把第一次缠绕后的定义为第二类买点。本 ID 建议在图形的底部买，这样风险好控制，这是好习惯。

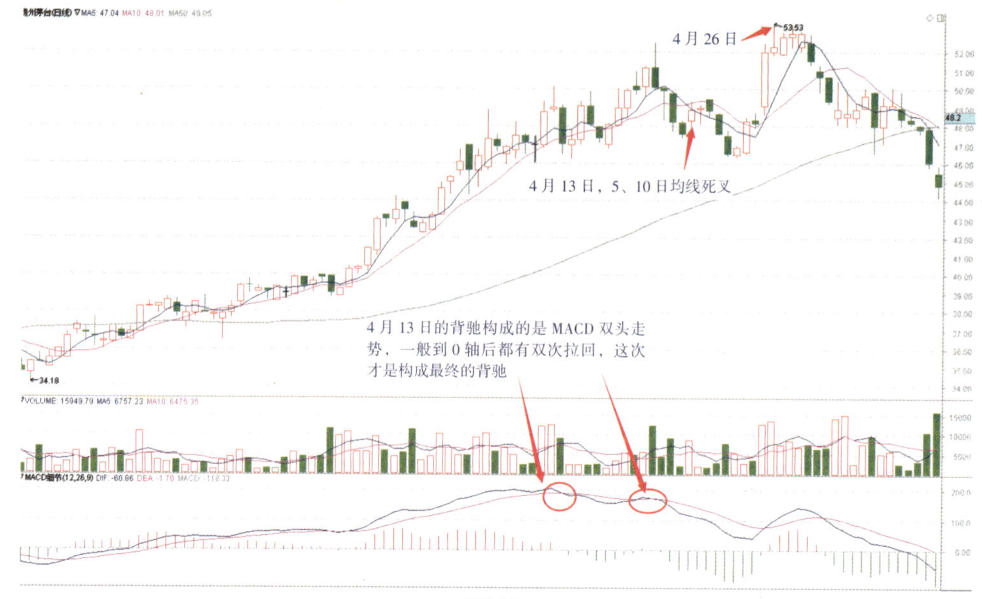

图 82

市场里，好习惯是第一重要的。一个坏习惯可能可以让你一度赢利，但最终都是坟墓。

解读：每次缠绕，就相当于某个级别的中枢，只有最后一次会亏钱，所以缠师建议在均线黏合的时候买入，其实就是在缠绕时买。但要注意的是，只建议在第一次缠绕的低点买，因为这距离第一买点不远，也在底部附近，风险可控。

［匿名］老老没用　2007-01-05　16：39：37

第一类买卖点在级别的意义上好理解。时间段上呢？除了新股和经历漫长熊市的股，后入市的人很难找到第一类买点。起码在日线的级别上。请教缠姑娘。谢谢！

缠中说禅　2007-01-05　16：41：22

日线上是少见，但二类、三类到处都是，没人告诉你一定要第一类的。

经验：尤其是新手，或者在熊市里，尽量避免买第一类买点，因为一旦把握不好，很容易买在趋势延伸上，尽量选第二类买点。

［匿名］获益匪浅　2006-12-14　16：54：56

再看图，似乎有新的发现，望楼主指教。从日线上看应该是 6 月 1 日开始呈现下跌趋势，至7月12日出现第一个低点，之后开始转折形成第一吻，并且是湿吻，9月21日开始形成第二次下跌，并于10月23日出现第二个低点，且比第一点还低，通过比较MACD绿柱及均线形成的面积比较，趋势力度明显减弱，形成背驰。

缠中说禅　2006-12-14　17：03：01

这个思路是模糊的，习惯于这样的思维将很难面对实时复杂的情况。

应该是：首先判别是在哪个级别出现趋势，而且是前后两个趋势，然后才有谈论背驰的可能。

再次强调：没有趋势，没有背驰，应把趋势搞明白。

背驰是两个前后趋势之间的比较。

思维要转过来，这里的思维和其他地方是完全不同的。别以为看到绿柱子就知道背驰，那只是辅助手段，首先要搞清楚趋势。

解读：给了我们分析背驰的步骤：

（1）先找到前面的趋势，以及确定其级别。

（2）然后看最后一个趋势，确定其级别。

（3）确认两个趋势的级别是相同的。

（4）中间的盘整，形态要对，级别可以比趋势的级别大。

（5）最后对比两段趋势所对应的MACD面积。

［匿名］空读　2006-12-27　20：43：28

缠禅讲的第一买点和第一卖点都是由背驰形成。走势结束转向的话一定会出现背驰吗？涨势疲软构成背驰，下跌后反弹构成背驰。如果等背驰等不到，下跌以后等反弹，结果会出现大幅亏损被套，背驰的形成应该是这一波走势的涨跌幅度和速度比上一波弱，由此能判定下一步趋势结束吗？背驰之后还有背驰的情况也不少，是不是也有一个成功率，概括市场上的大多数情况。

缠中说禅　2006-12-27　21：00：15

为什么下跌等反弹？出货永远都是在上涨中出的，一旦出现背驰性的上涨，就要出货，当然，这和你操作的级别有关，如果你是长线的，1分钟图上的背驰当然不用考虑。

下跌才出货，都是有毛病的行为。

背驰只可能出现一次，怎么可能一次又一次。你认为的一次又一次的，根本就不是本ID所说的背驰，注意，背驰是两个同级别趋势之间对比产生的。先把什么叫背驰搞清楚。

解读：出货永远是在上涨中出的，因为量太大，不可能在最高点全卖出，只能一路涨一路出。最后造成背驰的出现。而背驰只能有一次，必须是两个同向的同级别趋势之间对比产生。

［匿名］插班生　2007-01-03　10：55：05

贯彻楼主的精神，理论要联系实际。就我现在满仓600019而言，试着以日线为操作依据在30分钟图上找背驰。请楼主批阅，谢谢!

分析600019的30分钟图，发现2006年10月12日14：30开始构成下跌，而在10月20日14：30没再创新低。则10月12日14：30到10月18日9：30构成下跌趋势，10月18日9：30到10月20日14：30构成盘整。之后在10月23日14：00又创新低，且MACD比前一个下跌趋势（10月12日14：30到10月18日9：30）要明显小很多，接着10月23日14：30均线系统构成湿吻，表明此时的新低为背驰，构成第一次买点。

卖点背驰，严格按楼主的定义，在30分钟图上应该还没出现，但有两个，我认为比较可能类似背驰，请楼主指点。

11月10日10：00，可能构成30分钟图上的背驰（但从均线图上，这里不在吻的前后，是否形成背驰?），而在12月19日9：30又可能构成背驰（但个人认为这个卖点也较为勉强，因为这时候的MACD对比前一个上涨趋势，并没有缩小很多，且正处在MACD黄白线的交叉点，之前是黄线在上）。

不知道对吗?

缠中说禅　2007-01-03　21：02：39

首先，拿着宝钢是对的，典型的成份股，这是牛市第一轮的主力品种，所以不要轻易放弃。

其次，所谓湿吻与MACD都是判断背驰的辅助方法，但要先把最基础的搞清楚。

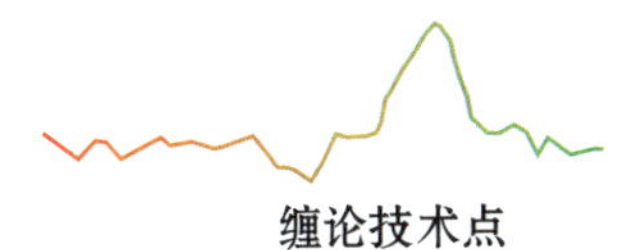

什么是最基础的？

对于宝钢，站在30分钟图上，一个典型的趋势延伸，就是2个中枢本来就可以完成趋势，但这个数量是可以一直延伸下去的，走出同级别的20个中枢也是可以的，这种走势是投资中最好的一种情况了，应该珍惜。至于如何判断其结束，首先至少形成一个日线级别的中枢才可能结束30分钟的这种上涨趋势延伸。

更具体的分析，刚好在周五的新帖子会说到，到时候请好好研究一下。

解读：对于一个30F上不断延伸的趋势，要想结束，首先构筑日线中枢。

为什么不是直接判断30F的趋势背驰，而是说首先要构筑日线中枢才可能结束30F的上涨趋势延伸？从30F图中看，有3个明显的下跌，图中的MACD黄白线也有回抽0轴的现象，并且回抽0轴之后也有MACD面积背离，但都没有看作背驰，其核心原因还是因为每一次下跌之后的上涨力度都比上一次上涨的力度更大，这就不会有真正的背驰出现。

由于这是大牛市，因此缠师说等待形成高级别中枢才会结束这30分钟的趋势延伸，日线上也可以看到后面也出现了日线级别的上涨趋势。

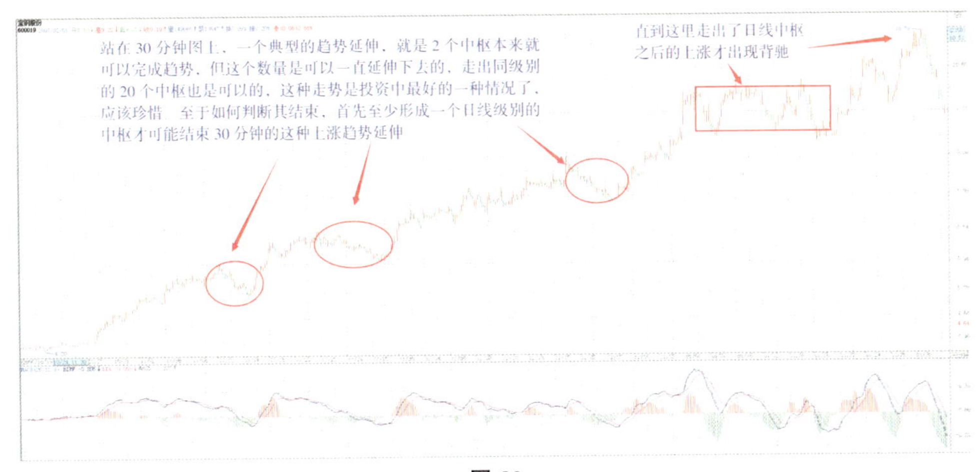

图83

缠中说禅　2007-01-09　15：03：58

第二类买点，不必然出现在中枢的上或下，可以在任何位置出现。中枢下出现的，其后的力度就值得怀疑了，出现扩张性中枢的可能性极大；在中枢中出现

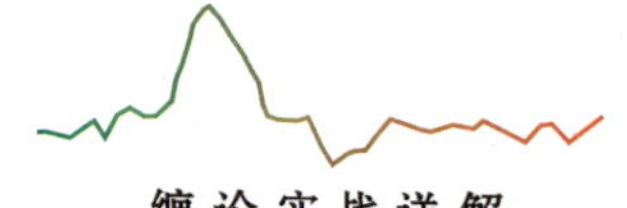

的，出现中枢扩张与新生的机会对半；在中枢上出现，中枢新生的机会就很大了。

实战经验：一买之后，如果没有马上来一波有点力度和幅度的上涨，后面就要时刻小心，及早兑现利润。这也和前面的均线吻系统所讲的“买入后如果还出现男上位缠绕，则一定要先退出”是一致的。

［匿名］笨笨猪　2007-01-18　21：03：47

对前面问招商地产的问题，我也有点疑惑。请博主鉴定吧。

缠中说禅　2007-01-18　21：15：02

1 分钟图上，4 日 13 点，一个标准的背驰在 31.2 元的位置上。知道为什么一个 1 分钟图上的背驰就有如此的杀伤力吗？因为一个快速赶顶的股票，最后段的上升往往是一分钟上的趋势的延伸。这时候，一旦出现背驰，就会急促下跌到延伸的启动位置。看背驰，一定要结合趋势看。特别在快速的市场变动节奏中，往往一个很低级别的背驰就能造成很快速的下跌，因为是和上涨同样快速和幅度大的。

经验总结：一个快速赶顶的股票，最后段的上升往往就是一分钟上的趋势的延伸，这时候，一旦出现背驰，就会急促下跌到延伸的启动位置。

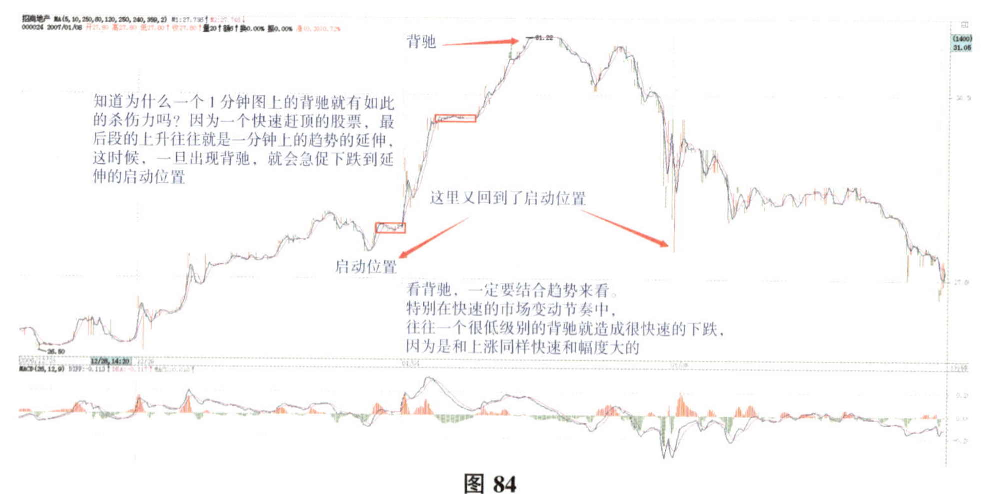

图 84

缠中说禅　2007-01-18　22：40：17

各位！一定要先分清楚趋势和盘整，然后搞清楚背驰与盘整背驰。盘整背驰

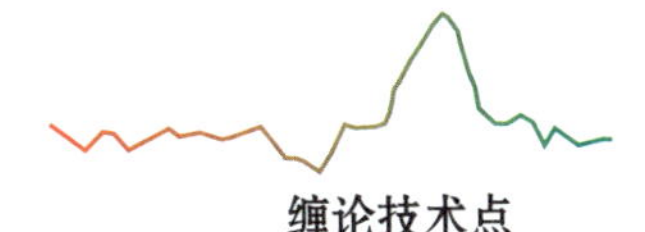

里的三种情况，特别是形成第三类买点的情况，一定要搞清楚。注意，盘整背驰出来，并不一定都要大幅下跌，否则怎么会有第三类买点构成的情况。而趋势中产生的背驰，一定至少回跌到 B 段中，这就可以预先知道至少的跌幅。

此外，背驰的回跌力度，和级别很有关系，如果日线上在上涨的中段刚开始时，MACD 刚创新高，红柱子伸长力度强劲，这时 5 分钟即使出现背驰，其下跌力度显然有限，所以只能打点短差，甚至可以不管。而在日线走势的最后阶段，特别是上涨的延伸阶段，一个 1 分钟的背驰足以引发暴跌，所以这一点必须多级别地综合考察，绝对不能一看背驰就抛等跌 50%，世界上哪里有这样的事情。

好了，各位好好研究，先把一些最基础的东西搞清楚。先下，再见。

解读：趋势背驰和盘整背驰的主要区别：

（1）趋势背驰，B 的级别一定比 A 和 C 大，A 之前还有一个和 B 一样级别的中枢。盘整背驰，B 的级别可以和 A/C 相同，A 之前没有更大级别中枢。

（2）趋势背驰一定回中枢内，盘背不一定。

背驰后下跌的幅度要看多个级别，以及是否处于大级别背驰段内。大级别在加速中时，小级别的背驰其下跌力度有限。但在大级别最后阶段，特别是上涨延伸阶段（加速阶段）一个 1F 的背驰足以引发暴跌。

［匿名］大盘　2007-01-23　15：55：41

有点明白了，要是下一个 30 分钟的下跌走势完成后的低点高过 2870，应该基本就是继续上升和震荡上升（在 2870 上震荡）的大盘行情了。

缠中说禅　2007-01-23　16：00：15

对，但操作上不能这样，而是冲高只要没力（也就是短线背驰），就出来，回试不破就回补，而不是看最后的结果，如果是结果破了，那时候再操作，是不是有点太晚？

不过一定要注意，本 ID 这里说的是小资金的人，天天可以全仓进进出出的。对于资金大的，只能部分弄短差来降低成本，这和资金量有关系，而且更和你手中的股票有关系。有些股票，大盘跌了，涨得更兴奋，所以短差要具体看个股的具体走势的，不能一概而论。

解读：冲高没力也就是短线背驰，而回试不破，其实也是说下跌背驰时没有跌破关键位置，重要的还是看背驰，看买卖点。

［匿名］空读　2007-01-24　16：18：44

缠禅：学了后去看图，看到000008当年的亿安科技，在2000年2月17日126元的大顶时，从日线和周线上至今都没有看到第一类卖点，因为时间久了，不知30分钟线上有没有，这么大级别的调整日线上是否应该出现卖点？

缠中说禅　2007-01-24　16：22：13

不一定，在快速拉升的最后，一个1分钟的背驰足以引发暴跌。所以，在不同的时期，对待不同的走势，关注的背驰级别也有所不同。这以后会具体说到。

解读：这个技巧在前面也有提及，在快速拉升/趋势延伸最后加速的阶段，一个1分钟的背驰足以引发暴跌。由于对待不同的走势，关注的背驰级别也不同，这才是实战中要解决的问题。

［匿名］乐土　2007-02-02　15：29：26

缠师，谢谢！再请教：中信证券（600640）今天是30分钟假背驰吗？还要像猎人等背驰买入点？谢谢。

缠中说禅　2007-02-02　15：31：56

背驰就是背驰，没有什么假背驰，错了是因为你判断错了，很多错误都是发生在把盘整背驰转化为第三类买卖点给搞成背驰了。能把这关过了，你的水平可以上初中了。

解读：背驰只有一次，没有假背驰。最容易犯错的是把盘整背驰转化为第三类买卖点搞成背驰。

［匿名］asdf　2007-02-05　15：46：02

缠女王，有时候在下跌趋势上，一波比一波MACD绿柱子都短，面积都小，有时候第二波比第一波小时就认为是背驰，但后面还有几波，还是跌，怎么找到最后一波，确认哪个是背驰啊？

缠中说禅　2007-02-05　15：54：28

MACD只是辅助，不是全部。你首先要分清楚趋势，如果是趋势造成的盘整，就一定要先确定背驰段，如果30分钟是急剧下跌的，1分钟的背驰又有多大用？关键是先找到大一点级别的背驰段，然后用小级别的背驰找精确买点，这才

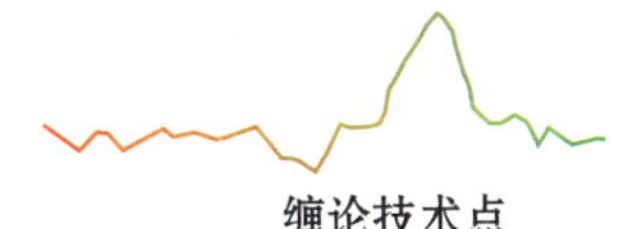

是有用的。像这次大盘，你首先确定目前已经进入5分钟的背驰段，然后按1分钟找买点，这才精确。当然，最好是在30分钟的背驰段用5分钟找买点，短线这样就比较安全了。

解读：关键是先找到大一点级别的背驰段，然后用小级别的背驰找精确买点。这才是避开抄底抄在山腰上的方法。

［匿名］**糊涂　2007-02-05　15：59：04**

缠姐姐，你好！

600879（火箭股份）我在昨天15分钟线的背驰点10：45和14：30都买了，可你说那只是盘整背驰，那今天09：45是否是背驰？因为已经形成了011000到011415和021045到021500这两个中枢。

今天我在5分钟线1405的背驰位全部卖出。

不知我的判断是否正确？

卖出了，我又感觉买不回了，我是否还有买点？

缠中说禅　2007-02-05　16：30：59

你的理解错误了，首先盘整背驰就不一定比背驰差，例如第二类或第三类买点的盘整背驰，就不会太差。盘整背驰一定要防止变成第三类买卖点，这要配合大级别综合看。例如一个30分钟上的下跌刚开始破位，那5分钟上的盘整背驰转化为第三类卖点的概率就有99%了。所以这种盘整背驰，一般都没必要参与。如果30分钟是刚开始上涨的，5分钟向下的盘整背驰反而是一个好的买点了。对该股，站在周线图上看，你看看现在的回试是什么？不能光看一个级别的，眼光要全面点。

解读：盘整背驰要结合大级别的情况来看，只要和大级别买卖点有共振，其力度就会比较大。

［匿名］**并不完美　2007-02-06　15：44：02**

楼主的理论在工商银行上却行不通了。

无论是日线级别还是30分钟级别，从1月4日下跌的那天之前都未出现过背离，但跌幅却如此深和长？LZ的理论让我们避不开跌的风险，而从那天以后30分钟图上至少出现了2次的背离买入信号（1月15日10：00左右及1月19

日 10：00 左右)，但却在 5 分钟级别的 K 线上找不出合适的卖点，更谈不上达到前期的高位而产生顶背离了。

希望 LZ 能让我们明白工商银行的特殊性，这样可以让我们在今后的操作中规避这类型的股票。谢谢。

缠中说禅　2007-02-06　15：49：20

工行的问题以前已经分析，那次在 1 分钟上出现典型的背驰，就是急速行情中最典型的特征，1 分钟背驰引发暴跌，然后是一个下跌，两中枢，一个三段的 B 段，最后破底，到今天出现 5 分钟背驰，都十分标准。应先把中枢概念搞清楚。

经验：急速行情中的典型特征是小级别背驰容易引发暴跌。

［匿名］小牛　2007-02-08　15：45：53

请问禅妹妹：

比如日线级别的背驰一定会有次级别甚至次次级别的背驰吗？

我昨天上午把 000919 卖了。我觉得是一个 1 小时的背驰，但下午涨上去了，我是不是把盘整背驰看成卖点了。

缠中说禅　2007-02-08　15：51：31

昨天上午创新高了？小时图上好像昨天下午最后 1 小时才创新高的。对 60 分钟走势的精确把握，要在进入背驰段后，关注 15 分钟、5 分钟甚至 1 分钟的走势，这样才可能把握住精确的位置。还要好好学习。

经验：进入背驰段之后，一定密切关注次级别、次次级别甚至 1 分钟级别的走势，只要背驰段内有以上级别的标准趋势背驰就可以。

［匿名］asdf　2007-02-12　16：14：19

请女王解答我的疑惑：

我对你的理论有点困惑。趋势 a-A-b-B-c，如果 c 段背驰，为什么一定会上升到 B 里面？我也知道假设不上升到 B，则是下跌形成一个新的中枢，难道下跌形成一个新的中枢就不是背驰么？觉得有点循环论证逻辑的味道，用背驰说明回升到 B，又用回升不到 B 说明不是背驰。请女王解除我的疑惑。

另外想问一下，女王构造如此一个投资理论体系的基础是什么？像数学，都是有一套公理的。从一开始读这里的文章，就觉得被引入了一个基于某个基础的

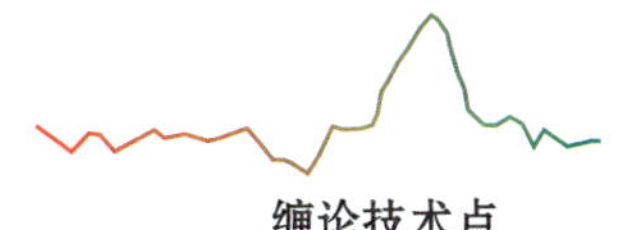

思维，根据这个思维，从我的视角层次看女王的思想确实非常严密。但一直想不通这个理论体系的基础是什么，一直存在怀疑，因为基于一个错误的基础，也可以构造出一套逻辑严密的体系。请解除我的困惑。

觉得是这个基础是先验操作的经验，但这个又是一个悖论，用基于实践的基础来证明理论，又用理论去指导实践。

缠中说禅　2007-02-12　16：22：39

第一个问题，把中枢的扩展、延伸分清楚。这两种情况是绝对不可以混淆的。前面有精确的数学公式，请找一下好好研究。

至于背驰的问题，背驰就一定转折，这可以严格地证明。没有什么循环的，因为背驰，所以不可能产生走势的延伸，就这么简单。至于为什么，该证明是怎样的，现在还不能说。这个证明用到很高深的数学工具，一般人暂时只需要知道结果就可以。

背驰也是有精确定义的，但精确定义对一般人来说也没意义，需要用到测度论里的很多知识，用 MACD 来辅助判断，效果至少 95%以上，已经足够好了，对于一般人来说，没必要再去探讨具体的定义。

解读：中枢的扩展、延伸区别在于级别是否升级。背驰解决的就是转折问题，出现背驰就不可能有走势延伸。动力学部分解决的是背驰的问题。MACD 和均线相交的面积，都是对背驰判断的辅助，不是最精确的定义，但已经足够用了。动力学部分可参考本人写的《缠论动力学》，关注公众号“扫地僧读缠札记”，点击菜单中栏即可查阅。

［匿名］悠悠悠哉　2007-02-13　16：09：45

如果市场上有人控制了个股的 1/3 的筹码，其他有筹码的人又不是活跃交易者，那么交易不是趋同性大大增加？理论的适用性会不会下降？

还有，这段如何理解啊？

“而更重要的是，本 ID 的理论，并不是一个僵化的操作，都是永远建立在当下之上的。例如，一个日线级别被判断进入背驰段，由于某种当下的绝对突发事件，例如突然有人无意按错键又给日本捎去一千几百颗原子弹，使得小级别产生突发性结构破裂最终影响到大级别的结构，这时候，整个的判断，就建立在一个新的走势基础上了，而往往这时，实际的交易并没有发生，除非你运气忒好，你刚按买入，那原子弹就飞起来了。一般人，总习惯于一种目的性思维，往往忽视了走势是当下构成中的，而本 ID 的理论判断，同样是建筑在当下构成的判断中，这是本 ID 理论又一个关键的特征。关于这种理论的当下性，在以后的课程中会重点介绍，按学历，这是初中的课程。”

什么叫实际交易并没有发生???

缠中说禅　2007-02-13　16：37：46

你不是大级别一进入背驰段就操作的，而是要用区间套进行依次定位，这样，如果突然有意外发生，实际上你极大可能并没有进入操作，只是依然在观察走势的区间套演化中。

解读：大级别进入背驰段，一定要耐心一点，等待区间套的定位，这样就可以避免意外发生，从而使得背驰段不再背驰。

［匿名］草草　2007-03-08　15：42：22

老大：怎么样确认是第三买点啊，我今天也判断了两个关键位置：2871 和 2858，但到了 2871 回来的时候，总怕二次下探击穿，所以只买了一半的货，怎么样才能确认回调不破中枢高点？

缠中说禅　2007-03-08　15：45：09

看次级别内部走势。和上几次说离开力度不够的判断是一样的。

［匿名］盼解惑！谢谢　2007-03-08　16：00：50

引用：“昨天尾盘与今天早盘构成的 5 分钟回试。”

分析：我认为这是个 2 个一分钟中枢由于波动区间重叠而形成的 5 分钟的盘整走势。

问题：请问缠师，这个盘整走势的背驰我怎么看不明白啊，今早的下跌一段力度明显大于昨天刚开始下跌的力度，怎么也转折了呢？

缠中说禅　2007-03-08　16：10：43

从 a+B+b 的角度，是算柱子的面积而不是长度的最长处，看 5 分钟图就更明显了。从纯中枢的角度，5 分钟中枢，昨天尾盘就形成，后面的拉以及今早的跳都是围绕的震荡。

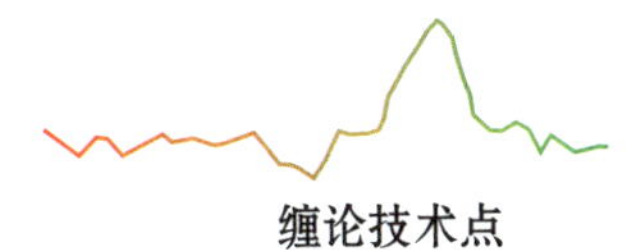

[匿名] **插班生　2007-03-08　15：44：34**

楼主，第三类是第一次下试就能确定了。

我还以为要两次呢，糊涂。

缠中说禅　2007-03-08　15：51：01

昨天尾盘那次不算？这是典型的之字型。

经验：从 a+B+b 的角度，是算柱子的面积而不是长度的最长处。

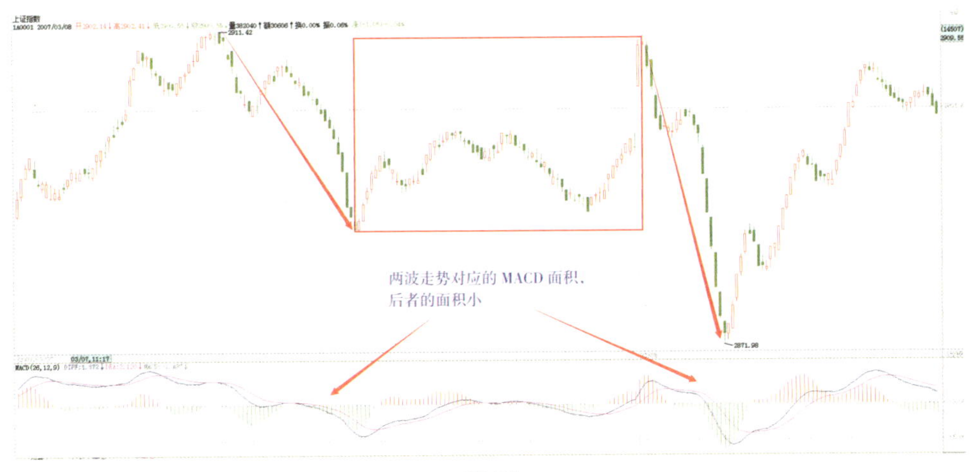

图 85

[匿名] **天山飞狐　2007-05-09　16：18：08**

请教缠姐：在一个 a+A+b+B+c 上涨走势中，b 和 c 段用 MACD 看符合背驰的条件，是否这就代表趋势背驰？其中的 A 和 B 是否都要有三买才算完成？没有三买 b 和 c 段只能算盘整背驰？这问题困扰多时，急盼缠姐解答!!!!

缠中说禅　2007-05-09　16：28：32

这在课程里强调过的，B 当然要出现第三类买点，否则 B 就没结束，都是围绕 B 的震荡，用盘整背驰就足矣。

解读：任何中枢的结束，都是以第三类买点作为确认的，所以背驰段一定要包含 B 的三买。

至于 110~111，红箭头那两个为什么不是最终精确定位的背驰点？这都是以前就应该解决的简单问题。像第一个红箭头位置，第一次略微跌破 109 那位置，

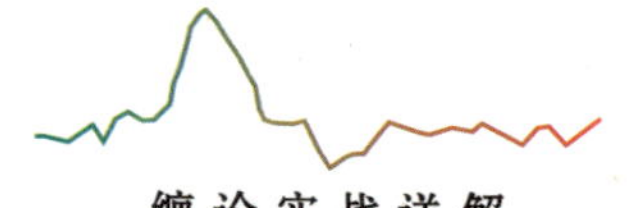

这时候把已经出现的面积和前面 108~109 的对应面积之和比，已经十分接近，也就是说 110~111，刚起跌，这力度已经和前面的 108~109 差不多，恰好说明这一段的力度是很强的，不但不可能是对 108~109 背驰，而且站在中枢震荡的角度，这种力度，一定是小级别转大级别以时间换空间或与更大力度的对比产生的背驰才能化解的。

经验：当两段之间的背驰不明显时，尤其是背驰段刚刚新低或新高，段内也没有明显的趋势结束的迹象时，此时背驰段往往没走完。

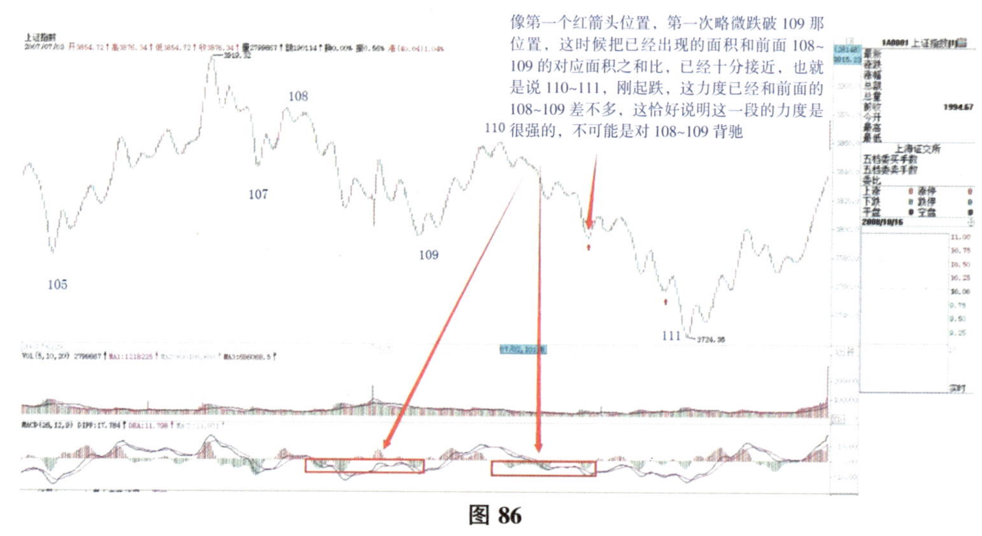

图 86

［匿名］新浪网友　**2007-07-31　16：15：06**

缠主，你好。

对背驰和背驰段还不能理解，是看 MACD 的柱线高度还是总的面积啊？

缠中说禅　2007-07-31　16：18：45

标准情况下，黄白线和柱子面积都要看。

经验：一般中枢使得 MACD 黄白线回抽 0 轴时，黄白线的高度和面积都要看。

缠中说禅　2008-01-16　15：17：40

短线上，5522 点下来的这个线段的类下跌过程十分技术化，两个类中枢也十分明显，下面就是这类下跌的类背驰问题了，一旦出现，就是一次有力度的反

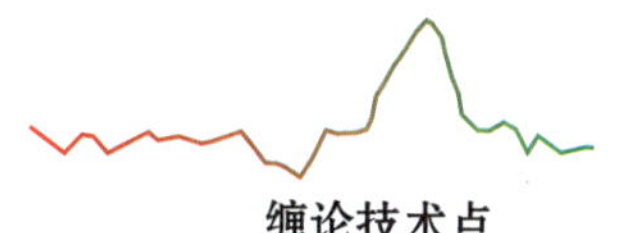

弹，关键是这反弹能否突破第二个类中枢的牵制。如果不行，那么缺口的回补就有困难，所以，这才是技术上的关键。

日线上，昨天的顶分型后，现在延伸成笔的可能性太大了，只要明天有新低就基本确定，所以，稳健的角度，要等出现底分型才会有真正的站稳可能，所以这个类背驰能否最终制造出底分型，是进一步考察的关键。

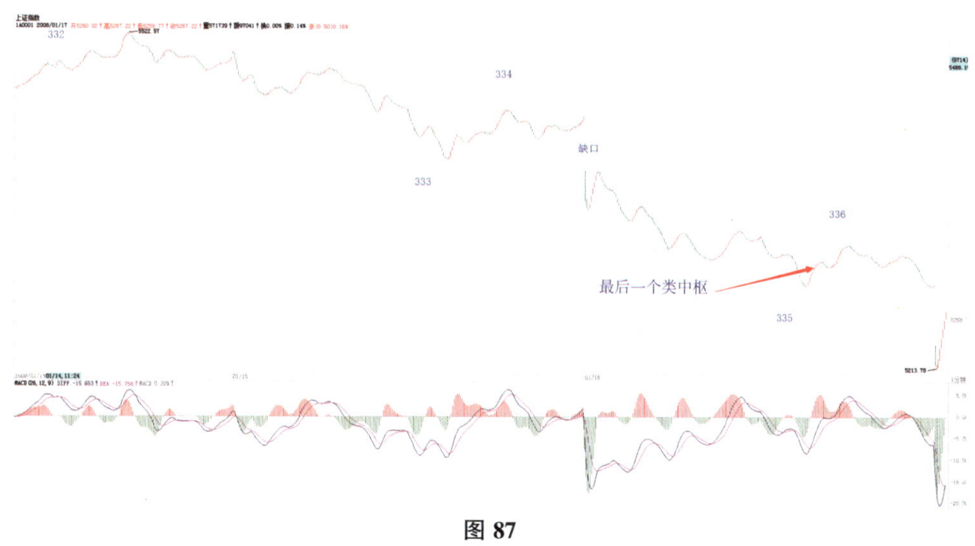

图 87

经验：趋势背驰后，能否摆脱最后一个中枢的牵制是反向走势能否延续的关键。

缠中说禅　2008-02-22　15：18：40

评论：由于上次 4195 点对应的是一个 30 分钟中枢的盘整背驰，从纯技术的角度，这也可以构成底部，因为 a+A+b+B+c 里，c 并不一定要存在的，可以直接从 B 就向上反转，这就对应着盘整背驰点的情况。不过，这种情况，一般都需要基本面的支持。这次能上来，主要是新基金的发行，但后面一系列的圈钱闹剧，使得新基金的发行基本面支持有所动摇，所以，这种情况，作为一种良好的愿望，还是可以努力去实践的，但这样直接顶上去，只有一种后果，就是上升的空间会被压制。从纯技术的角度，一旦一个 30 分钟的直接上冲不能制造有效的突破，那么甚至可能形成一个日下跌的第一个中枢，这反而问题大了。

经验：当没有小 c 这背驰段而直接从 B 开始向上反转时，一般需要基本面的支撑。

形态特征

［匿名］快　2006-12-19　12：36：33

LZ，大盘还会出现类似今年 7、8 月份的那种走势吗？

缠中说禅　2006-12-19　12：45：36

当然会出现，只是时间长短的问题。上次是大的平台型，这次很可能就是锯齿型，走出三角型的可能性不是没有，但小一点了。不过，真正调整的出现必须把这次突破历史高位所产生的惯性耗尽。由于年尾基金做业绩的因素，而且，现在基金的业绩和新募集的关系太大，成为一种营销手段，所以大盘受此的影响不可小视。

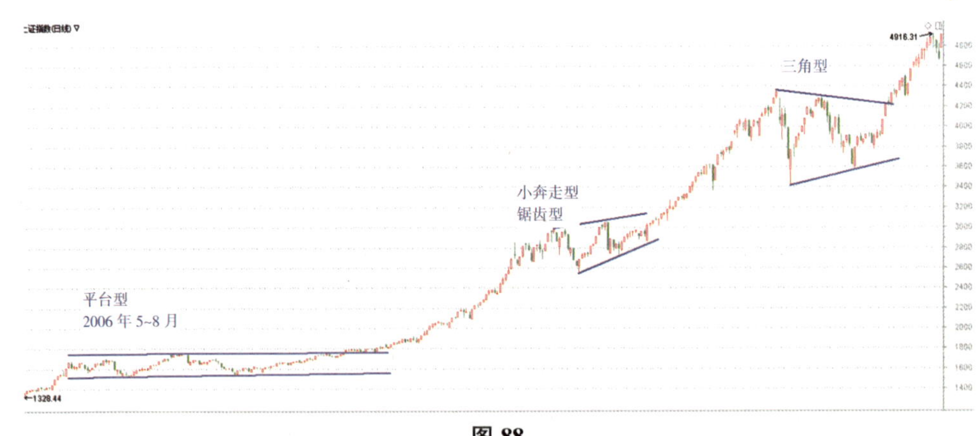

图 88

经验：

（1）每次调整其实就是构筑上涨趋势中的中枢，而中枢形态一般是具有交替性的，上一次是平台型的话，这次就可能是锯齿型或者三角型。

（2）当强力突破历史高位时，真正调整的出现，必须把惯性耗尽，也就是必须要有背驰的出现。当时就是刚突破了 2001 年 6 月的历史顶部 2245 点，直到 2007 年 1 月 24 日才出现了 60 分的背驰，并且引发近两个月的调整。

(3) 到年底时，基金公司为了业绩，一般会做一下净值，大盘因此可能还会延续强势。

[匿名] 在路上　2006-12-14　16：14：28

本来我以为自己清楚什么是盘整，但看了驰宏锌锗的例子又糊涂了，请缠姐指点。

日线上，2004 年 6 月 2 日到 2004 年 9 月 10 日，构成下跌走势；这个明显。

但 2004 年 9 月 10 日到 2005 年 3 月 14 日，构成盘整走势；这个就不太明白了，这次相比上一次不也是创了新低，也没有比上一个高点高啊，怎么会是盘整呢？

请缠姐明示!!!

缠中说禅　2006-12-14　16：31：27

盘整，会构成各种不同的图形，这是一种特殊的盘整图形，叫顺势平台，这是盘整里最弱的一种。

由于现在没说到价值中枢的概念，所以有关趋势与盘整的最严格定义没法给出，该定义是本 ID 独此一家，以后会说到的。

所以现在各位先用这个通用的，但不完全严格的定义来找趋势与盘整，该定义唯一不精确的地方就是这个顺势平台，把这个特例记住就可以了。

解读：缠师提到，有关趋势和盘整的最严格定义与中枢有关，现在先用这个通用的但不太严格的定义。

盘整的各种形态和强弱如图 89 所示。

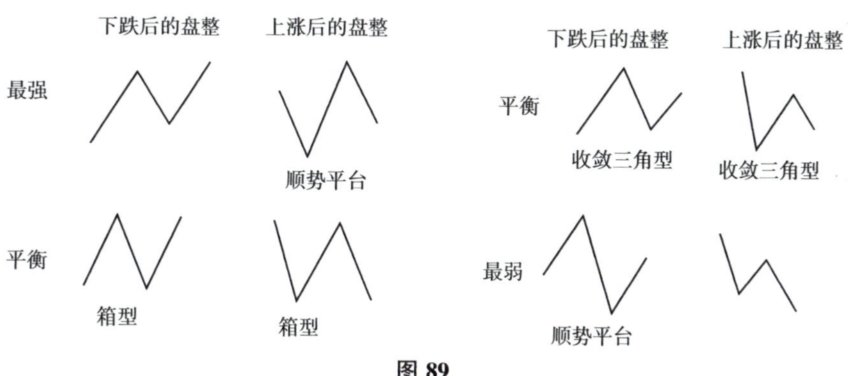

图 89

平衡

扩张三角型　　扩张三角型

图 89（续）

［匿名］沉醉　2007-01-04　16：32：23

通看了写股文章，缠子的思路非常清晰而逻辑完整，佩服。

不过看到大家有几个疑问，偶初看之下，也是疑惑，敬请解。

谢谢缠子辛苦的交流。

新手，缠子耐心解答下哈……

一问：大家对于背驰有所迷惑，可能产生于对所谓“趋势”的判断问题。

缠中说禅　2007-01-04　16：42：42

背驰出货都是上涨时出的，一路涨一路出。什么时候开始出？除了看两段趋势之间的力度，还要看第二段趋势内部的背驰，特别两段趋势之间是一个狭窄的平台整理，为什么？因为调整有交替关系，一个平台调整后，下一个调整往往是快跌型的，因此必须要配合第二个趋势的内部背驰看，这个背驰在 1 分钟或 5 分钟图上都太明显，根本不用等到下跌时才发现。

即使从 MACD 看，如果懂得更深的 MACD 看法，就知道该股当时的 MACD 走出了标准的扩张三角走势，这是一个标准的 V 字反转 MACD。关于 MACD 一些特别的判断方法，以后说到指标的时候会讲到。

实战经验：

（1）背驰出货都是上涨时出，一路涨一路出，需要看第二段趋势的内部背驰。

（2）调整（中枢）有交替关系，一个平台调整后，下一个调整往往是快跌型的。也就是第一段和第二段趋势中间的这个盘整是个狭窄的平台，那么必须要看第二个趋势内部背驰，只要第二个趋势内部背驰了，即使第二段趋势的力度大于第一段，也要小心，因为下一个调整往往是快跌型的。很多小转大就是这样产生的，也就是 V 型反转。比如大盘在 2010 年 11 月 11 日的顶部就是如此，如图 90 所示。

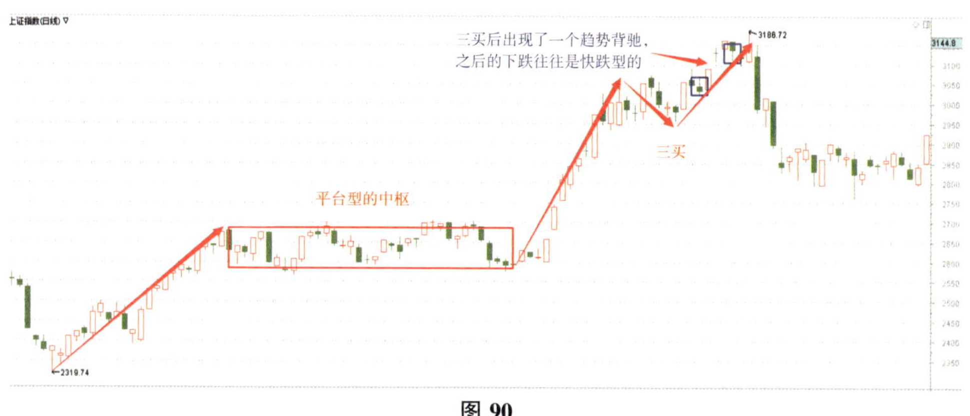

图 90

再例如 000037 深南电 A，在 2018 年 11 月到 2019 年 2 月构筑了底部一个窄幅的平台型中枢，之后大幅快速离开，最终在 2019 年 4 月 2 日该离开中枢的次级别走势内部出现标准的趋势背驰，后面的下跌力度和幅度都远远变大。

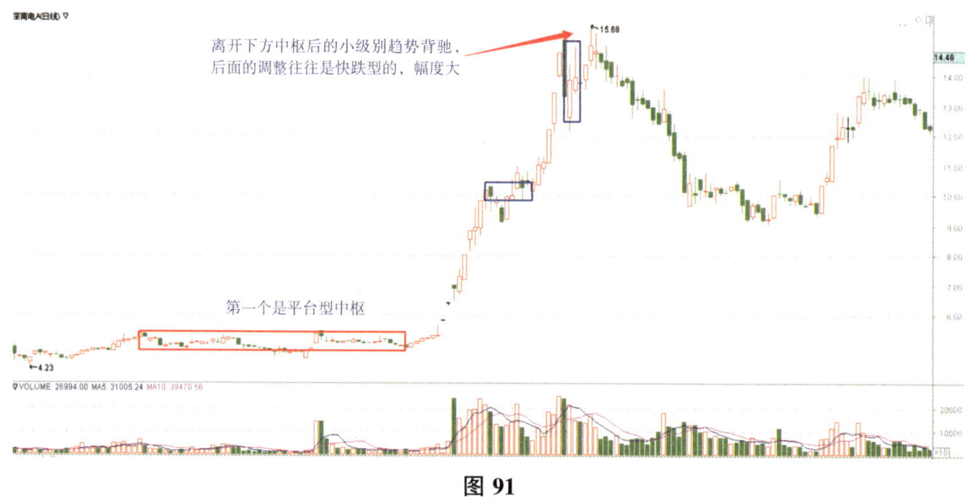

图 91

［匿名］**戈石　2007-03-06　15：53：08**

尊女王：

记得您以前说过，平台调整的中枢交替原则，是或然的呢还是有定理支持的？

缠中说禅　2007-03-06　15：58：29

这不是绝对的，但成功率特别高，这主要和人的心理有关，所以是重要的参考。

解读：平台调整的中枢交替原则并非绝对，但成功率较高，和心理有关，因为人们总是会以近期的类似走势作为参考，从而提前反应，但正是因为提前反应了，反而使得近期的类似走势不会再发生，所以这个原则只可以作为重要的参考，而不是绝对的。

缠中说禅　2007-01-04　17：25：37

各位好好研究一下 002098 的 15 分钟图，因为前几天有人问过，现在，里面包括了背驰、走势必完美等的应用。

特别其第二段向上是涨停然后第二天低开，根据走势必完美，就知道这个下跌是必然的。

必须清楚：究竟是开盘先高开点然后跌，还是开盘就跌，这并不是最重要的。股票不可能精确到最后一分钱，真正的高位可能就是一秒钟的事情，怎么可能都赶上？必须有一定的提前量。

类似可以看北辰最近一次的反弹，为什么一突破 7.7 元就马上回头，明白走势必完美的定理，这个问题是很简单的，这些短线位置都是可以精确把握的。

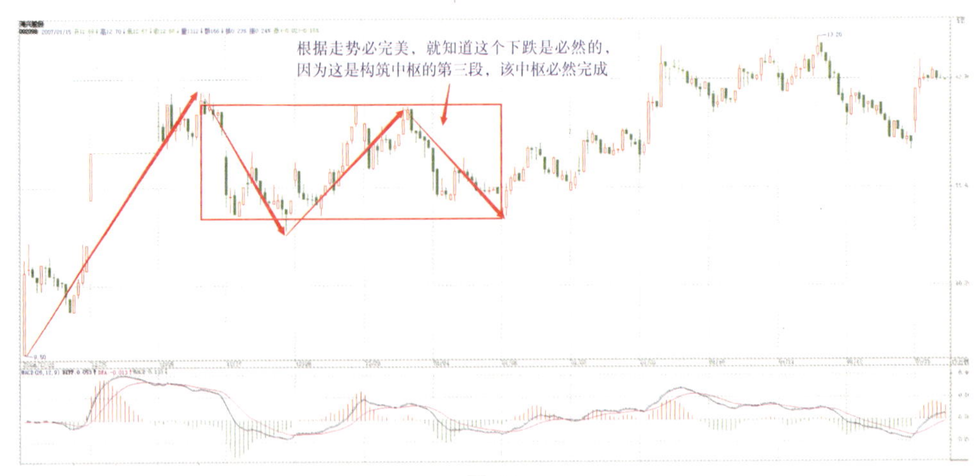

图 92

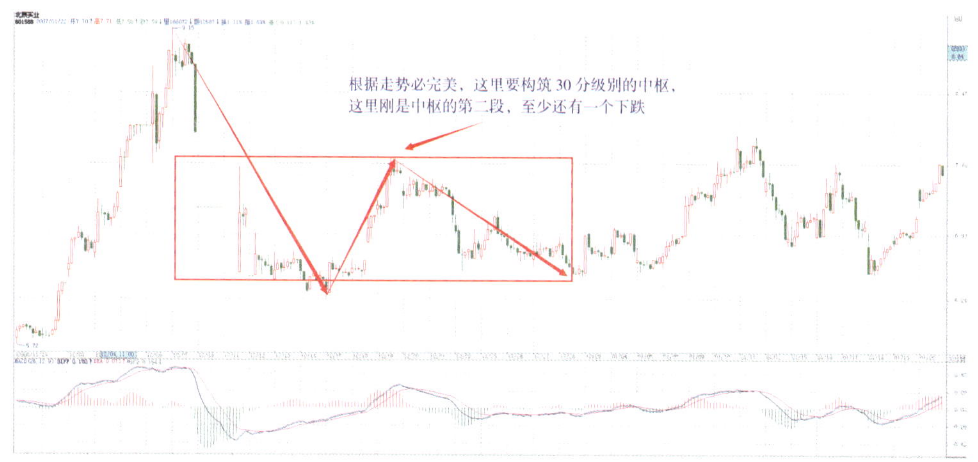

图 93

解读：不可能买卖到最高最低点，重要的是节奏。北辰 7.7 元附近的卖出依据，与前面讲的狭窄平台后的卖出一样，是下一个中枢是急跌型的概率急剧增大。

［匿名］**心禅**

工行日线级别的调整需要 30 分钟图上 3 个连续走势（下跌—上涨—下跌），完成一个“缠中说禅中枢”，现在是第二个走势阶段。

缠中说禅　2007-01-10　21：44：20

可以这样认为，以后说到趋势中，中枢形态的交替原则，就知道为什么这次的调整如此急促，因为很简单，上次的中枢形态是平台，这以后再说了。

经验：中枢形态具有交替性原则。上次的中枢形态如果是平台型（窄平台），

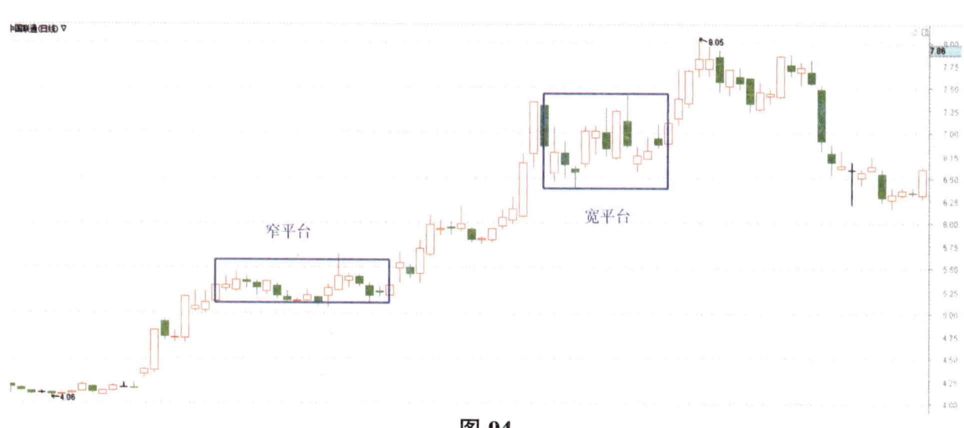

图 94

那么下一次的波动一般会加大。例如，中国联通在 2016 年 9 月起来的那波趋势。还可以随机地翻一翻个股，看看趋势里面是不是符合这个规律。

那么，如果第一个中枢是平台型，这里隐含了两个操作机会：

（1）离开第一个中枢的次级别走势出现背驰时，可以减一点，因为后面的下跌波动会较大。

（2）离开第二个中枢时，尽量做短差，这里的波动大。

［匿名］心禅　2007-01-22　20：51：01

小明　2007-01-22　20：46：46

缠 mm 来了，谢谢回答。我只是给自己定的目标太高了，所以影响到了操作。我想一个月翻倍呢。

还有一个问题也困扰好几天了想请教一下：

收缩三角型的整理形态，到终点的那一点是属于第一类买点吗？

然后随后出现的买点是第二类买点？

以 000878 为例：12 月 29 日就属于第一类买点；1 月 18 日就属于第二类买点。不知理解对不。

“禅主”，我感觉收缩三角型的整理形态，到终点的那一点是属于第三类买点，对否？

缠中说禅　2007-01-22　20：56：39

第三类买点只能在中枢之外，三角型最后的买点，只能是次级别的买点。对三角型的操作，只是能高位走了以后低位回补，这样来回弄，一旦接近或突破上沿次级别背驰，就要走，回来下沿次次级别或次级别背驰，就买回来。一旦过上沿没有背驰，就是真突破了，这样就可以不走，等大图形的背驰出现。整个操作很有节奏的，短差也弄了，突破也不耽误，这才是正确的操作方法。

解读：其实无论是三角型还是平台型，或者通道型，都是一样，在中枢构造中，如果在关键位置出现了次级别的买卖点，那么就可以短差。一旦突破时没有背驰，那就是真突破。

［匿名］在路上　2007-01-22　21：45：27

首先感谢缠姐的好药，让我天天固定赚钱，然后专心寻找第三类买点并大有

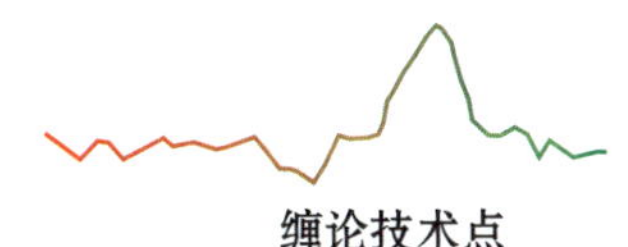

所获，今年 1 月至今已增长 50%，谢谢！

有两个问题请教：

（1）如果在日线图上，形成了下跌的走势终完美，出现了第一类买点后，比如上证在 2005 年 6 月见底后，开始上涨，在 2006 年 5~8 月形成的日线中枢跟以前的下跌时形成的中枢有没有关系，也就是说，是不是在这次上涨中只须看着上涨趋势中的中枢。

（2）缠姐曾说到在形成的中枢中，有几种不同的 K 线形态，其后的走势都会有些不同，如平台型，三角型，还有缠姐说的奔走等，这样在有很多第三类买点出现时会有一个选择的过程，能否详细说说哪种更强一些，谢谢！

缠中说禅　2007-01-22　21：51：12

这些问题以后都会说到的，一展开就长了去了。第一个问题可以简单回答，下跌中枢对后面的上涨，当然会有影响，所以股市经常会出现所谓的对称性上涨，怎么跌下来的就怎么涨上去，这主要是因为前面下跌中枢的影响。但在观察时，看上涨，还是只看上涨本身的中枢，前面下跌的中枢只是一个可能阻力的参考。至于底部下跌与上涨的连接部分，比较复杂，以后再说。

经验：下跌中枢对后面的上涨有影响，股市经常会出现所谓的对称性上涨，怎么跌下来的就怎么涨上去，前面下跌的中枢只是一个可能阻力的参考。

［匿名］猫猫　2007-01-23　21：16：27

博主姐姐，还有这个问题，麻烦你了哦。

假定已经存在一个上升趋势中枢 A，形成这个中枢的最后一个次级别走势直接下来，然后出现三个次级别重叠，在 A 下方形成一个新的中枢 B，那 AB 是不是已经形成一个新的下跌趋势了？还要再在 B 下方形成一个 C 中枢才能认为形成趋势了？

缠中说禅　2007-01-23　21：27：51

这种情况其实就是 V 型转势的情况，一般都是在最高点左右分别有一个上一个下的次级别走势，然后左右对称都形成一个中枢，在大图形上，就构成类似头肩顶的走势，然后跌破中枢下去形成新的中枢构成下跌。

至于从顶上直接打破上升最后一个中枢的情况，一般情况下都会回拉过来形成大的中枢。如果连回拉都不拉，直接在下面形成中枢，同样需要再跌破这中枢然后在下面形成第二个中枢才算下跌。但这种情况十分罕见，基本只出现在除权后，或者毁灭性利空的突发中。

经验：这两段话都是十足的干货，用下面两个图解释吧。

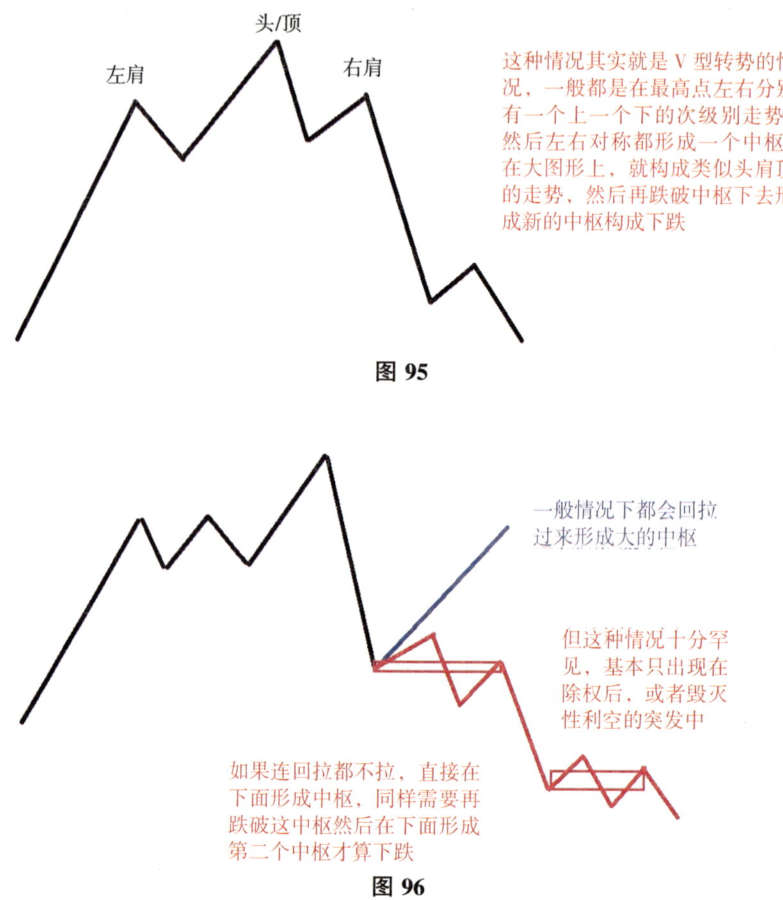

图 95

图 96

［匿名］勤学好问　2007-01-24　21：10：58

请问，是不是大盘出现 60 分钟的背驰，可能预示着会有一个比较大而且持续时间比较长的调整？

缠中说禅　2007-01-24　21：13：55

也不一定，往往可以用空间换时间，或相反。

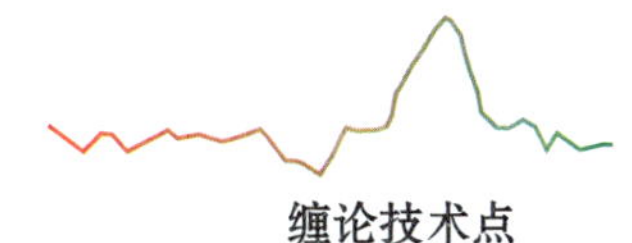

解读：调整的方式无非就是空间换时间（调整幅度大，但时间短），或者时间换空间（调整幅度小，但时间长）。

［匿名］三藏　2007-02-28　16：19：04

老大没看见，再发一次，真的不懂啊。

老大，你今天说的，大盘后面的走势很简单，就是 2915，昨天 1 分钟中枢的高点。如果看不懂的，就看 5 日线。上不去，那就要二次探底，这段话的原理是什么啊？

为什么没站住 ZG 就会再次下跌呢？就是这探底的原理我不知道。

老大麻烦解释一下，谢谢!!

缠中说禅　2007-02-28　16：22：01

每个中枢的 GG、DD 都是最重要的位置之一，都会产生阻力或支持，原理以后课程再说了。

先下，再见。

经验：每个中枢的 GG、DD 都是重要的位置之一，都会产生阻力或支持，因为决定了中枢级别是否升级。

［匿名］听缠说禅　2007-03-22　15：36：42

禅妹，这样的尾盘杀跌，没有你我们靠什么预料？又怎样躲开？今天我的股票都走得很好，大盘跌也跟着跌，没出来啊……

缠中说禅　2007-03-22　15：42：32

124 和 227 的连线不是一次能突破的，就算你看看 1 分钟或 5 分钟的 MACD，也知道这里会有一个小的盘整背驰。14：30 后，上海、深圳走势背离，这就是最好的信号。

实战经验：在技术压力、支撑位附近如果出现小级别的背驰，那么往往预示着这压力、支撑位有效。

北纬 36 度 54　2007-03-27　21：39：00

请教禅主：

三买后的反转力度确认主要要结全哪几个方面来判断？

（1）一买后次级回抽不破中枢，是不是回抽的幅度越小越强？

（2）如果是一个次次级反转突破最近一个下跌中枢是不是强势的表现？

谢谢！

缠中说禅　2007-03-27　21：57：53

离开中枢的回抽的力度越小，后面可以期待越高。至于形态上，比较复杂，以后会说到。

经验：离开中枢的回抽力度越小，后面可以期待越高！也就是构成三买的那个回抽力度越小，三买后的上涨往往越猛。

［匿名］大盘　2007-04-09　16：13：33

请教博主。

上一课讲的（a+A+b+B+c）+C 如果是换成 a+A+b 的情况，a 是 5 分钟，A 是 30 分钟中枢，b 是 1 分钟走势并且发生背离，如果其后的 30 分钟 B 与 A 有重叠的话，是不是也有类似（a+A+b+B+c）+C 的情况。换句话说，对于一个同级别分解看似没有完成的情况，如果对于已经走完的历史走势进行同级分解，简单地按照最高最低点来判断每一段的开始结束并不会影响对以后当下走势的分析，是这样吗？

缠中说禅　2007-04-09　21：38：13

可以用类似的分析。

经验：对于已经走完的历史走势进行同级别分解，可以类似的采用最高最低点作为走势的起始点。

［匿名］新年好　2007-04-12　16：43：10

缠姐，前两天我问你有关 S 藏药的问题，你一直没回答，今天再问一遍，希望你有空帮我看看。

我是在上月底差不多 19 元的价钱，在以为是 30 分钟买点的地方买的，谁知道买完又一波下跌。在 9 日那天本来可以赢利走掉的，但我没看出来任何背驰，就没走，谁知到现在又连着下跌，几乎回到原来的中枢，这种情况算什么，还有如何把握这种情况？

还有上个问题，你也给看看。

不过往往把握不住幅度，有的幅度很小，但是看样子又跌不下去，买了是给证券公司打工，不买又怕接下来涨上去。如果出现这种情况应该怎么办呢？

缠中说禅　2007-04-12　16：51：09

典型的V型走势，这在大级别中枢震荡中很常见。S由于被管理层警告，最近都只能偃旗息鼓，但中线都没问题，只是休息一下。如果你知道的东西多点，就知道这种通道式上涨的，一旦加速突破通道上轨，往往都会引发大点的调整，看好通道下轨就可以。

经验：通道式上涨，一旦加速突破通道上轨，往往都引发大一点的调整。

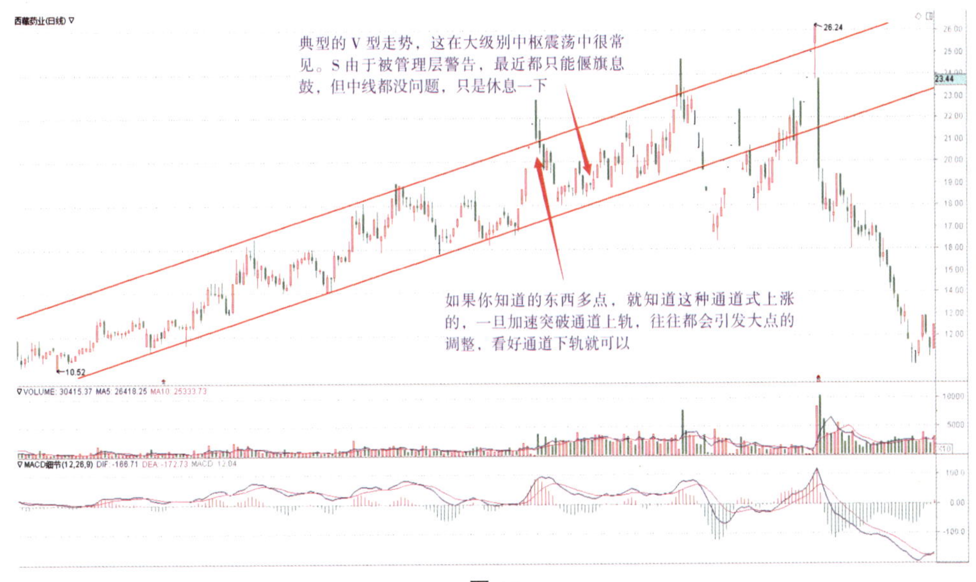

图 97

［匿名］微　2007-05-08　16：00：29

问一个比较初级的问题，破5日线指的是当天的最低价触5日线还是指最高价低于5日线？

缠中说禅　2007-05-08　16：13：15

破5日线这些都是通用的不精确方法，按通常的理解，一般是3天拉不回来就是真跌破，但一般按这种确认，则离真正的高点很远了。所以，这不是最终的办法，还是要下苦功夫，把本ID的理论啃下来，这才是最彻底精确的办法。

经验：有效跌破就是指跌破后的一个次级别回抽不能站上，就算有效跌破。

缠中说禅　2007-05-09　16：13：15

当然，4000 点的突破不可能一下就确认完成，这里的震荡依然少不了。技术点说，就是要在这里形成一个有效的有点级别的中枢，然后出现该中枢的第三买点，才能确认突破的有效性。这个过程在理论上当然有失败向下形成第三卖点的可能，所以，一切无须预测，看图操作是唯一正确的。

经验：一些重要点位的突破确认，是需要某个级别的中枢的三买来确认的。

[匿名] 蓝筹看缠　2007-06-04　16：26：47

谢谢博主回答我的问题。请问蓝筹股下跌被套后市反弹是否也要全部出局？是否明日可以补仓？

缠中说禅　2007-06-04　16：28：02

反弹都要先出来，这种走势，出现 V 型的可能性微乎其微。

解读：当时处于 5·30 之后的暴跌，一般这种市场在上涨疯狂之后遭遇连续几天的暴跌时，尤其是有重大政策利空的情况下，走 V 型反转的可能性微乎其微。

新浪网友　2007-07-16　16：27：35

LZ，下面的支撑在哪儿呢？

缠中说禅　2007-07-16　16：29：57

不要考虑什么支持、压力，这都是些无聊概念，本 ID 就喜欢用支持、压力玩骗线，当然，也不单单本 ID 喜欢这样。

解读：支撑和压力经常被主力用来玩骗线，单纯看这个没意义，可以结合走势看，如果在支撑和压力的位置附近出现背驰，那么支撑压力就有效，否则就是骗线。

缠中说禅　2007-08-22　16：10：16

今天的走势，从纯技术的角度，连一个线段都不一定 100%确认完成了，为什么？因为都没 100%满足线段完成的条件。该线段完成的判断，显然属于第一种情况。本来第一种情况是属于相对简单的，但由于特征序列的分型一直没有最终完成，每一次上冲都新高，而下来都是一笔，形成所谓的向上倾斜三角型走势，该走势的特点是 99%回跌到三角形启动的位置，尾盘的跳水满足这一跌幅，但只是一笔，所以如果明早一下高开在 5000 点之上猛烈上攻，不再回跌到 5000

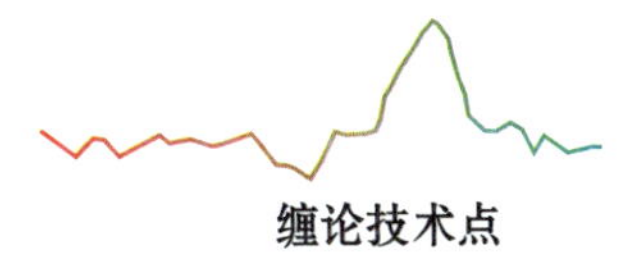

点下，那么这线段还真一时完成不了。当然，一般情况下，这线段已经在今天的最高点处完成，所以在上面标记上 56，但这是否最终确认，还要看上面说的这种情况是否发生。

经验：向上倾斜的三角型走势，其特点是 99%要回跌到三角型的启动位置。

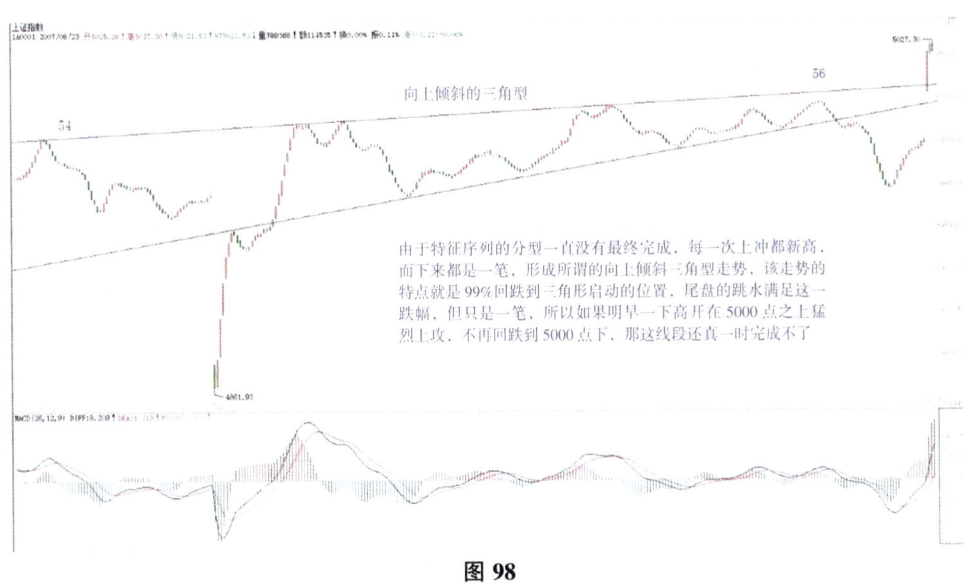

图 98

［匿名］与你同行　2007-09-17　15：55：58

楼主，对于个股来说，顶分型出现后，立刻出现底分型，而大盘的走势并不确定，可以买入此类股票吗？

缠中说禅　2007-09-17　16：09：49

这情况说得很清楚了，日、周顶分型后关键看 5 日、周线，大盘这次周顶分型后继续破顶，就是因为 5 周线没有效跌破，构成一个完美回补点。参照原来说的 000938 可以明白。至于大盘和个股的关系是另一个问题。一般来说，水平不高的，最好还是买和大盘相关度高的。水平高的，就无所谓了。

经验：日线顶分型后关键看 5 日均线是否有效跌破，如跌破则大概率走向下笔，否则这顶分型是中继。同理，周线顶分型后关键看 5 周线是否有效跌破，这也决定了是否是中继顶分型。

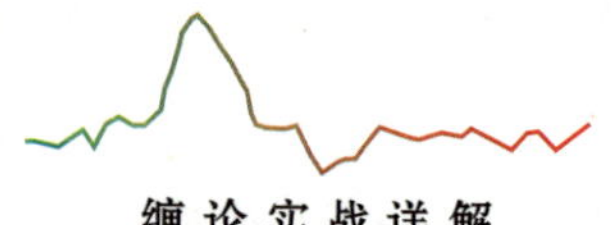

缠中说禅　2007-11-30　15：20：29

现在，还在第一次的探底之中，也就是大盘的第一只脚还没有落地。而大的底部构造，往往需要两只甚至两只以上脚落地去确认，站在这个角度，小板凳还要旺销紧俏一段时间。

经验：大的底部构造，往往需要两只甚至两只以上脚落地去确认，也就是有两次或多次确认。

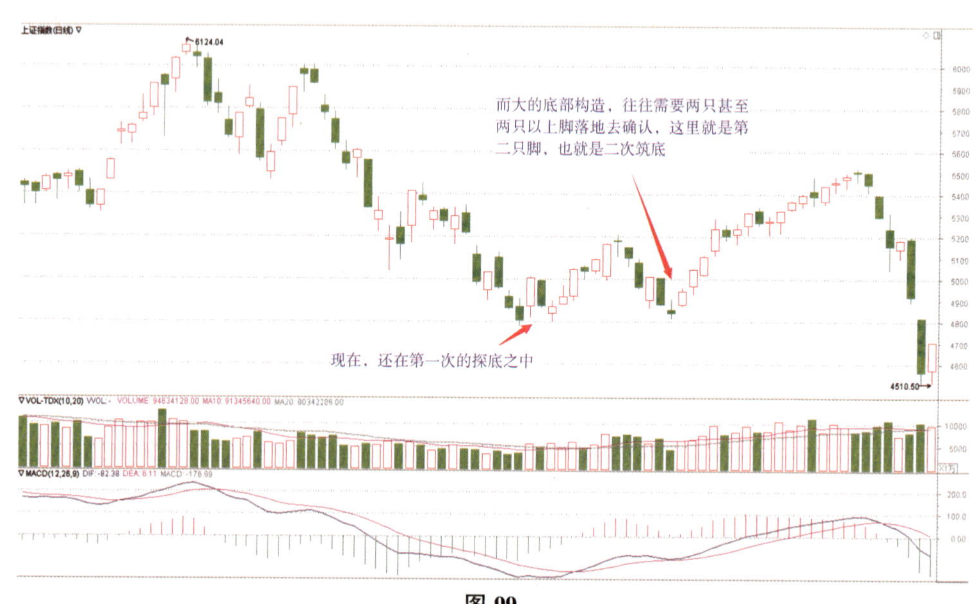

图 99

缠中说禅　2007-12-04　15：29：26

对这个反抽的定性一直都很明确，就是反抽，其后还需要第二次探底去确认底部。当然，如果这次是先一个空头陷阱再起来，这样下次的确认就不一定要再破底，因为可以走成所谓的双底，否则，破底并不是太奇怪的事情。

经验：二次探底时，如果第一个底是空头陷阱构成的，那么第二次探底就未必要再破底，可以走成双底的形态；而如果第一次底不是空头陷阱构成的，那么第二次探底就极大可能是陷阱构成。

缠中说禅　2007-12-05　15：20：16

明天，关键是 5010 点，是这次小双底的颈线位置，只要这位置站住，那么就有攻击双底基本升幅的潜力。

经验：双底的基本升幅是颈线到底部空间的两倍，比如，这次底部是 4778 点，颈线位置是 5010 点，相差 232 点，那么双底的基本升幅就是 464 点，大约在 5242 点，最终这个小双底的反弹位置是 12 月 11 日的 5209 点。

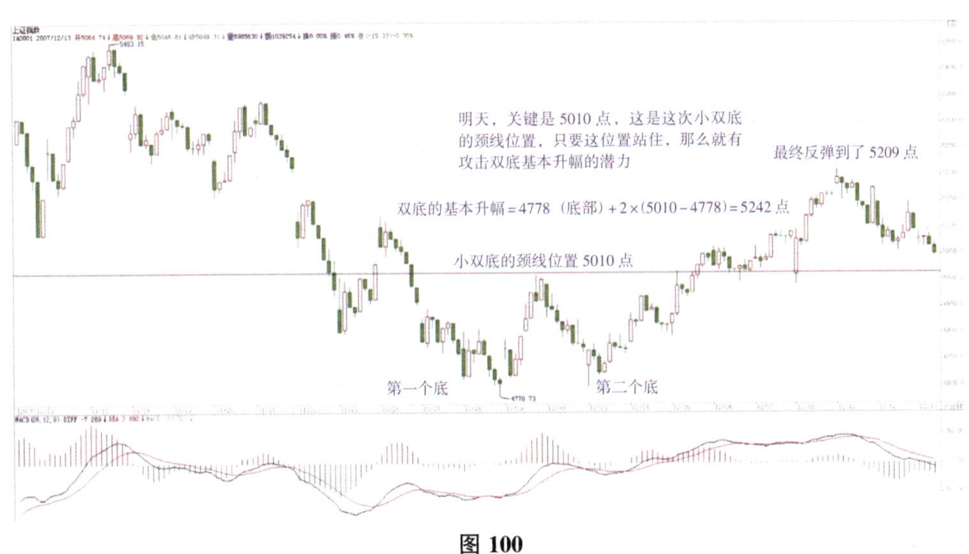

图 100

缠中说禅　2008-01-24　15：17：30

从日线上，今天早上的下跌反而是为了最终构成日的底分型，这是一个买点。但后面的问题更为关键，就是这个底分型是延伸为笔，还是最终被 5 日线压制夭折。由于 5 日线已经下移到 4815 点，明天大概也就到 4778 点附近了，因此，这个问题和上面一个问题是同解的，还是 4778 点能否突破站住的问题。

技术上，如果你把今天 13：40 前后当成所谓的 1 分钟第三类买点，那么至少你需要补习两个知识点，一个是线段分类中的第二种情况的处理问题，一个是如果线段延伸 9 段后，需要考虑的就不是 1 分钟中枢，而是 5 分钟中枢的问题，这里的次级别变成 1 分钟走势类型了。

本 ID 的理论是纯数学，一就是一，二就二，没有半点可以含糊的地方。不妨再问一个问题，今天究竟走了几个线段？请选择：A. 2；B. 3；C. 4；D. 5；E. 都不是。

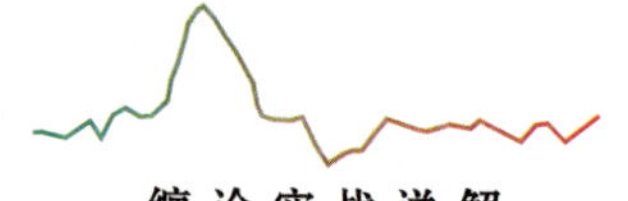

经验：

（1）当多个技术同时出现共同的关键点位时，这个点位就比较重要。

（2）当中枢级别升级后，考虑的买卖点级别也应该相应升级。

缠中说禅　2008-03-20　11：13：56

由于年线目前依然保持向上的走势，所以，后面这个“大扬”走势必然展开一次对年线的再度反击。一个很重要的技术信号就是，一旦年线走平后，大盘如果还不能重新回到年线上面，那么，一旦年线转头向下，那才是真正的大调整的开始。所以，前面，从某种程度上说，只是大调整的预演阶段，因为毕竟年线还没有转头向下，一旦紧接着的“大扬”走势不能在年线转头前重新站住年线向上攻击从而带动年线继续上扬，那么，其后的“大抑”走势，将让一季度的“抑”彻底失色。

经验：当年线开始走平要拐头时，如果还不能重新回到年线上方，那么一旦年线转头向下，那才是真正的大调整。反过来也一样，这也是缠师说的第一次突破年线后回抽年线不破的股票的原因。

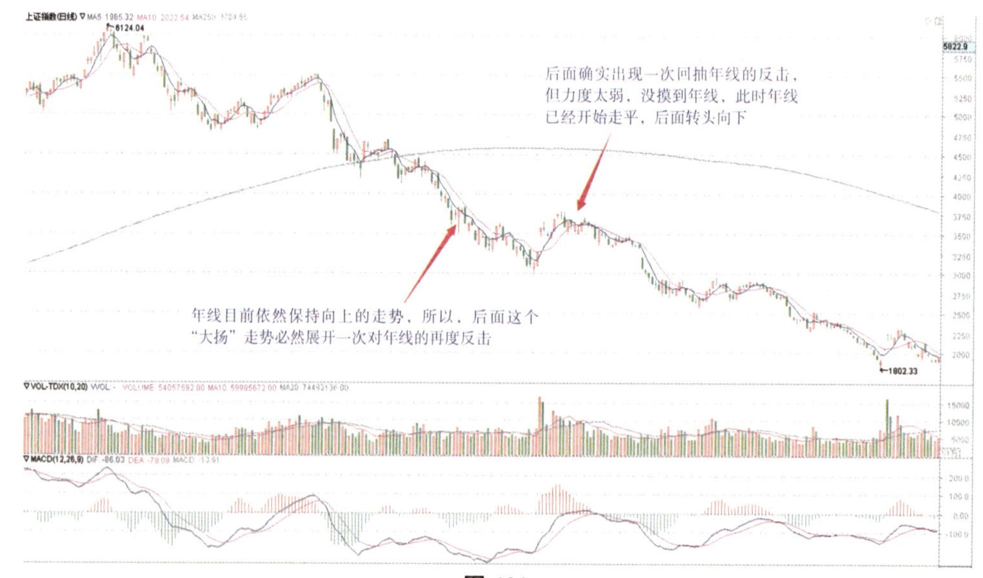

图 101

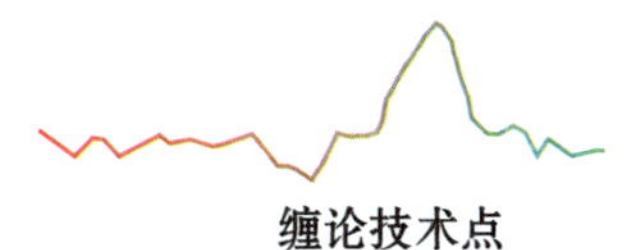

缠中说禅　2008-04-01　15：16：38

现在，一个标准的下降通道，到下轨就可以短线，如果破下轨加速，那就要放爆竹了，大的反弹马上就在眼前，这都是最基本的技术常识，有什么难度？

经验：当股价加速突破通道，一般就是陷阱，向上突破是多头陷阱，向下突破是空头陷阱，这是最基本的技术常识。

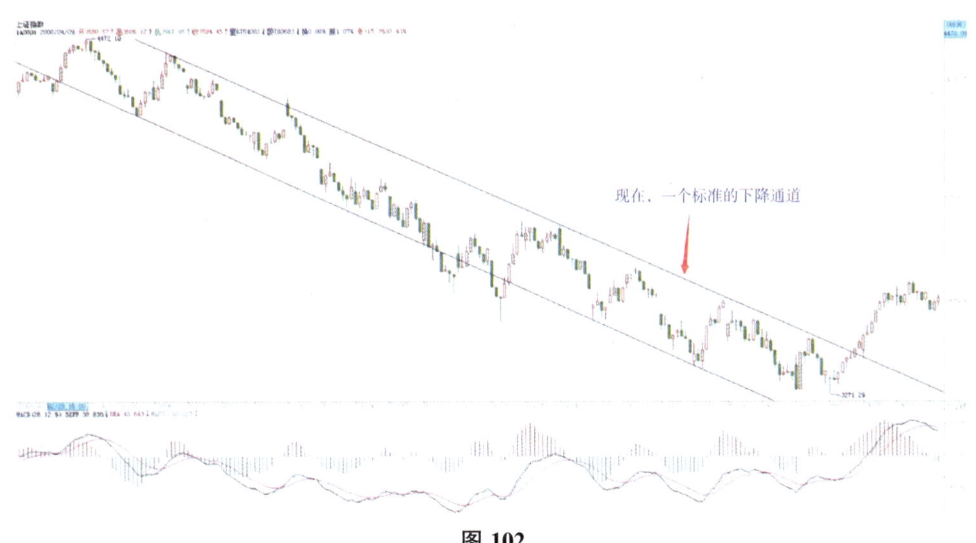

图 102

缠中说禅　2008-04-18　15：24：59

最近大盘在本 ID 前期所指出的 3424 点上下反复震荡，持续了相当长的时间。由于目前的基本面完全不配合，因此有力度的行情一直不能真正走出来，只能维持一种弱市震荡的局面。这种震荡的局面，最终的结局无非两种，就是逐步震荡走强然后寻机向上突破，或者干脆再狠砸一个空头陷阱，快速下跌后进而再迅速回拉重新回到该震荡平台蓄势走强。

经验：震荡下跌的局面最终的结局有两种。第一种是逐步震荡走强然后寻机向上突破，形态上经常表现为圆弧底。第二种是狠砸一个空头陷阱，快速下跌后再迅速拉起，这就是常见的背驰形态。

缠中说禅　2008-06-05　09：41：51

昨天还说到股票的事情，本 ID 的观点十分明确，确实现在暂时没有跌破

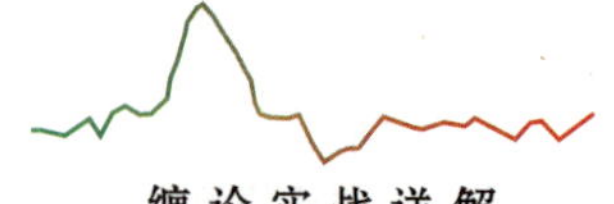

3000点的理由，而且，由于这次下探没有拉出长阴线，证明下跌力量不足，大盘有足够理由在缺口上方站住，直接回头向上。但是，有时候考虑问题，不一定要这么不留余地，特别是今年，中国历史有一个32年周期的小循环规律，而今年正是最多事的一年循环点，因此，今年那些神秘的、特没预兆的事情特别的多。谁敢保证，你下一秒不会出现些幺蛾子事，特别今年，一出就是全国性质的，世界比我们想象的神秘，多考虑点，没什么坏事。

经验：长阴线代表了下跌力量很大，原因在于长阴线意味着无法形成中枢，或者中枢级别非常小，中枢级别越小，代表了反抗的力量相对就越小，那么就意味着下跌的力量十分强大。

缠中说禅　2008-06-13　16：11：04

先说大盘，其实该说的前几天都早说了，唯一可以补充的是2524点是6124下来的3600点，附近应该有强力的中线支持，如果6124点下来的第一段跌幅和这次的最后一跌相等，那么1345点的下跌位置大概就在2430点附近，因此，中线的强支持在2500点一带，是否最终跌到这个位置并不重要，关键是昨天说的下跌节奏，下周的首要任务是形成这轮下跌的第二中枢，否则，一切免谈。

缠中说禅　2008-06-16　12：49：59

至于这次的股市，该说的上周末已经说了，就好好操作这次小反弹，并为最后一跌的最终完成做好一切相应的准备。不过，一定要注意，由于6124点下来的第一段已经一定是下跌类型而不是一个中枢的盘整类型，因此，这最后一跌后的反弹也很难有太出色的表现，后面还有极大机会去面临一个更恐怖的锯齿型第二段的下跌，该怎么处理，各位应根据自己能力设计了。

解读：缠师用第一段的跌幅来预判第五段的跌幅，又暗示第五段的走势类型往往也会和第一段一样，所以可以得到一个实战经验：大的趋势里，第五段（最后一段）的涨跌幅度和走势类型（盘整或趋势）分别可以参考第一段的涨跌幅和走势类型。

图 103

缠中说禅 2008-06-23 18：52：18

股市没什么可说的，具体的判断已经多次说明，这里不妨再说一次：中线已经进入6124点下来大调整的最后阶段，当然也是最惨烈、最杀人的阶段，否则怎么会有大的反弹？短线，3700点上下来的下跌进入第二中枢的震荡，一旦出现背驰将宣告调整结束进而展开对6124点大调整的总修正过程，也就是一个超级大反弹。但必须指出，这个超级大反弹的高度并不一定令人满意，因为其形态一旦走出三角形，那么第一段的向上就是最大的幅度了，最坏的情况下，上次3300点上的第一中枢足以阻挡这个三角形的进一步向上拓展。这种以时间换空间的反弹当然是最坏的，却是不得不注意的，因为大跌后出现三角形的概率，在中线较大周期从来都不是罕见的。

解读：这段话的描述如图104所示：

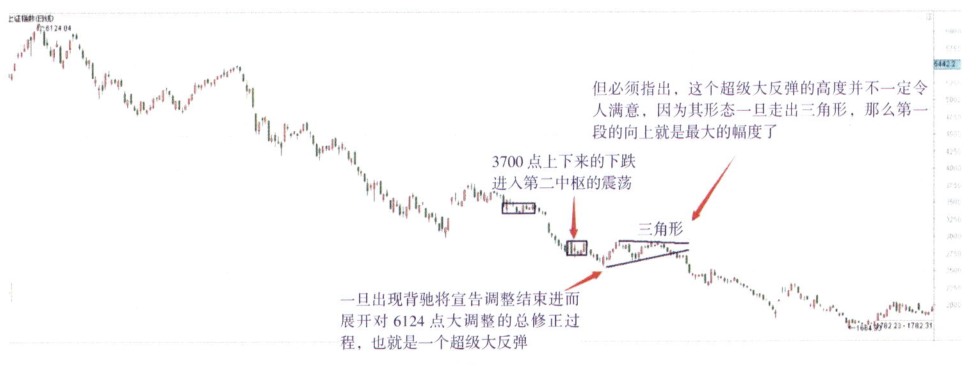

图 104

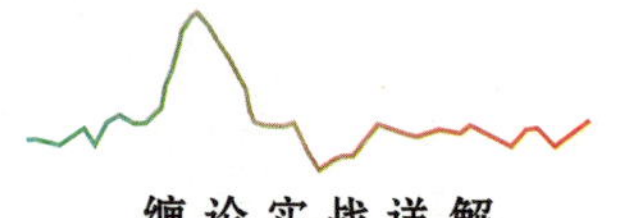

最终，确实如缠师所预料，3700 点下来的下跌背驰之后，走出了一个三角型。这也是一个实战经验：大跌后出现三角型的概率，在中线较大周期里很常见。

缠中说禅　2008-07-01　22：56：39

注意，由于这里文科生理科生太多，对理论的严密性与实践中的经验性分别不清楚，因此本 ID 必须严重指出，除了上面的理论严密下的 2990 点的 100%确保幅度，还有一个实践中的经验性幅度，就是整个下跌的 1/3，这肯定不是 100%保证的东西，但实践中确认，一般都有 90%以上的准确性，因此，这个幅度是一个参考性的幅度，所以，本 ID 前面说，这个反弹基本可以回到 3700 点上，但这是在经验性的角度说的，而在本 ID 理论的确保性上说，只能说是 2990 点。

经验：大跌之后，第一波反弹的幅度是整个下跌幅度的 1/3 左右。从 6124 点的下跌，这次预计是在 2500 点附近出背驰，那么跌幅就是 3600 点，1/3 就是 1200 点，那么反弹的高度预计就是 2500+1200=3700 点附近。

缠中说禅　2008-07-02　15：35：56

至于今天的大盘，没什么可说的。如果你对技术有点兴趣，本 ID 可以多说一点，就是今天收的是典型的连续下跌后新低倒 T 型 K 线，上次出现这种 K 线是 2007 年的 12 月 18 日，其后就是 6124 点下来的第一轮反弹的继续。一般来说，出现这种 K 线，成为最终反弹底部的概率是 70%，这次和上次唯一不同——上次是二次探底中产生的。如果有兴趣，可以收集一下指数在历史走势中出现这种 K 线后的走势，对这种技术形态的认识就会深刻点了。

经验：下跌后出现倒 T 型 K 线，往往是中短线见底的信号。让我们来回溯历史上出现倒 T 型 K 线后的市场表现：

2007 年 12 月 18 日，倒 T 型 K 线在二次探底时产生，后面有一波力度不错的反弹。

2007 年 5 月 30 日和 2007 年 6 月 29 日分别出现了两个倒 T 型的 K 线，区别是 5 月 30 日那次之前没有下跌，而 6 月 29 日那次之前已经下跌了近两周，之后就开始了从 3600 点到 6124 点的行情。所以，倒 T 型 K 线只有在下跌后出现才是见底信号。

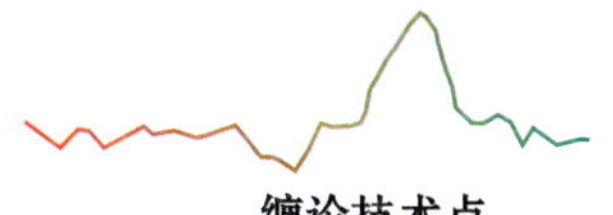

图 105

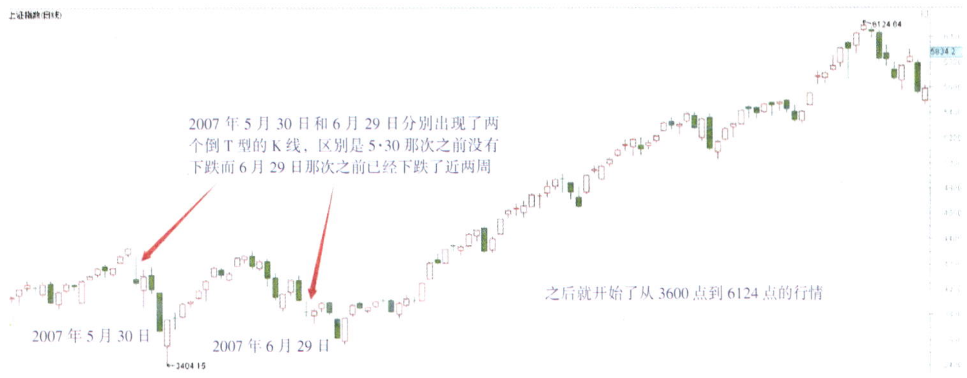

图 106

2005 年 11 月 25 日，经过一波中级调整之后出现了倒 T 型 K 线，第二天见底，之后迎来一波中级行情。

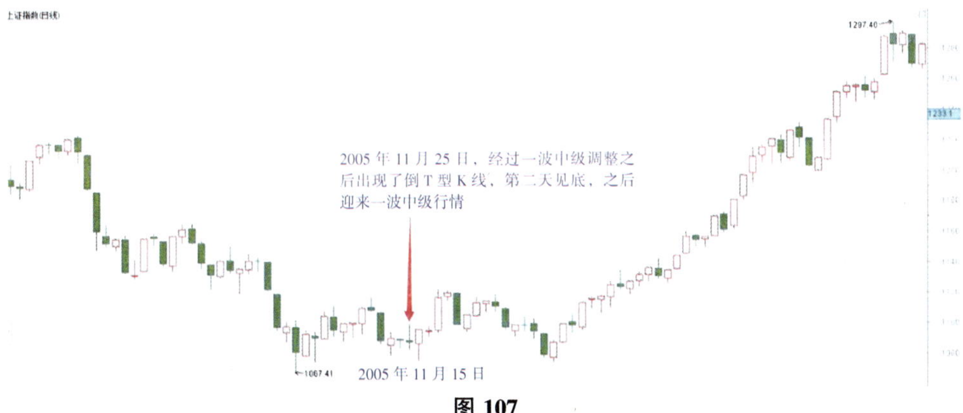

图 107

2005 年 5 月 27 日、30 日出现了两个倒 T 型 K 线，30 号那根更明显，之后就是最后的空头陷阱，然后见到历史大底 998 点。

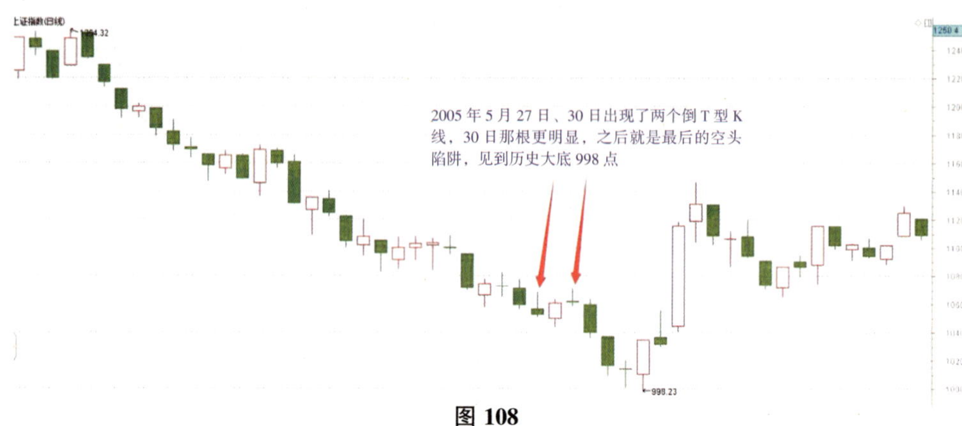

图 108

2005 年 2 月 1 日，也出现了一个标准的倒 T 型 K 线，第二天就开始了暴力反弹。

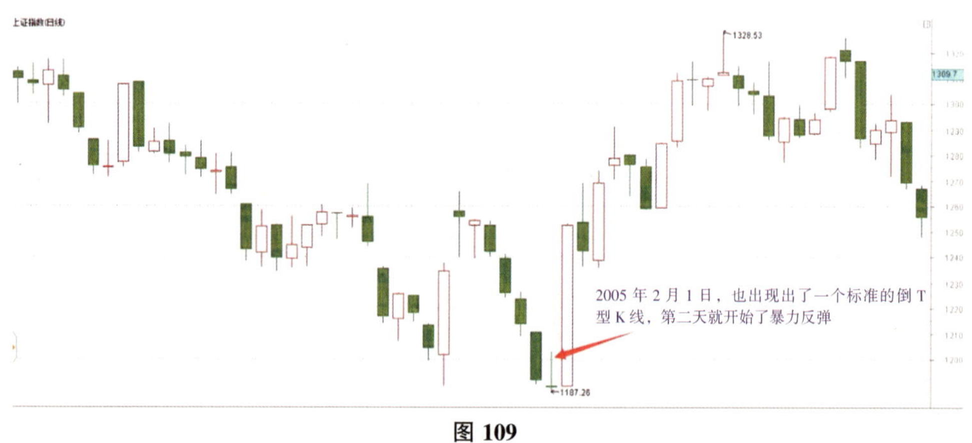

图 109

2004 年 6 月 11 日，出现了一个倒 T 型 K 线，但这次并没有迎来中级反弹，是个失败案例。

图 110

2004 年 3 月 9 日，出现标准倒 T，第二天就开启了一波中级反弹。

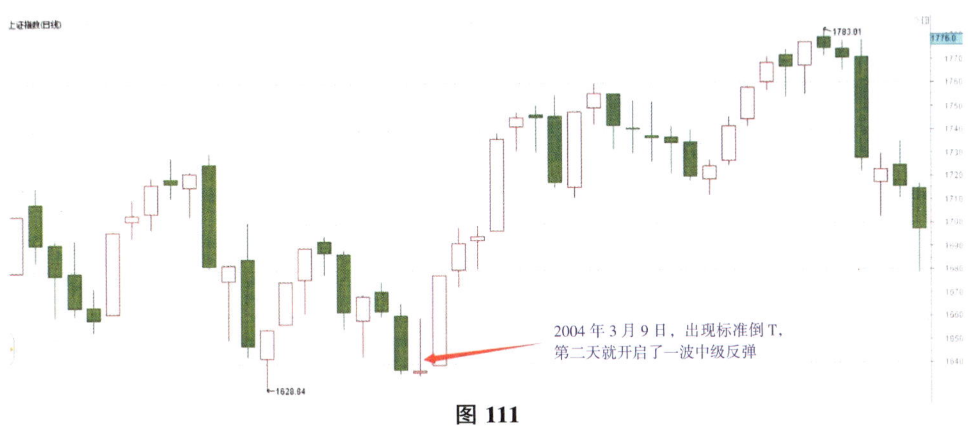

图 111

2003 年 7 月 1 日出现倒 T，之后有一波中级反弹。

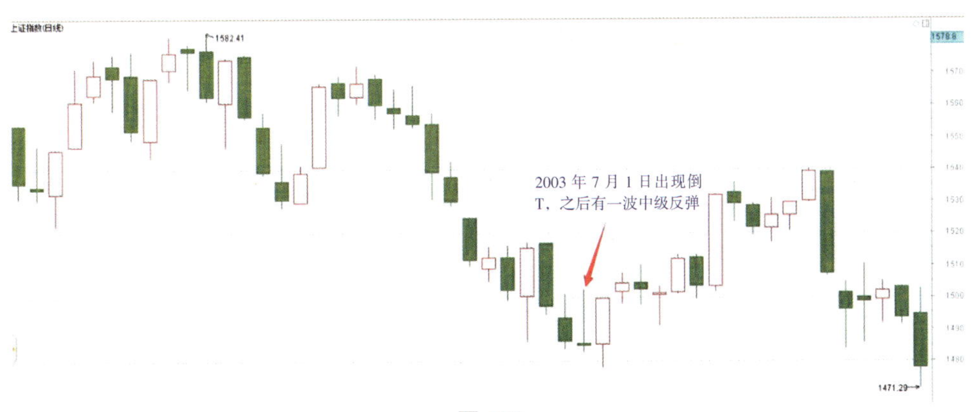

图 112

2003 年 5 月 21 日，短线下跌途中出现倒 T，第二天开始短线反弹。

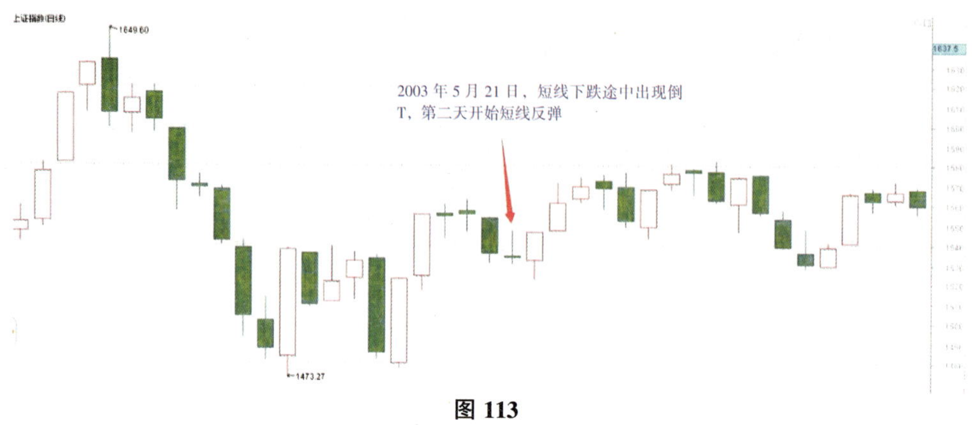

图 113

2002 年 10 月 10 日和 30 日，分别出现两个倒 T，之后也都有短线反弹。

图 114

2002 年 1 月 22 日，倒 T 型 K 线出现，短线反弹后有个二次探底，然后就是一波中级行情。

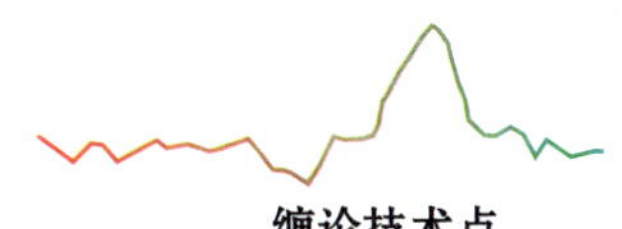

图 115

2000 年 5 月 12 日是个不太标准的倒 T，结束了调整，继续走中线行情。

图 116

1999 年 12 月 28 日，倒 T 出现，迎来一波强劲的短线行情。

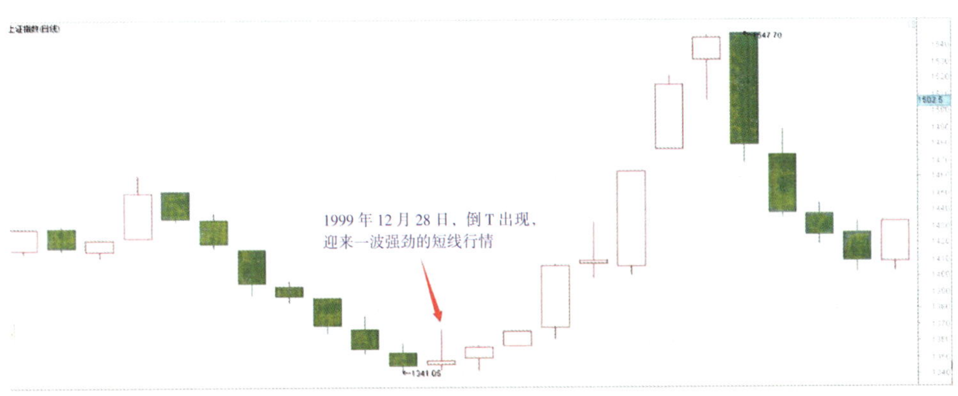

图 117

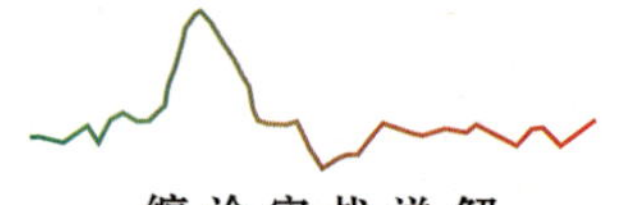

1999 年 11 月 5 日和 12 月 7 日分别出现了两次倒 T 型 K 线，虽没有立刻见底，但不久后也都有短线反弹。

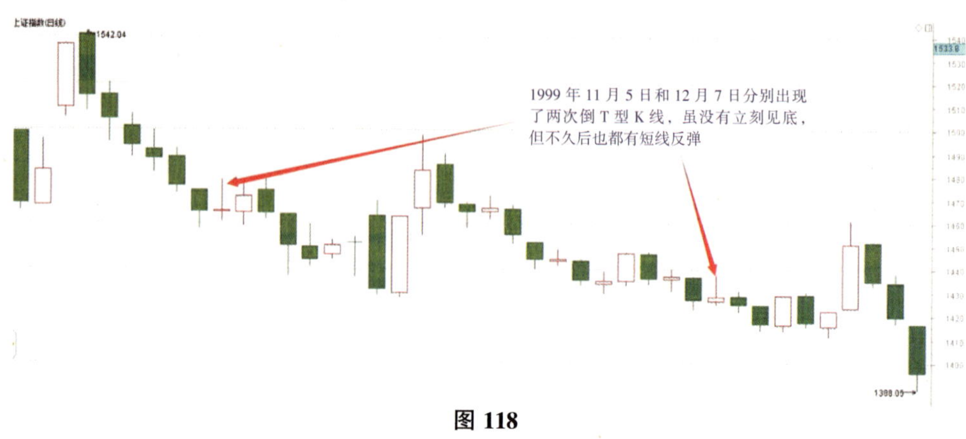

图 118

1999 年 9 月 7 日和 10 月 14 日，两个倒 T 型 K 线，之后都是短线反弹。

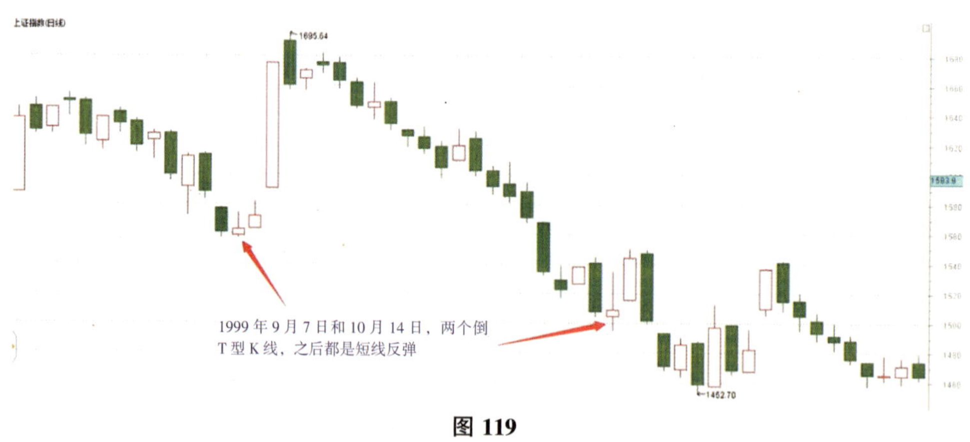

图 119

1999 年 4 月 28 日，标准倒 T 型 K 线，之后立刻出现短线反弹。

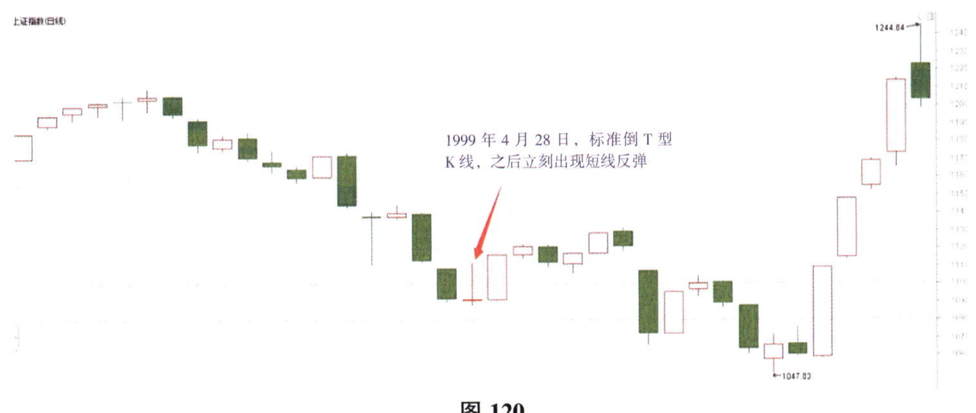

图 120

1998 年 12 月 18 日，两个倒 T 型 K 线，后面是短线反弹。

图 121

1997 年 5 月 16 日，一个大大的长倒 T，之后短线反弹。而 6 月 6 日也有一个倒 T，并未出现反弹，是个失败案例。

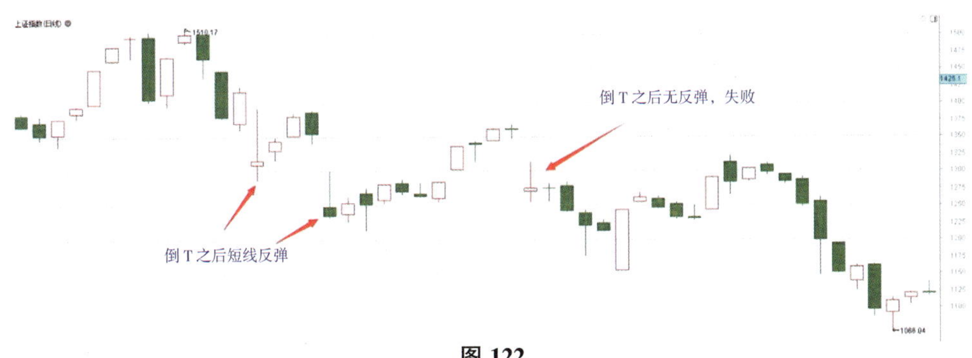

图 122

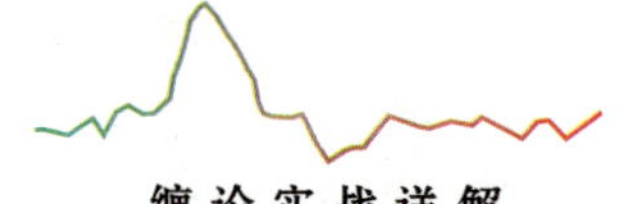

1996年12月17日，标准的倒T型，中线见底。

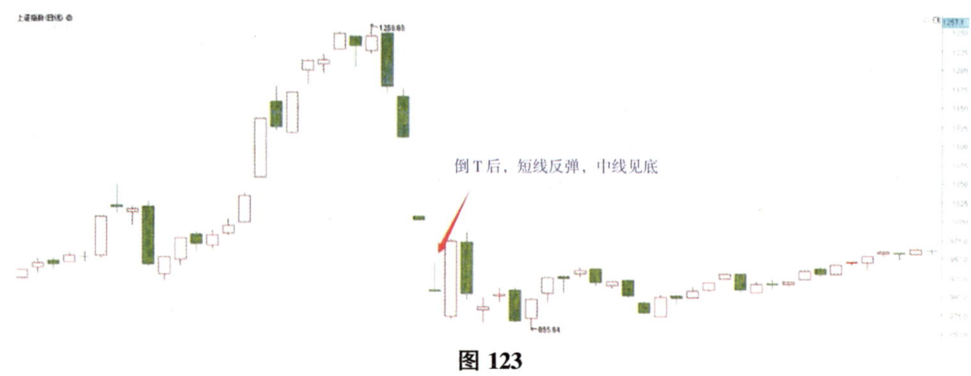

图123

1996年1月25日，倒T型K线出现，中线见底。

图124

由此可见，在下跌途中，尤其是长期下跌后如果出现倒T型K线，中短线见底的概率非常高！这是一个实用性非常强的实战经验！

缠中说禅　2008-08-08　08：23：58

昨天，一个包含性K线，构造出短线的第二类买点后回拉到5日线附近，大盘短线已到临界点。当然，最干脆的走势就是今天中长阳突破2762点确认笔走势，而反过来，若大盘依然在2762点下犹疑，那最晚下周初，大盘中继中枢扩展完成后向下延续新一段跌势就理所当然了。所以，今天开始三天内的走势是短线必须密切关注的。

中线来说，已经三次探底，一般性地，即使从概率的角度，如果还有第四次

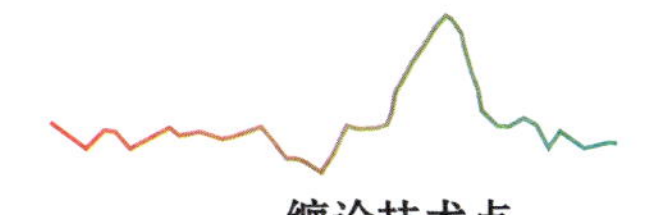

的探底，那破底的概率至少是 95%。所以，这基本是多头的最后一次努力了，就看如何收场了。

操作上，见买点就可以介入，冲不上去就把货倒给多头让多头去死，这就是目前唯一正确的操作。而没这短线本事的，或者就把持仓位每天继续折腾差价降低成本，或者就继续小板凳。

经验：

（1）一买二买之后，如果还不能形成底分型，那么中继中枢扩展完成后还会延续新一段的跌势。

（2）中线三次探底后，如果还有第四次探底，那么破底的概率非常大。

缠中说禅　2008-08-11

如果要严格分析，本次上海也是典型的四次破底，只是第二底比 6 月 20 日那第一个要低，这是弱势盘整经常会碰到的。关于盘整形态的问题，以后在课程里再详细说。

经验：弱势盘整里，第二次探底往往比第一个底低。

缠中说禅　2008-08-12

大盘今天走得极为规范，如期出现昨天说的盘中反弹以构成 2700 点那中枢破位后的第二中枢反弹，后面请注意了，这里严格说将有两种演化可能：

（1）最规范的是破该中枢，然后分两种可能，形成背驰见更大级别底形成更大级别反弹，不形成背驰就继续下跌去形成第三中枢。一般来说，后一种情况出现的概率不会超过 10%，而且是否形成背驰，可以很直观地判断，根本没有模糊混淆的可能，除非你根本没搞清楚背驰的判断。

（2）不大规范的，就是直接从该中枢第三类买点扩展成更大级别的反弹。这等于标准的下跌走势 a+A+b+B+c 中的 c 不出现，读过课程的都知道，只要有 A 和 B，a、c 不出现不改变下跌的性质，趋势与盘整在于中枢数量，这是最基本的常识。

同样地，第二种情况的概率也不超过 10%，按中枢震荡的判别原则，第三类买点与第三类卖点都分辨不清楚，那就根本没看明白课程，补课是唯一选择。

看明白上面的内容，后面的操作就得心应手了。当然，具体个股与指数的节

奏可能不同，这也是最基本的常识，那就各自去分析了，本 ID 不可能把个股也分析了，没那时间。

今天 CPI 有比较好的数据，油价、汇率都有了有利的变化，这也为某些人准备了台阶，下不下就是他们的事了，不下，市场是不会给面子的。所以，从基本面上看，短线反弹是有了些条件了，但中线的关键还是要低头、下台阶，否则给脸不要脸，只能撕破脸了。

不说了，看着办吧。

经验：

（1）趋势出现两个中枢后就背驰的概率占 90%以上，三个及以上中枢的趋势占比很小。

（2）当一个下跌趋势力度比较大，使得大级别上没有背驰，此时从第二个中枢起直接出三买并演化为更大级别反弹的可能性也不大。

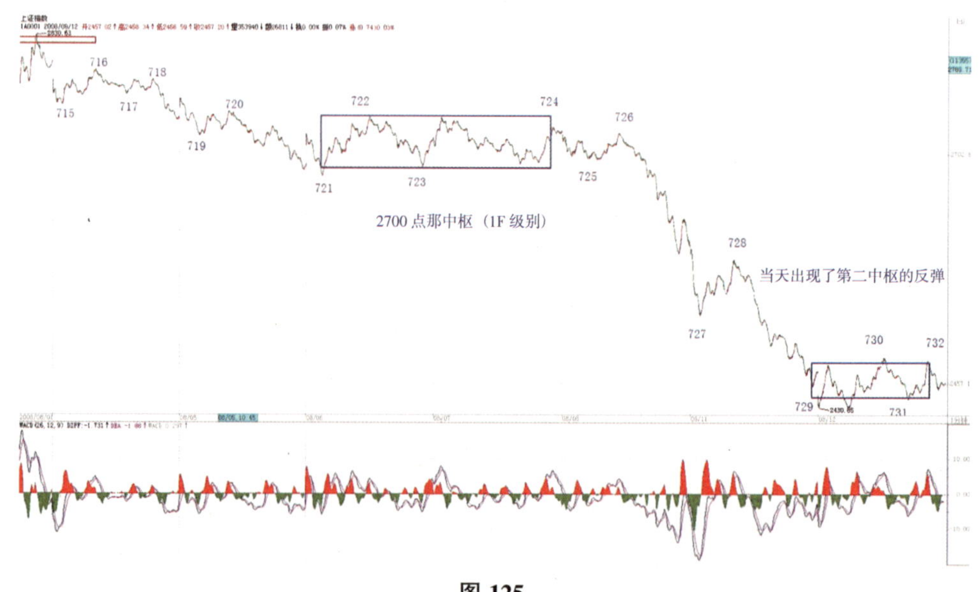

图 125

缠中说禅　2008-08-25　15：38：43

大盘没什么可说，昨天已给了最关键的评价，市场需要更多真家伙。技术上，今天改变了最近周一就大跌的习惯，但由于目前 5 日线依然在 13 日线下收

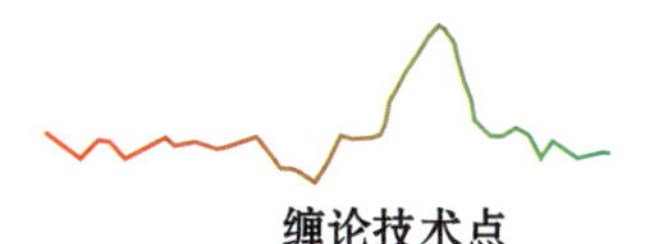

口，因此明天，最迟后天是短线分水岭，是5日上穿13，还是再次扩大形成新一轮下跌，很快就有答案。

经验：在单边趋势中，当中短期均线收口靠近时，往往是短线选择方向的时候。

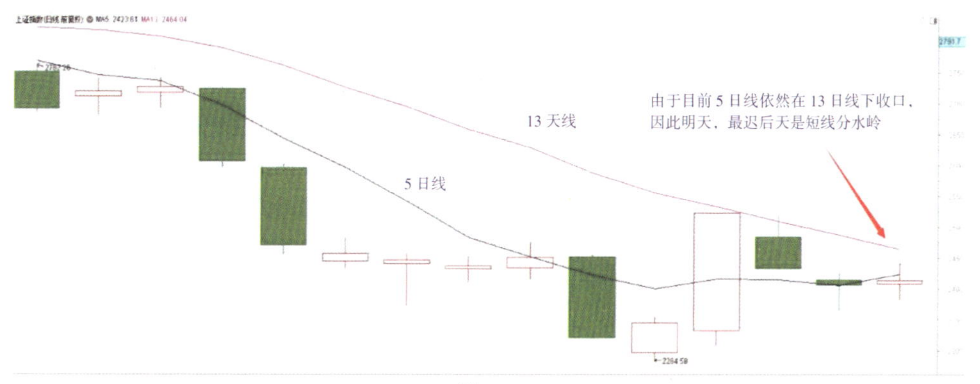

图 126

缠中说禅　2008-08-26　14：59：52

不过，有一点必须注意，目前大盘往下的承接日益加大，大盘还有一种可能的演化是不断的下探最终都不构成真正的下跌，而是不断扩展出更大级别的中枢，等待上面均线下来，在目前大致位置形成缠绕后再决定最终突破方向，这是一种很有技术意义的走势演化，具体的分析以后课程里都有。

解读：从2018年7月开始的走势基本就符合这个特点，不断的下探都没有最终摆脱中枢，而是不断扩展出更大级别的中枢，等均线下来，均线缠绕后决定

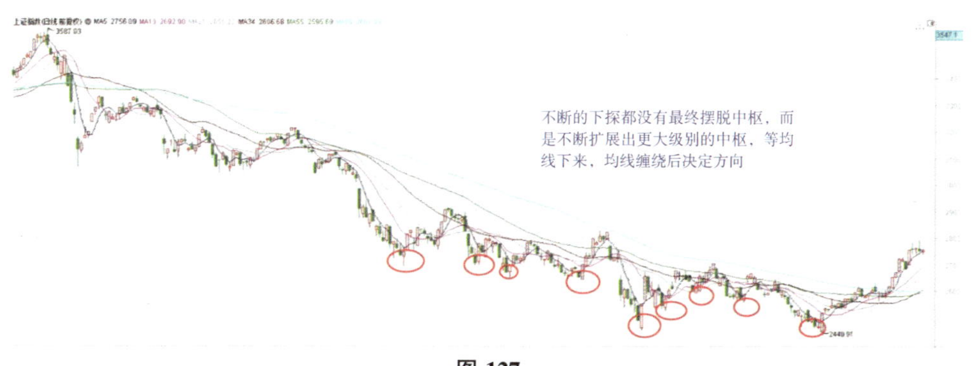

图 127

最终突破方向。事实上，这也是一个实战经验：在第二天的解盘中缠师也提到了，这种形态如果在长期下跌后出现，基本就是筑底的形态，反过来，如果是长期上涨后出现，那就是筑顶的形态了。

缠中说禅　2008-09-01　15：56：14

纯技术的角度，已经明确分析过了，就是要有较大行情，必须月线闹出底分型来。如果本月初破上月底，并不是什么世界末日，反而使得这底分型更有力点，行情早一月晚一月其实并没什么大不了的。试想，如果本月不破底而硬搞一个分型，那么本月就需要拉一长阳，你凑在图上看看，总让人感觉不舒服不踏实，现在硬上去，弄成包含关系的可能更大，这样，后面反而会使得真正底分型来临时间更遥远。所以，有时候急了并不是什么好事情。

解读：因为上个月是一个中阴线，收盘位置在K线低点附近，所以本月如果不破底而出底分型，必然需要拉一根长阳线才能突破上月高点。如果现在硬向上走，那么很大的可能是不能突破上月高点，从而形成一个包含关系了。回顾历史走势，看看月线底分型有包含关系（左侧K线包含右侧K线）的情况有多少：

1997年9月的月K线包含后面的K线，一直到第7根K线才突破了当月高点形成底分型。1998年9月也是类似（虽然月线下跌笔没确认，但当月跌幅巨大，也可以用分型的方式来分析），第10根K线才突破当月高点。

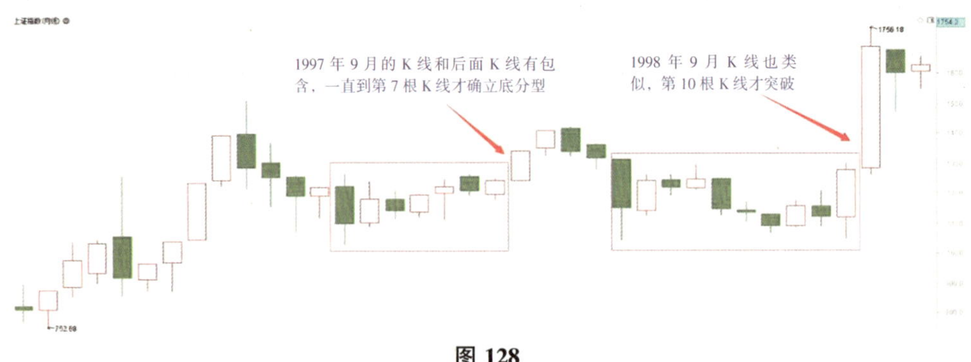

图128

2002年1月和2月是包含关系，第二根K线形成底分型，但也预示着这里往往不是真正的底。

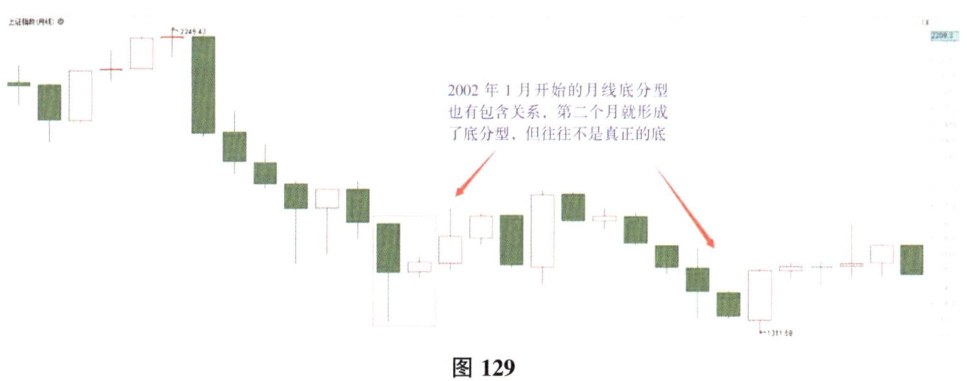

图 129

2005 年 6 月的 998 点那个历史大底也是月线包含关系，但区别是当月并不是阴线，而是一个上下影线比较长的阳线。

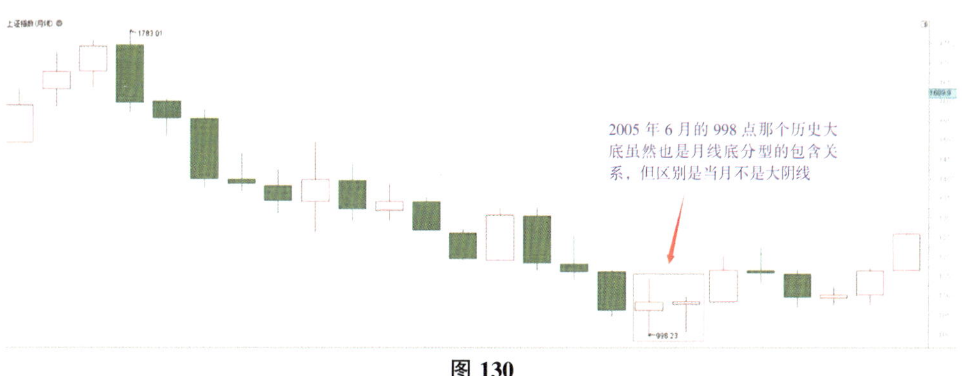

图 130

2008 年 10 月的 1664 底部也是大阴线的包含关系，后面第四个月才突破当月高点。

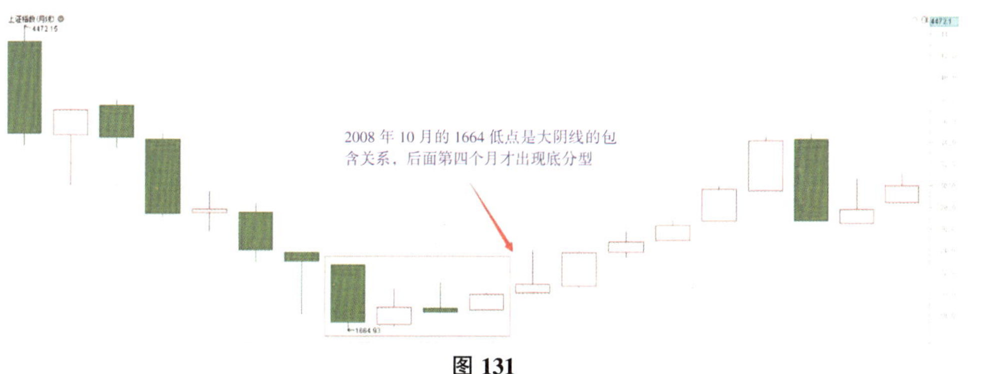

图 131

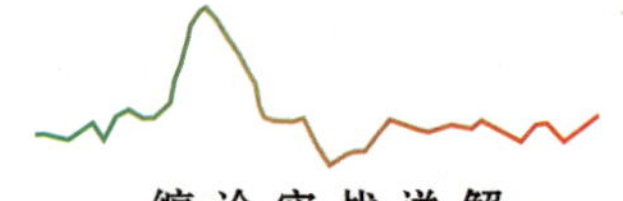

2013 年 6 月的 1849 点那个底部也是大阴线包含，直到第 14 根 K 线才突破了当月高点。

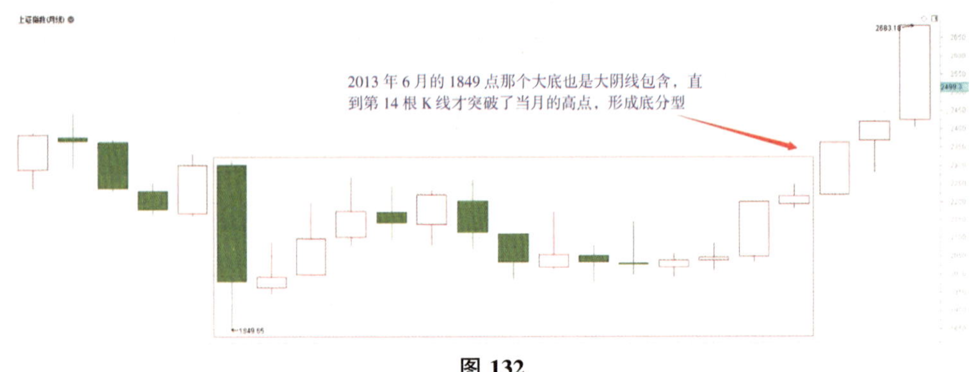

图 132

而 2016 年 1 月的 2638 底部，是个巨阴线，包含了后面近两年的走势。

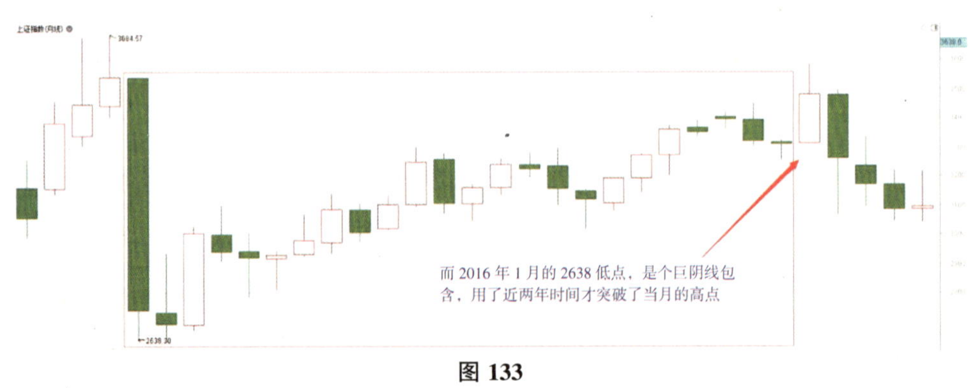

图 133

所以可以得出一个实战经验：月线底分型有大阴线的包含关系（左侧是大阴线，包含右侧 K 线）时，往往需要好几个月的时间才能突破当月高点确认底分型成立，如果很快出现底分型，也往往意味着不是真正的底。

缠中说禅　2008-09-03　15：14：03

2329 点是短线关键压力，站不上去将继续弱势，从纯心理的角度，如果反弹前能有一段急促下跌，那么其后反弹的力度将更有操作性，但目前，破底后追杀的动力不足，市场完全是一种麻木状态，这时候，行情没有太大的稳定性，最终还是归于折腾。

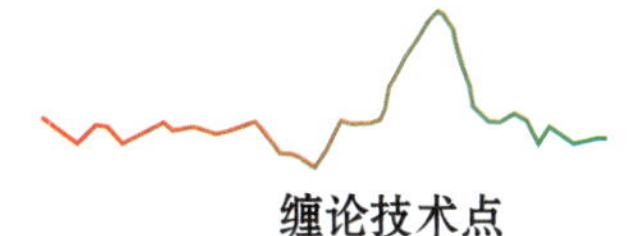

实战经验：急促下跌后的反弹力度也往往比较大，是最值得参与的反弹。

第一类买卖点

［匿名］**诚诚　2007-02-07　21：24：46**

亲爱的 LZ：强烈谴责那些胆小的庄家和软骨头的汉奸!

我们都支持你对他们予以痛击!

再想请教一个问题：30 分钟背驰下来的下跌，反弹后的卖点要在同一级别还是下一级别找？谢谢!

缠中说禅　2007-02-07　21：33：46

你的问题表达不大清楚，一般，按本 ID 的术语，30 分钟背驰就制造了一个至少 30 分钟级别的第一类卖点，如果这 30 分钟级别的卖点刚好在日线的背驰段，那同时也是日线的第一类卖点。

背驰出现后，会有一个 5 分钟级别的向下走势完成，然后有一个反抽，一个 5 分钟级别的向上走势，注意，这些走势都不一定是趋势，盘整也可以的。第二个 5 分钟的背驰就构成了第二类卖点。

第三类卖点，一般是没有马上形成下跌形成一个盘整，最后盘不住了，跌破中枢，次级别反抽不上中枢后形成的。

因此，对卖货来说，最好还是在上涨中抓住背驰，这样的技巧要求当然很高，但其效益与回报也是最高的。要达到这个水平，必须进行艰苦的学习与实践，没有捷径。

经验：二买买股票，一卖卖股票。艰苦学习与实践就是唯一的捷径。

［匿名］**新 5309 年好　2007-04-19　15：50：20**

激进型，是在大跌中还敢于对有买点的股票发动进攻的。真正做到只关心买卖点，有卖点就卖，有买点就买，不会被大盘的波动而影响。

我属于这种，看来太激进了，我是上午 10：00 左右把能清的清掉了，可惜就是补得太早，看着几次 1 分钟都有背驰的样子，就进了，忘了看 5 分钟还在下跌中。以后一定要改掉这个毛病。不过最失败的是昨天尾盘满仓，如果不是尾盘满仓，今天会更好点。

缠中说禅　2007-04-19　15：55：43

激进是需要技术支持的，技术达不到，可以采取相对保守的做法，例如，跌破5日线，除非出现特别明显的较大级别背驰，否则还是持币等待。就算重新上涨，还有第二、三类买点可以介入。

经验：一个保守的做法就是除非出现特别明显的较大级别背驰，否则即使跌破5日均线也不走，如果错过第一类买点，还可以在二买、三买处回补。

第二类买卖点

缠中说禅　2007-05-23　15：58：08

第一类买卖点，就是该级别的背驰点，这足以应付绝大多数的情况，但有一种情况是不可以的，就是前面反复强调的小级别转大级别的情况。为什么？因为当小级别背驰时，并触及该级别的第一类买卖点，所以无须操作。对这种情况，就需要第二类买卖点补充。该买卖点，不是专门针对这小转大情况的。一般来说，高点一次级别向下后一次级别向上，如果不创新高或盘整背驰，都构成第二类卖点。

解读：这个在实战中很有用，因为现在很多股票在高位并不形成中枢，而是上去后，做个双头就回来，那么这个双头的第二个头就是这个所谓的第二类卖点。为了能区分标准的二卖，可以将这个二卖称为类二卖。

缠中说禅　2007-12-27　20：31：33

之所以说这个，是希望以一种强烈的方式表现本ID理论的一些方面，你不需要参与其中的操作，但请你必须学习。另外，早上砸到0.72逐级上台阶回拉0.85，这是一个很典型的骗人图形，这些图形后一般就是制造第二类卖点，而后面的就是走势必须完美，再杀一波下来，多看这些图形，对你理解中枢的形成与结构十分有用。

你千万别操作，但你必须学习，这就是580989经典案例的作用。

经验：快速下跌后的缓慢回拉，这是形成二卖的经典形态。

580989的分时图找不到了，就找了一只股票的类似形态。

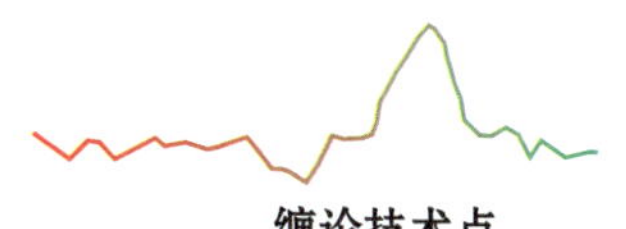

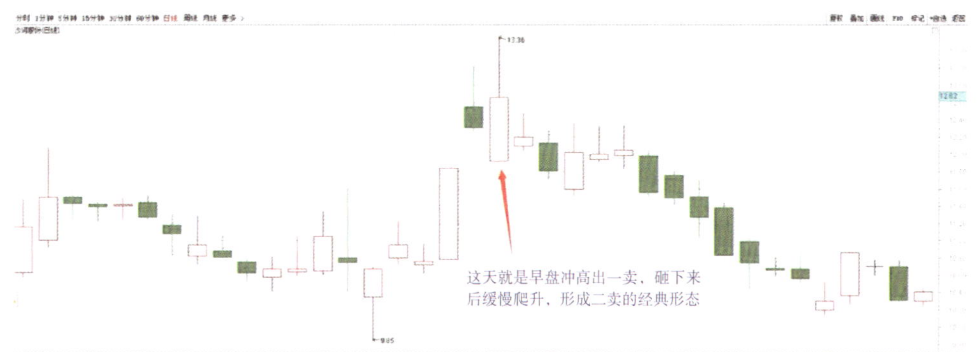

图 134

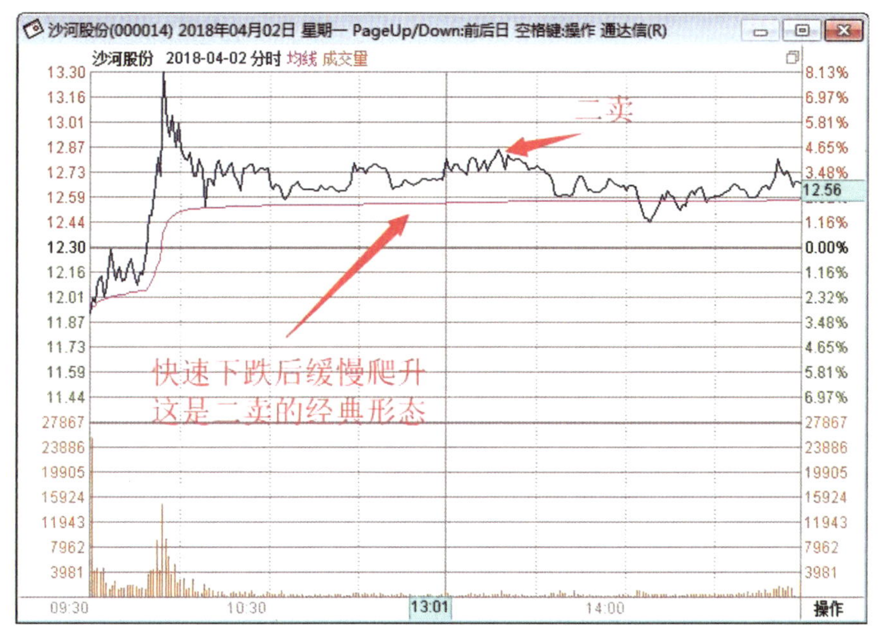

图 135

缠中说禅　2008-08-21　15：23：00

当然，实际操作中，根本无须搭理这个点位，因为这往往有点晚，本 ID 最近的课程专门讲述如何进行短线操作安排。里面给出了最有效率的方法，而这次第一段的顶背驰极端明确，当然，由于是 T+1，所以实际操作中不一定真能在第一类卖点就卖了，而以前说过开盘大幅度低开后，第一次次级别回拉不破顶或盘整背驰将构成最好的第二类卖点，这类卖点往往是突发事件中最好的逃命点。这

里的老人都知道，去年5·30早上开盘前专门强调注意第二类卖点，该点走掉后，虽然不是最高，但后面至少逃过整个跌幅的95%，这已经是突发事件中最好的结果了。

经验：开盘大幅低开后，第一个次级别回拉不破顶或者盘整背驰将构成最好的第二类卖点，这类卖点往往是突发事件中最好的逃命点。

当天早盘低开后的回拉不破顶，构成最好的第二类卖点，之后震荡回落，又回到了日线底分型高点2455点下方。

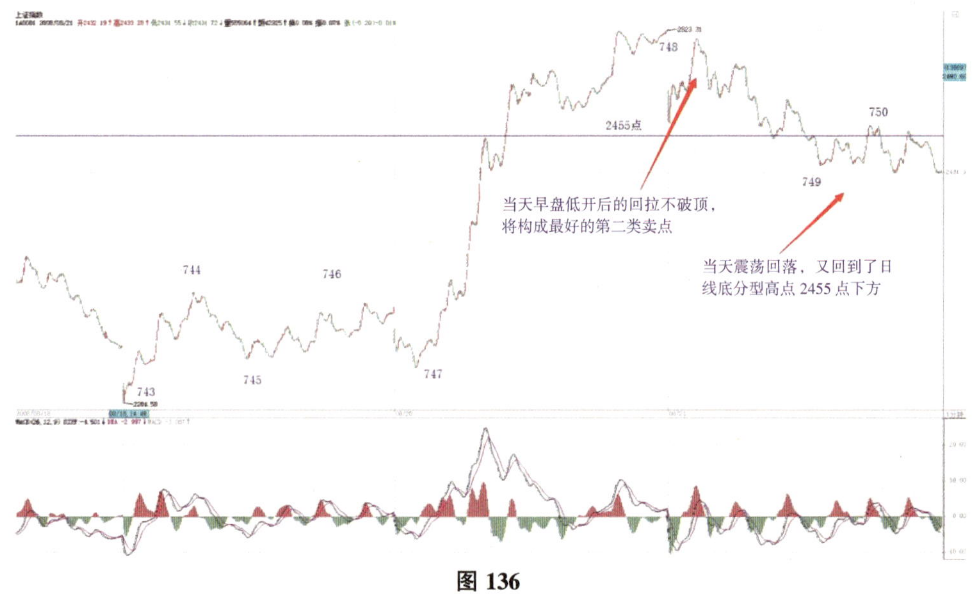

图136

缠中说禅　2008-08-22　15：32：30

由于前几次周末搏消息都以失败告终，所以这次似乎热情不高，但依然没有死心，所以就构成今天围绕5日线震荡的两难局面，因此，周一开盘就决定短线突破方向，技术上一旦5日线走平再张口向下，那么大盘新低就是理所当然了。

当然，高位走掉的，这消息也可以赌一把，只是周一一旦没兑现，就要动作特别迅速，没这水平的，就算了。就算真有什么消息，如果特别实质的，完全可以在高开回来出现小次级别第二类买点时介入，这和大跌的操作相比，只不过反过来罢了。

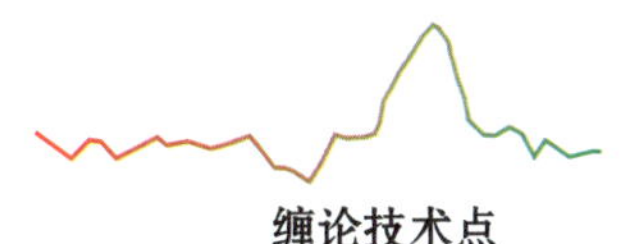

经验：赌消息的，一旦第二天没有兑现，就要动作特别迅速，第二天低开后的反弹不创新高或者盘背要立刻退出。不赌消息的，如果是实质性的利好，可以在高开回来出现小级别第二类买点时介入。

缠中说禅　2007-10-24　21：53：45

当然，有一种稳妥的办法，给那些对大级别背驰判断没信心的，就是都在第二类买点介入，当然，实际操作中，你可以完全不管第二类买点形成中的背驰问题，反正第一类买点次级别上去后，次级别回跌，只要不破第一类买点的位置就介入。这样，只要后面的走势，在下一个次级别不破第一个次级别上去的高点，就坚决卖掉，如果破，就拿着，等待是否出现第三类买点，出现就继续拿着，不出现就卖掉。

解读：二买的操作如图 137 所示。

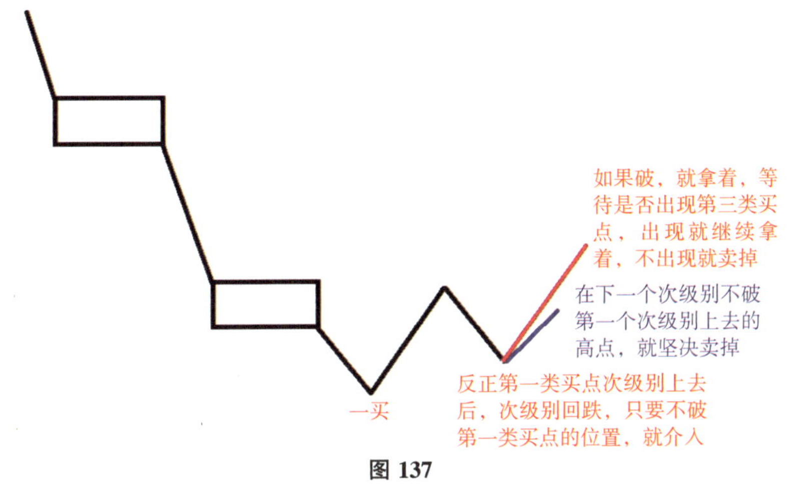

图 137

第三类买卖点

［匿名］新年好　2007-01-05　16：08：22

请问缠姐，“工商银行在 12 月 14 日构成典型的日线级别第三类买点”，是不是说工商银行在 30 分钟线上 12 月 12 日 10：00~12 月 15 日 10：00 形成了一个中枢，再根据“由定理一，可以得到第三类买卖点定理：一个次级别走势类型向上离开缠中说禅走势中枢，然后以一个次级别走势类型回试，其低点不跌破 ZG，则构成第三类买点；一个次级别走势类型向下离开缠中说禅走势中枢，然后以一个次级别走势类型回抽，其低点不升破 ZD，则构成第三类卖点”，12 月 14 日如果是第三类买点的话，在 30 分钟线这天应该是离开中枢后的一个回试，我怎么看不出来啊，并没有离开中枢啊。请缠姐指教。

缠中说禅　2007-01-05　17：25：31

临走回答你，搞清楚，是看哪个级别的。

对日线中枢来说，次级别是 30 分钟，而次级别的完成，需要再次级别，也就是 5 分钟图上呈现 3 段走势类型。这在工行 14 那天有着完美的表现。那天 14.40 元左右刚好完成这三段 5 分钟的走势类型，你可以精确地找到 4.2 元的买点。

请把这三层次的级别关系搞清楚。

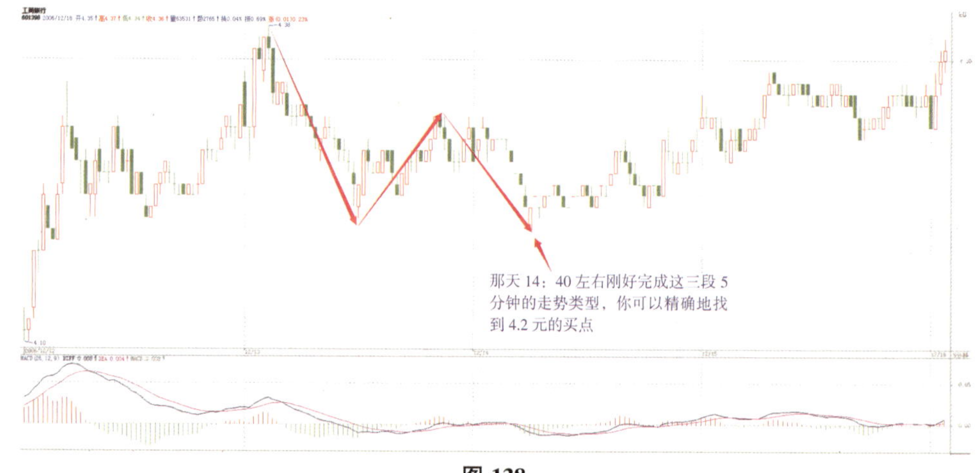

图 138

解读：抓三买的三个层次的级别关系：中枢级别最大，假设为 N_3 级别，它是由 3 个次级别 N_2 级别走势构成，每个 N_2 级别走势至少由 3 个 N_1 级别走势构成，那么三买就是离开中枢的次级别完美后，有 3 个 N_1 级别的走势完成即可。

缠中说禅　2007-01-08　21：11：59

为什么要到第三类卖点才卖，第一、二类卖点时为什么不卖？还有，第三类卖点是必然有的，但是该级别中最后的逃命机会，在急促走势中往往是一闪而过，期货中更经常这样。

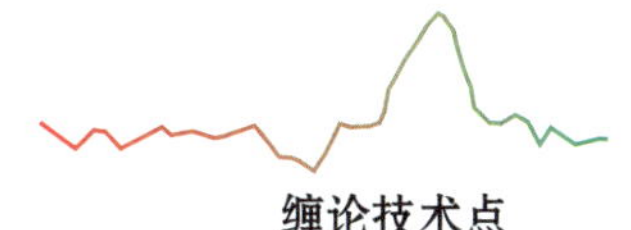

经验：三卖是必然有的，是最后的逃命机会，在急促的走势中往往一闪而过，期货里更常见。

［匿名］**插班生　2007-01-16　21：49：29**

转贴过来，请楼主指点。

再次学习第三类买点，体会如下，请楼主指点。

例如：日线的第三类买点，由离开日线中枢（在 30 分钟线上）的次级别走势类型（由 5 分钟线确定）回抽不再回到日线中枢的 ZG 产生，而这个回抽是由日线中枢的次级别（5 分钟线上）走势类型确定的。

而要完成该回抽走势类型（5 分钟线确定），需要包含 2 个该回抽走势类型的次级别中枢（在 1 分钟线上），所以介入点一定是 5 分钟线上的回抽走势类型完成后，即产生新的走势（1 分钟线上的新中枢），这时才代表回抽走势类型的完成。

——走势终完美。

缠中说禅　2007-01-16　22：09：27

没必要，只要在 5 分钟的第一类买点介入就可以，这关系到背驰的判断问题，以后会继续说。在实际操作中，如果判断不准，就参照一下技术指标，一般这时候，30 分钟的 MACD 有一个回抽 0 轴的动作，一般都不该跌破。

解读：这是辅助判断日线三买的实战经验，三买附近往往是 30F 的 MACD 黄白线回抽 0 轴的动作，并不要跌破。也就是说一个 30F 一段或者 3 个 5F 的段的回拉，使得在 30 分钟图上，MACD 黄白线刚好回抽 0 轴附近。比如，002150 在 2019 年 12 月 12 日 9：50 的三买，如图 139 所示。

缠中说禅　2007-01-26　16：06：47

各位看好了，本 ID 分析给大家看。

昨天 13：40 开始的下跌趋势把 MACD 黄白带到 0 轴之下并远远离开 0 轴，在今天 9：30，黄白线和柱子都是最低，然后出现三波的反抽，9：50 结束，第三波十分弱，但 MACD 的黄白线已经重新拉回 0 轴附近，其后出现第二轮下跌，一直到 10：57，和上一轮比，MACD 没创新低，引起标准的背驰。

注意，MACD 在 10：17 更靠近 0 轴，这叫双次拉回，一般双次拉回都上不去，一定有再次下跌的。一般这种双次来回的第二次，都是构成下跌中的第一个中枢，特别在跌破前面中枢后，这其实刚好构成一个标准的最小级别的第三类卖点。

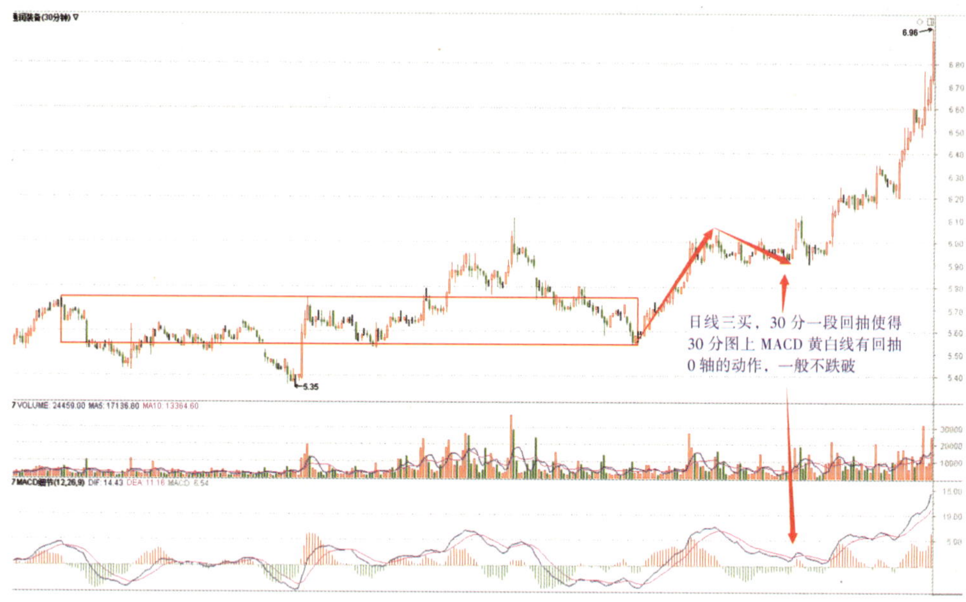

图 139

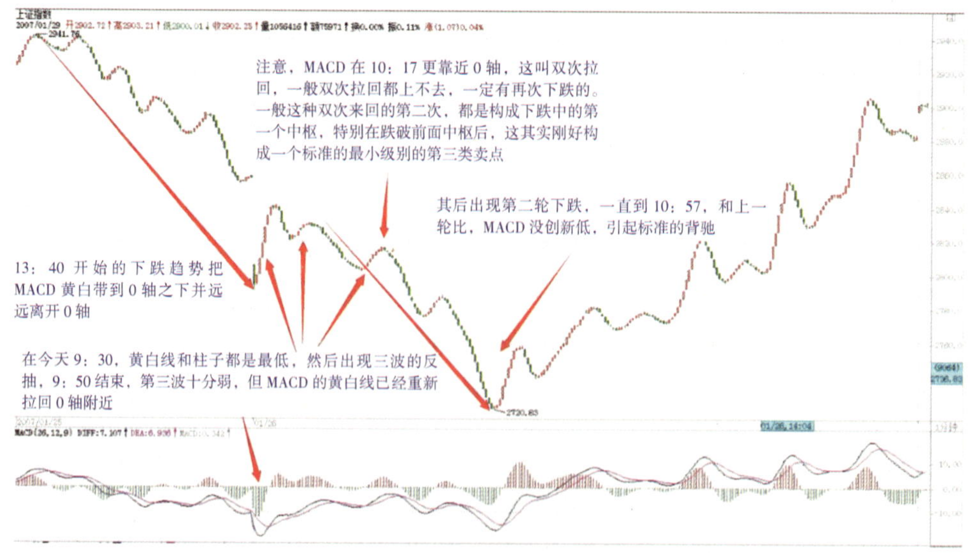

图 140

经验：一般这种双次来回的第二次，都是构成下跌中的第一个中枢，特别是在跌破前面中枢后，这其实刚好构成一个标准的最小级别的第三类卖点。

实战中，还有一些三卖的形态和这个类似，多少有一些变化，但本质不变。比如中枢使得 MACD 黄白线单回抽，然后再次远离 0 轴，三卖只是使得白线再次向黄线靠拢一下，例如 000049 在 2018 年 1 月 25 日的三卖。

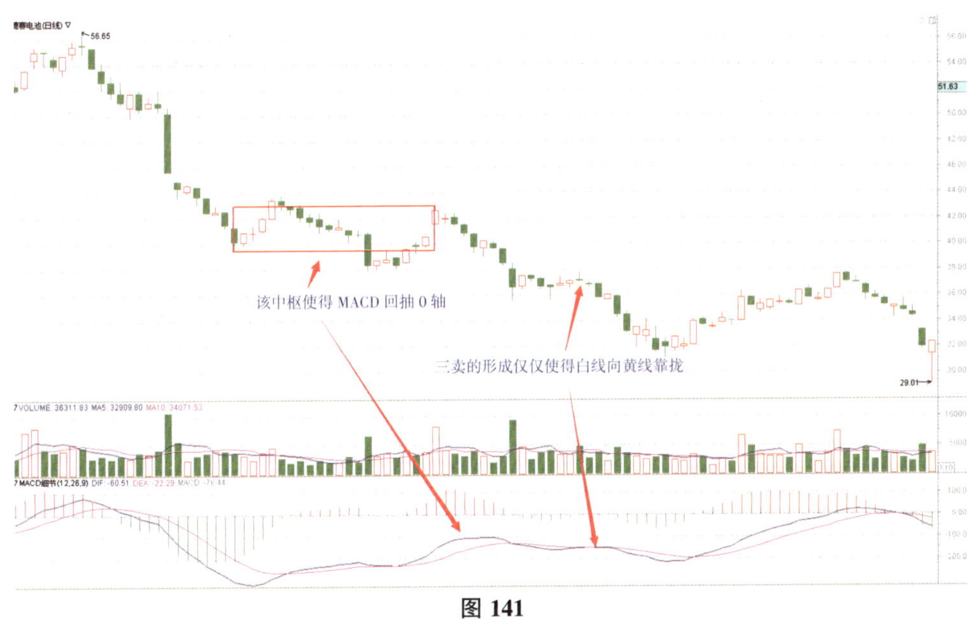

图 141

［匿名］**中间体　2007-02-08　16：15：34**

问缠姐一个很要紧的问题。

第二类买点是不是看中枢的第三段，而第三类买点看中枢的第一段。对吗???

缠中说禅　2007-02-08　16：31：37

不完全对，次级别上涨后，第一次次级别回调构成的第二类买点，其后肯定有利润，但经常会演化成大级别的盘整，特别是在一些超级底部里，所以那时候要看中枢的演化情况，根据中枢次级别的走势来决定大型中枢的第二类买点。而第三类买点和第二类买点在判断上唯一不同的是，第三类买点的中枢级别比下面突破的中枢要小。

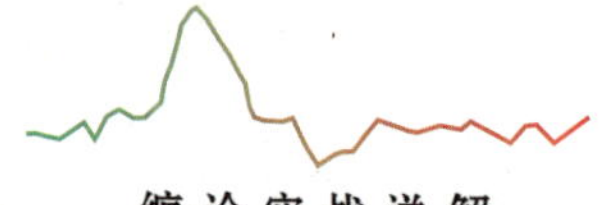

这些关键具体的区别，以后都会详细说到的。路还长着了。

经验：超级底部的中枢级别一般都会比较大。三买的中枢级别是次级别，下面突破的中枢是本级别，所以中枢级别要小。

［匿名］小鸟　**2007-02-13　15：12：38**

妹妹你好！

我觉得自己现在的操作基本上都是成功的，但有一点把握得不好，中枢完成后继续上涨的一段，大概会涨到什么幅度？虽然妹妹说过走得晚不如走得早，但我总是紧张过度，看着点苗头就跑了。

请问是不是中枢的前后两段大致对称？就好像一只蝴蝶，中枢是身体，前后两段就像翅膀。

多谢！

缠中说禅　2007-02-13　15：14：57

第一个中枢后上扬的一段，如果不出现背驰段，那就会形成第二个中枢，如果这中枢的级别比第一个低，那这个上涨就厉害了，所以不用急。具体、详细的，以后会说到。

缠中说禅　2007-02-13　15：17：44

补充一句，换句话说，任何能第一、二、三类买点完美出现的，基本比较厉害。

解读：第一个中枢之后，离开中枢的那段如果没有背驰段，一般就会形成一个中枢，如果该中枢级别比第一个中枢的级别小一个级别，那么这个小级别中枢在实战中可以看作是下方中枢的三买。

例如，603888 在 2020 年 1 月 8 日形成的那个小中枢，实战中就可以看作是下方大中枢的三买。

此外，还有一个经验：任何能第一、二、三类买点完美出现的，其涨幅空间等一般会比较厉害。比如 2020 年初的第一大妖股 002291（星期六），在周线上就有非常明显的一二三类买点，后面的涨幅近 10 倍。

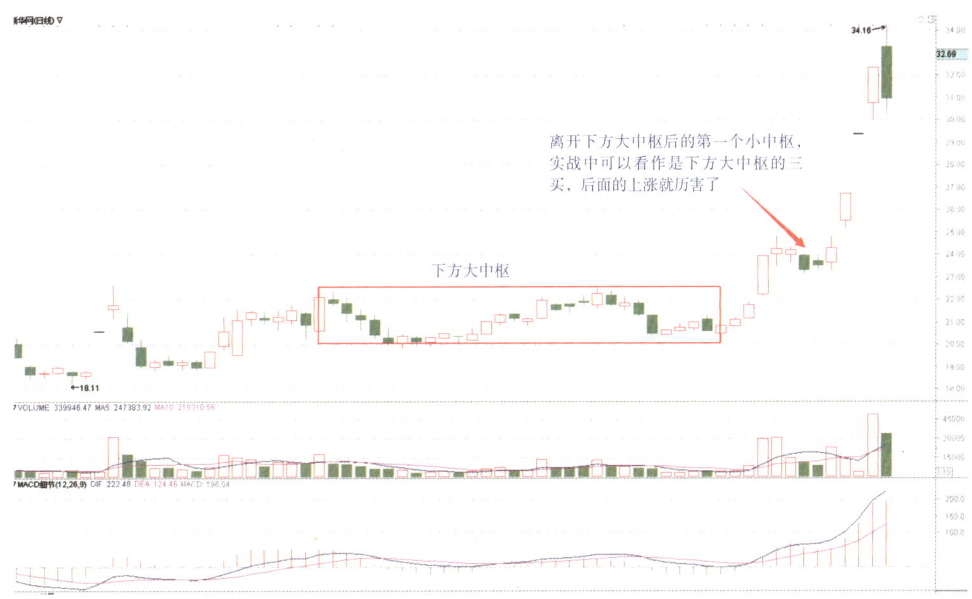

图 142

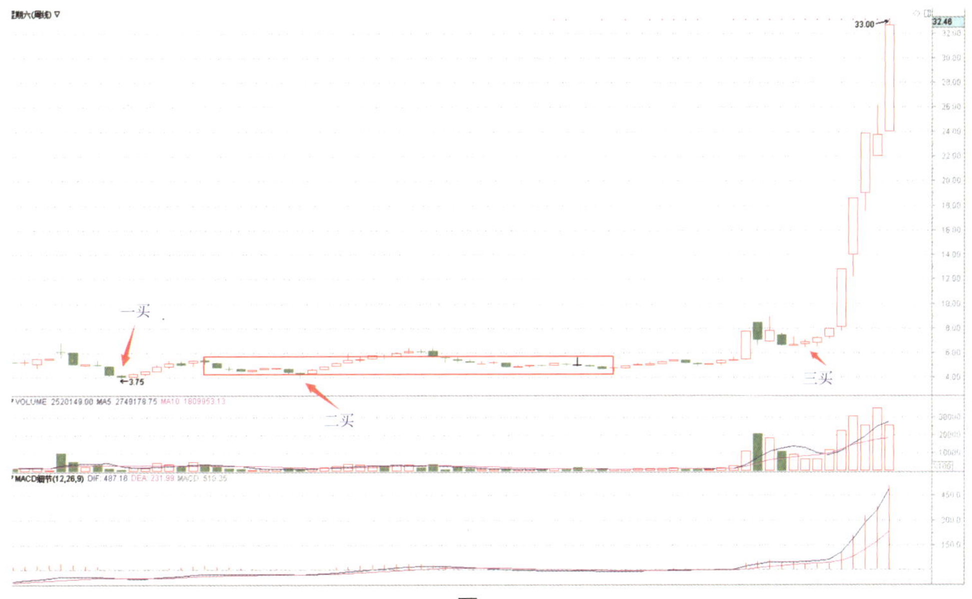

图 143

[匿名] 咕咚　2007-02-13　16：04：04

缠姐好~今天有机会问问题了。

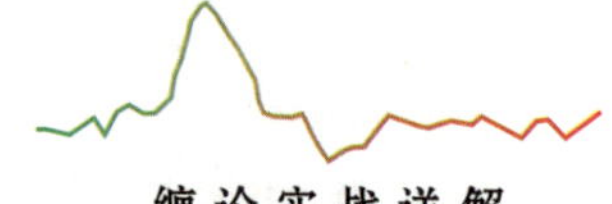

同样条件选取的股票，后期的走势强度却相差很大，有没有辨别的方法呢？

比如：

缠姐说要关注农业后，我选取了3个股票，600540、600359、600506，首先排除了600540，其次排除了600506，于1月26日介入600359（3类买点），其后600506的走势竟然最强，在技术层面上有没有识别方法呢？

缠中说禅　2007-02-13　16：11：23

600506第三类买点在最高价外形成，一般情况下，当然比在最高价下形成的600359要快点，因为，至少节省了过最高点时的磨蹭。当然，这是一般性的结

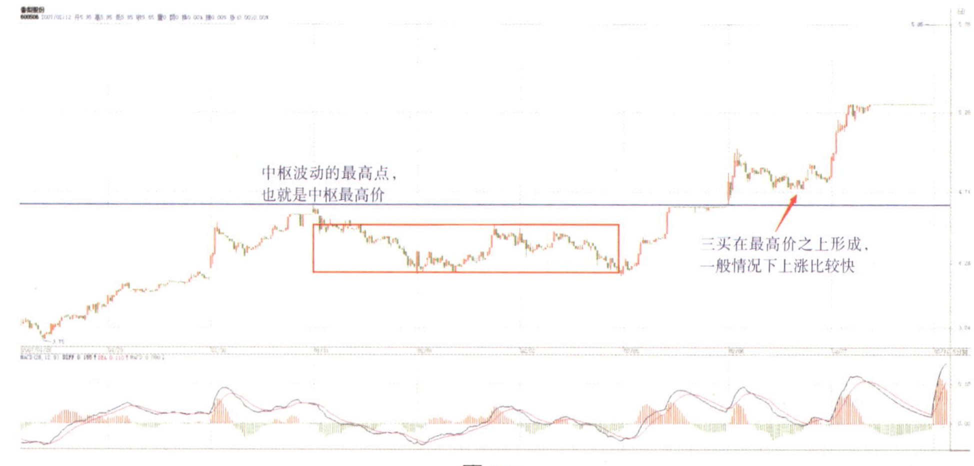

图 144

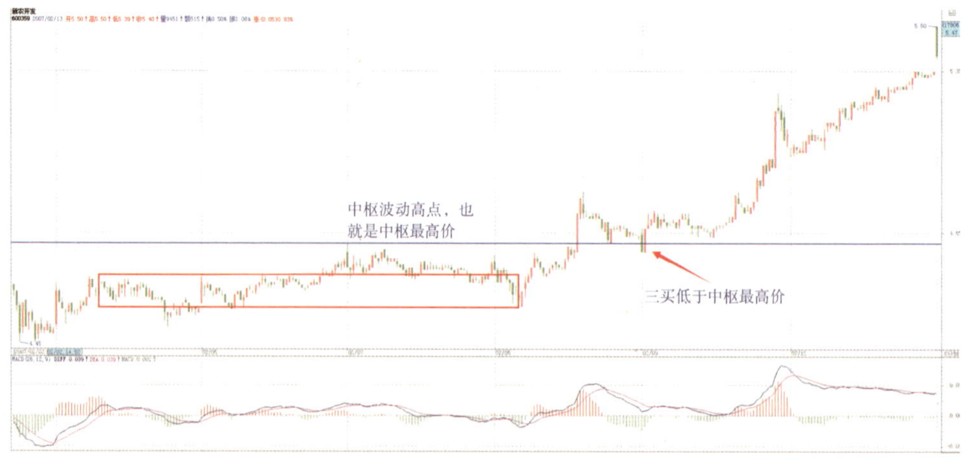

图 145

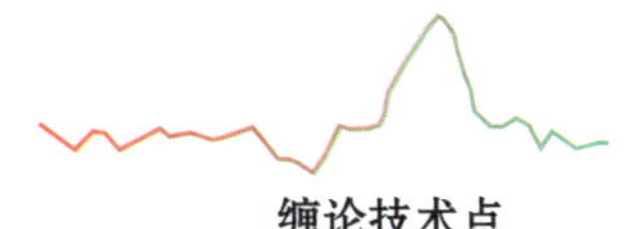

论，而不是绝对性的。

解读：优先选择三买高于中枢波动最高点的，也就是 GG 点的，因为这样节省了过高点时的蓄势。这也说明在突破前高之前，一般都有一个蓄势的动作。

［匿名］小鸟　2007-03-02　15：59：54

三类买点是不是只要没触到中枢的最高点，即使触到中枢波动的最高点也算是吧？

缠中说禅　2007-03-02　16：01：38

次级别不跌回中枢里面就是，但能不跌回最高点，那自然是最强的。

经验：三买优先选择不跌回 GG 的。

［匿名］i3618　2007-03-01　15：55：00

请教博主，是否在 30 分钟下出现第三类卖点，就要继续向下呢？理论上有可能出现第三类买点吗？

缠中说禅　2007-03-01　16：19：57

第三类买点是在中枢上面出现的。震荡的处理很简单，即看次级别的背驰弄对冲。当然，最好就是找有大级别第三类买点的强势股票，这样，大盘只要不一天内大幅下跌，一般都很安全。

经验：中枢震荡的处理就是看次级别背驰。最好找大级别三买的强势票，大盘只要不出现日内的单边下跌一般都安全。

［匿名］后知后觉　2007-03-01　16：19：21

禅主，虽然有人问过了，我还想问一下：

今天上市的平安，您怎么看？当然不是技术上的事，希望您给予指点！

缠中说禅　2007-03-01　16：23：37

其实明白了本 ID 前面的课程，这都很简单。现在 48 元附近有一个小中枢，能否上去形成一个大中枢是能否短线走强的关键。没出现这个之前，基本不用关注。当在下面形成中枢后，如果是短线的，就找一个短线底背驰介入。从中线看，这个位置套不住人。

解读：当天是平安上市首日，在 48 元附近有一个小中枢。

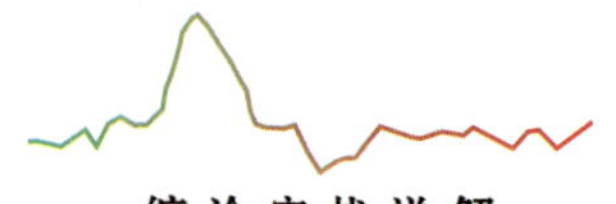

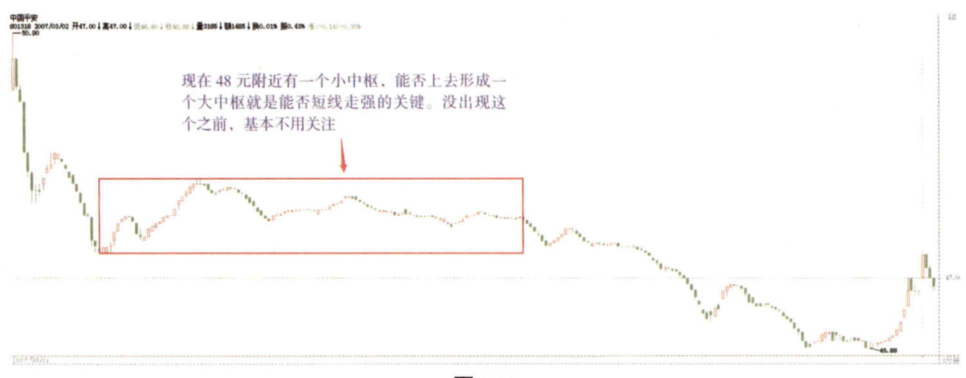

图 146

最终在3月23日，形成了一个大中枢，并且中枢第三段内部是个盘整背驰，如果是短线就可以在这个位置介入。然后就是向上离开中枢的走势，之后的一个次级别回抽不再回中枢内，则构成第三类买点，4月5日出现了该买点。

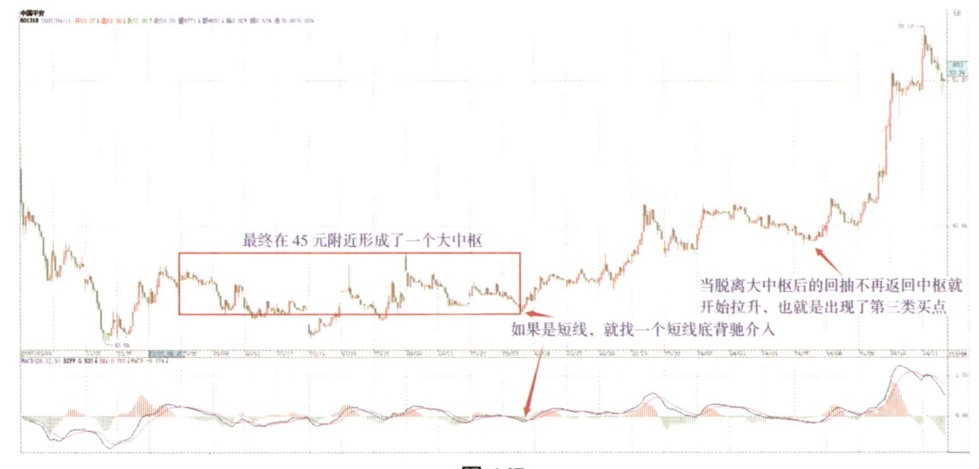

图 147

经验：短线走强，一般是要能站到近期较大中枢的上方，在站稳之前短线不用关注。

［匿名］后知后觉　2007-03-12　16：07：16

强烈呼唤禅主：

最近有些迷惑，连以前学的也有些吃不准了。

希望您花一点时间，把最近的走势，从5分钟到30分钟都给说一次，中枢

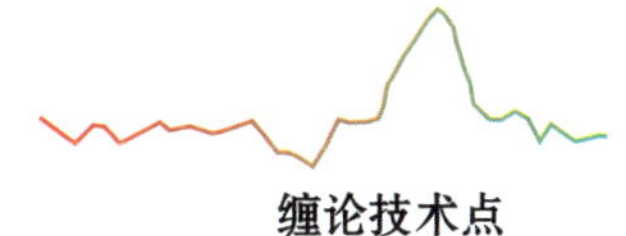

在哪里形成，怎么上去，怎么盘整的？接下来是怎么判断？

学的东西有些回退。希望禅主给一次清晰的讲解。

群里很多同学也跟我一样。谢了！

缠中说禅　2007-03-12　16：28：30

每天都在说，像8日2871形成第三类买点，然后上去最后扩展成30分钟中枢，那天还特意中午上来发帖子，告诉新的中枢是从7日的2911算起。注意，本ID的话都是有针对性的，当下的指出才是最有学习效果的，现在回头看，又变成干巴巴的理论分析。当下的理解，你整个身心都会关注着，这样的理解对形成直觉是有好处的。

任何走势都逃不过本ID的理论，大盘每天的走势就是免费的、最鲜活的教程。你必须随时能回答，现在大盘在干什么，例如，今天整天就是2911中枢上的震荡，早上的跳水看似恐怖，但却在2911附近止住，证明其向上的动力还是强的。但由于没在2911之上，所以还不能算是第三类买点。然后又是一个5分钟的上去，明天只要任何5分钟的回拉不跌破2911，又形成新的第三类买点。但后面并不意味着一定继续上扬，特别是第二个中枢后，演化成更大级别的中枢，也就是日线中枢的可能是存在的。这一切不用预测，当下看就可以。

解读：这里有一个细节，2871点还是底部上来的第二个次级别中枢，但此时缠师也将它看作是前面大中枢的三买。从实战上看，这种三买大多会最终扩展出更大级别中枢。

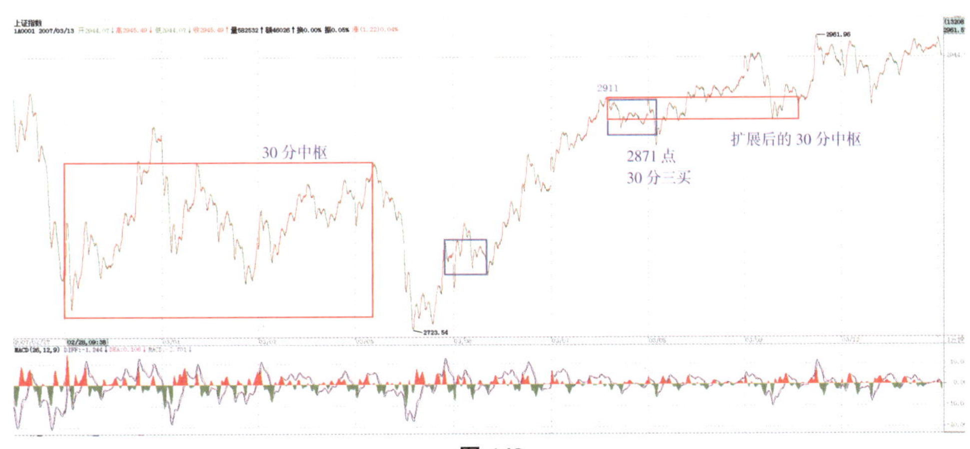

图148

此外，还有两个经验：

（1）盘中的跳水在中枢上沿附近止住，说明向上动力强。

（2）第二个中枢后，即使出现三买，也不意味着一定继续上扬，有很大可能演化成更大级别的中枢。

［匿名］ED 男猿　2007-03-14　15：32：18

另外请问老大，对于日线中枢，当其三买是以 3 个 5 分钟的走势类型（组成 30F 盘整）出现时，此时的买点确定有点困惑：

（1）因为是盘整，又有分解定理，对于其三段 5F 走势的完成不能确定。

（2）如果再找 1F 的背驰点，感觉在上一条都不能确定的情况下，很勉强。

请老大指点。

缠中说禅　2007-03-14　15：39：57

A、B、C 三段，A、C 之间可以比较盘整背驰，C 内部又可以看小级别的背驰，两者配合考察，就很简单了。

解读：对于三段回拉所形成的三买的确定技巧，一是 A、C 之间比较盘背，二是 C 的内部看小级别背驰。

［匿名］大盘　2007-03-14　15：41：05

博主好：

现在对三买的位置还是有点疑问，主要两个方面：

（1）例如一个标准日线下跌趋势走完后，随后形成转折后第一个日线中枢，如果接下来一个 30 分钟离开中枢后又返回中枢，再接着又一次 30 分钟离开，最后 30 分钟回试低点不怕日线中枢高点的情况，算不算三买？

（2）日线上涨形成 2 个日线中枢以后，一个 30 分钟离开第 2 个日线中枢，然后 30 回试低点不跌破第 2 个日线中枢高点，是不是三买。

谢谢。

缠中说禅　2007-03-14　15：56：23

只要次级别离开次级别回抽不回到中枢的都算。但如果是那些连续延伸的上涨中第 4、5 个中枢，其第三买点出现中枢扩展就几乎是百分百的事情。第三买点后能否出现上涨趋势而不是更大级别中枢，如何判断，这才是关键，这在以后

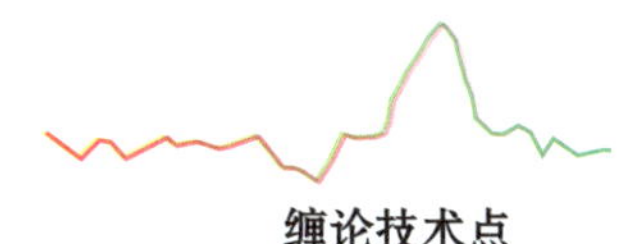

会说到。

经验：三买后能否出现上涨趋势而不是更大级别中枢，这是做三买的关键。尽量做第一个中枢的三买，因为第二个中枢以后，出现中枢扩展的概率非常大。

空读　2007-03-22　15：35：59

缠老大好，某一级别的一段走势，在当下，如何判断走势是否结束？

比如30分钟级别第二段向上的走势，如果没到达到第一段的高点，稍微拐头时，从何判断是小跌一下形成一个小级别中枢后再冲高，还是已经走完，一直跌下去了。拐头时下跌多少才能判断出来？要形成低级别的第三类卖点才能确定吗？

缠中说禅　2007-03-22　16：03：48

背驰、盘整背驰，都是走势分段的依据，所谓第三类买卖对盘整结束的确认，最终也要看其内部结构的背驰、盘整背驰。不是等真跌了才问卖不卖，而是涨的时候一旦进入背驰的区间套里，就要陆续走。当然，资金小的可以等到最后几个价位，资金大的就不可能了。第一卖点没走，就要在第二卖点走。如果等到第三卖点，估计都跌很多了。宁愿卖早了，坚决不要卖迟了，股票都是废纸，有钱还怕买不到废纸。

解读：第三买卖点最终也要看其内部结构的背驰和盘背。一旦进入背驰的区间套里，要陆续走，宁可卖早，决不卖迟了，抱着有钱还买不到废纸的态度。

［匿名］钱龙　2007-04-02　21：11：58

缠姐好，对于第三买点的形成还有点疑问，为什么你说次级别回抽在次级别图中只要回拉两次就可以了，我想，即使这个次级别回抽是盘整走势，也应该最少有五段，那就是有三次回拉才完整，不知该如何理解。

缠中说禅　2007-04-02　21：22：12

那两次回拉的是次次级别的，这个问题以前说过。三个次次级别构成一个次级别，想想这就明白了。

解读：很多三买都是由两个次次级别的回拉构成，三个回拉往往是最后一个回拉构成收敛三角型。例如002557在2019年12月30日形成的周线三买，就是由下上下3个日线笔（次次级别）形成的收敛三角型构成。

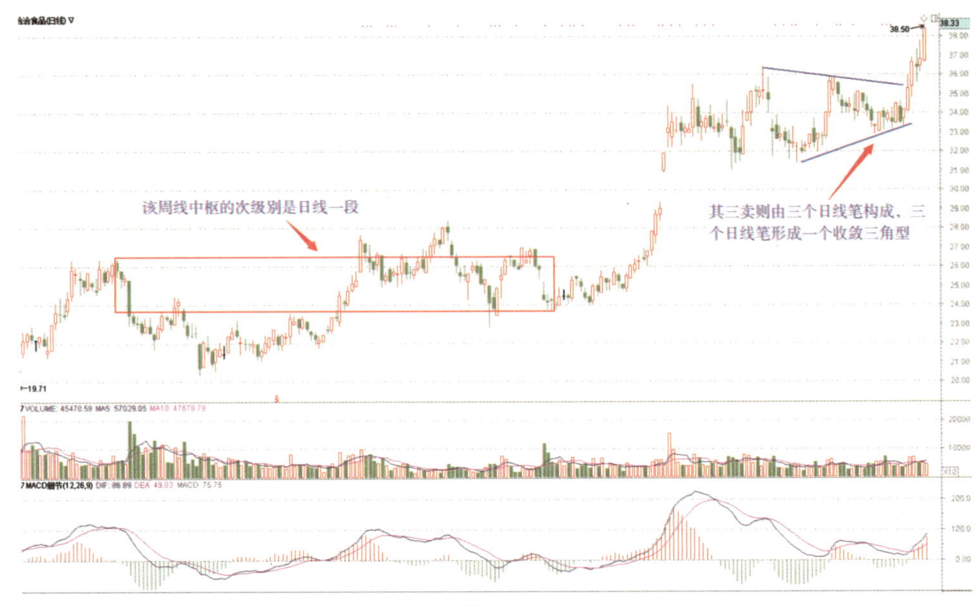

图 149

[匿名] 新浪网友　2007-05-22　16：21：43

妹妹我又糊涂了，为什么离开的那个次级别中枢可以在原中枢之内啊？离开的意思不是不在原中枢啊？不是离开的跟回试的都不到原中枢吗？

缠中说禅　2007-05-22　16：35：58

你说的是中枢，中枢不是走势的全部，中枢上面离开了也就是离开。围绕中枢的震荡，只要是价格不在中枢里，就是离开，只是这种离开一般都被抽回来了。第三类买卖点之所以重要，就是离开后抽不回来了。

经验：也就是说刚突破本级别中枢后，在上方形成次级别中枢，这个中枢看作三买并不能绝对保证安全，因为并不是次级别离开和次级别返回构成的三买。例如，跳空后的岛形反转，当下看是本级别中枢上方形成了次级别中枢，但由于是跳空的方式离开本级别中枢，所以严格的次级别离开 + 次级别返回的三买是没有的，因为离开的走势级别不够。

而如果离开本级别中枢的次级别走势的中枢在本级别中枢内，这是允许的，而且是大多数的情况。

缠中说禅　2007-05-24　15：58：08

注意，并不是说一定要形成该级别第三类卖点后才能大幅度下跌，完全可以用该级别以下小级别的第三类卖点突破中枢。但有一点是肯定的，就是只要足够长时间，该级别的这第三类卖点一定会出现的。当然，在最极端的情况下，这个卖点可能已经在离中枢很远的位置了，但有一点是肯定的，就是该卖点后一定继续向下。而上涨的情况相反，第三买点后一定继续向上，一个最好的例子就是600477 在 2007 年 4 月 9 日这个小级别的第三类买点。

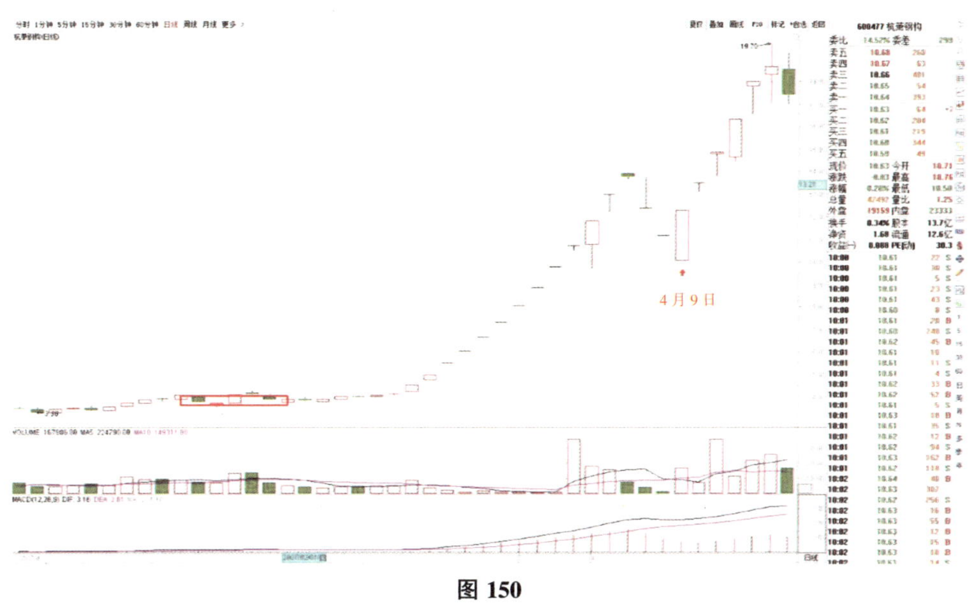

图 150

这个买点离 2 月的中枢很远了，但依然有效，而且还是在加大监管的条件下，本 ID 的理论继续发挥作用，为什么？因为那些监管并没有破坏本 ID 理论成立的两个最基本的前提。还可以看 600837 在 2007 年 2 月 6 日的例子，如图 151 所示。

至于暴跌的例子，现在很难找到，老一点的投资者应该都记得庄股跳水后，第一次反抽后再继续更大幅度下跌的例子，那就是第三类卖点。

解读：看一下当年的德隆三驾马车，由于湘火炬已经退市，就看另外两个，合金投资和新疆屯河（现在叫中粮糖业）。

图 151

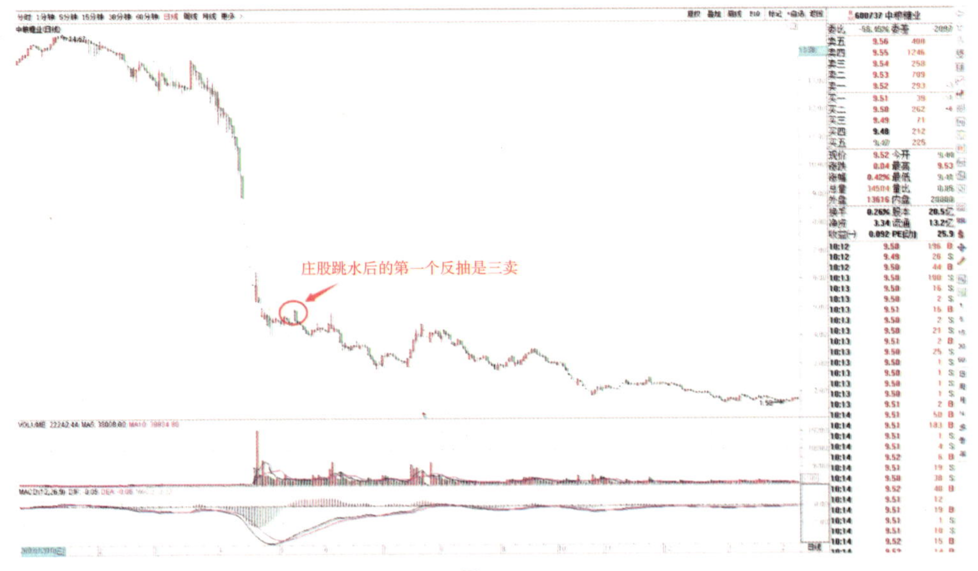

图 152

经验：在实战中，一个大级别中枢上方的一个次级别三买或者次次级别的三买就值得注意了，因为在加速时，级别一定很小，而要出现大级别三买，基本主升浪就快完了。

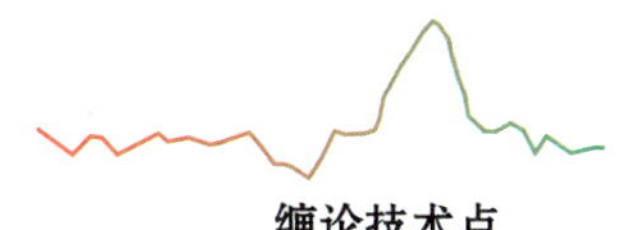

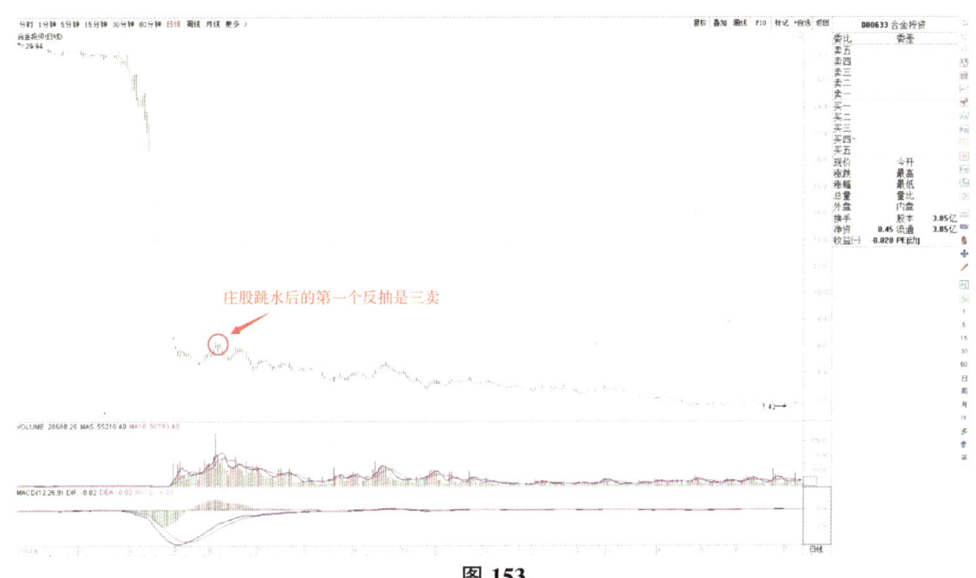

图 153

缠中说禅　2007-05-24　01：37：31

必须注意，在这种大幅快速波动的情况下，一个小级别的第三类买卖点就已经值得介入。例如对一个周线中枢的突破，如果真要等周线级别的第三类买卖点，那就要一个日线级别的离开以及一个日线级别的反抽，这样要等到何年何月？因此，一个 30 分钟甚至 5 分钟的第三类买卖点都足以介入了。但这里有一个基本的前提，这种小级别的大幅突破必须和一般的中枢波动分开，这种情况一般伴随最猛烈快速的走势，成交量以及力度等都要相应配合。

这种操作，如果理论把握不好，有一定风险，就会和一般的中枢震荡搞混了。因此，理论不熟练的，还是先按最简单的来，例如，对周线中枢的突破，就老老实实等周线的第三类买点。

注意，卖点的情况，即使理论不熟练的，宁愿按小的来，因为宁愿卖早，决不卖晚。不过，对于大级别中枢来说，如果还要等到第三类卖点才卖，那反应已经极端迟钝了，那第一、二卖点去哪儿了？市场里可不能随地睡觉。

经验：实战干货来了，也就是说，一个小级别的三买如果也突破了大级别中枢，并伴随着猛烈快速的走势，那么一定要参与，否则可能就错过了主升段，但要注意的是，一定是猛烈快速、成交量配合的三买，而不是疲软的，且这个只是小级别三买，而非很多人所说的什么类三买。看几个例子吧：

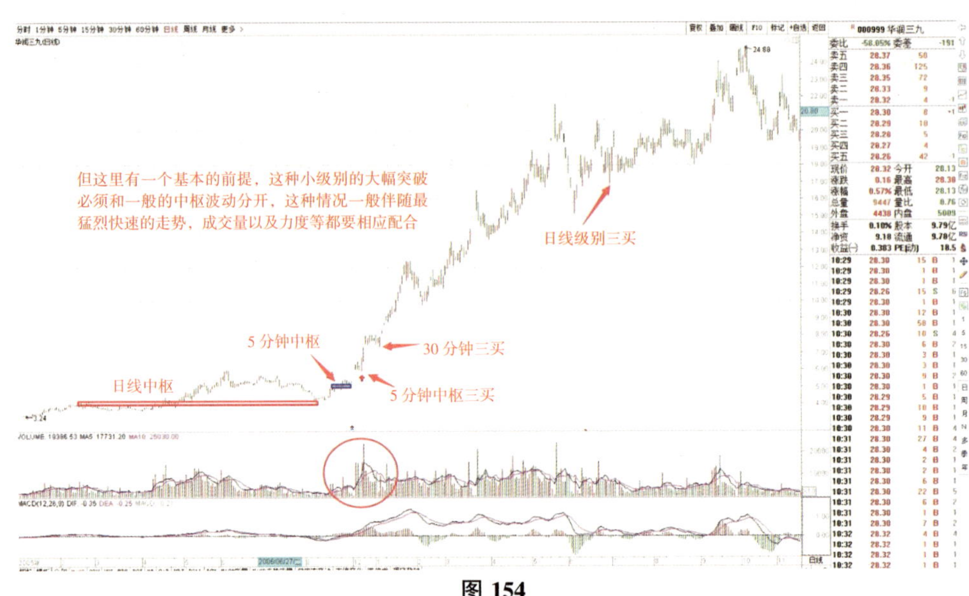

图 154

图 154 是缠师曾做过的华润三九（000999），缠师介入的位置就是那个 5 分钟中枢的三买。再看一个案例：

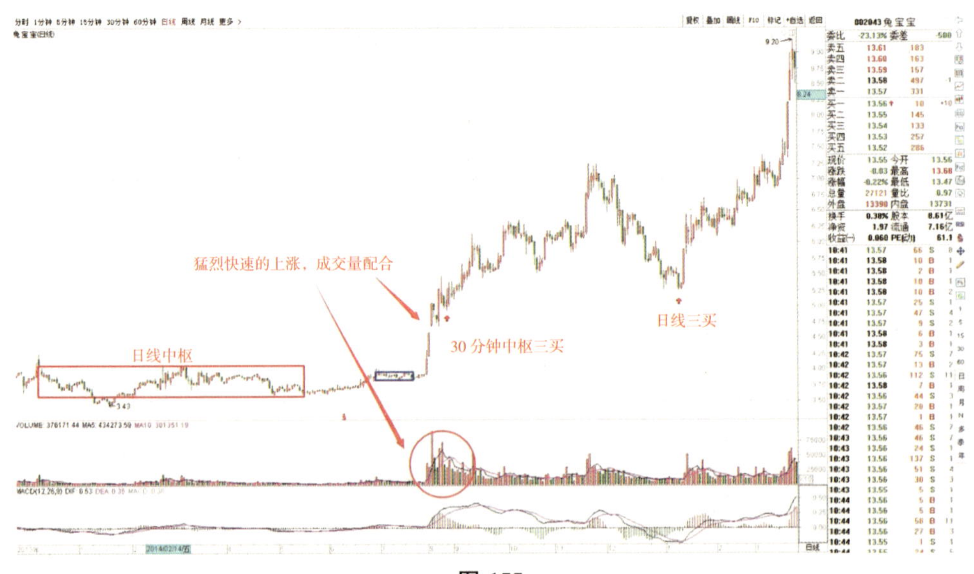

图 155

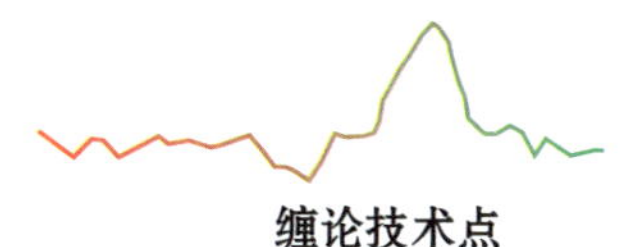

兔宝宝（002043），图155中红色框是日线中枢，白色框是30分钟中枢，第一个白色圆圈是30分钟三买，第二个白色圆圈是日线级别三买。

为了加深印象，再看一个案例：

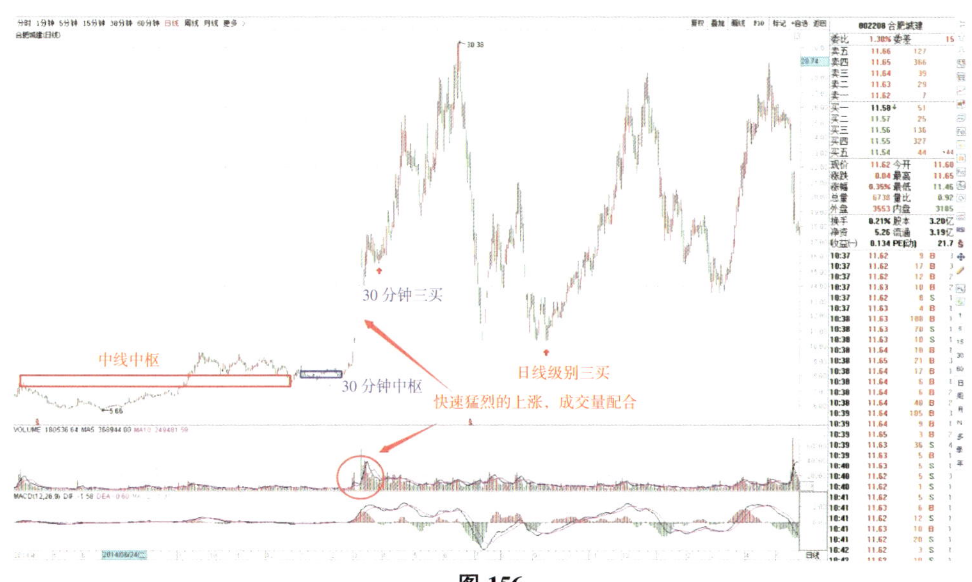

图156

合肥城建（002208），如图156所示，红框是日线中枢，白框是30分钟中枢，白色圆圈是30分钟三买，红圈是日线级别三买，可以看到日线级别的三买距离30分钟三买已经很久了，而且价格还更低。

这种操作不仅需要理论，还需要经验，因为很容易把级别搞混。虽然这种操作很诱人，但还是循序渐进地来，把基础的东西搞熟练了再研究这个。

第三类卖点的话，就宁愿按小级别来做，宁愿卖早了，决不卖晚。因为卖早了也是盈利的，但一旦卖晚了，可能的结果就是盈利变亏损。

缠中说禅　2008-06-12　15：23：31

当然，上面说的是两中枢的标准下跌情况，如果外围因素恶劣，出现多中枢的下跌，这也是理论所保证的，关键看第二中枢第三类卖点后是否真正背驰，这在当下很容易判别。至于还有不破位，直接小级别转大级别的情况，那是第二中枢出现第三类买点的情况，这种不常见的情况万一出现，都在理论的可观察范围

内，所以还是可以充分把握的。

经验：下跌趋势的第二个中枢出现后，还有不破位的情况，那么该第二个中枢出现第三类买点是介入时机。

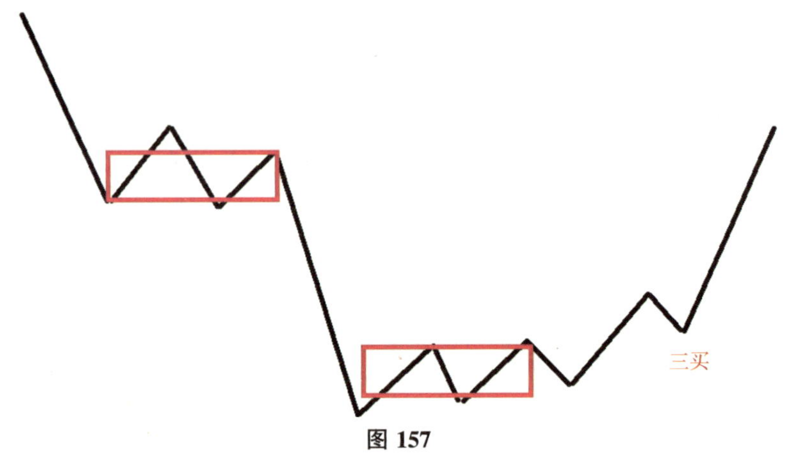

图 157

缠中说禅　2007-10-24　21：53：45

（1）在一个大级别的中枢上移中，一个小级别的第三类卖点，唯一注意的是这个卖点扩展出来的走势，是否会改变大级别中枢上移本身，这里，根据大级别的走势，不难发现其界限。因此，这种第三类卖点的操作意义就不大，关键是警戒的意义。如果是短线的短差，那也是小级别的中枢震荡中来回操作，因此这个第三类卖点也只是构成一个震荡意义的操作点。

解读：例如在一个 30 分钟的中枢上移中，力度最大的一个 5F 级别的上涨过程里，出现了一个 1F 回调并有 1F 的三卖，那么此时这个 1F 三卖之后即使跌破最后一个 5F 中枢，也依然是最后一个 5F 的中枢震荡，并不能改变该 30 分钟级别的中枢上移，而如果图 158 中蓝色的中枢是 5F 级别的，并出现 5F 级别的三卖，那么最差的情况是跌破 30F 三买那个回调走势的高点，从而构成了 30 分钟的第二个中枢，这就改变了该 30 分钟中枢的上移。

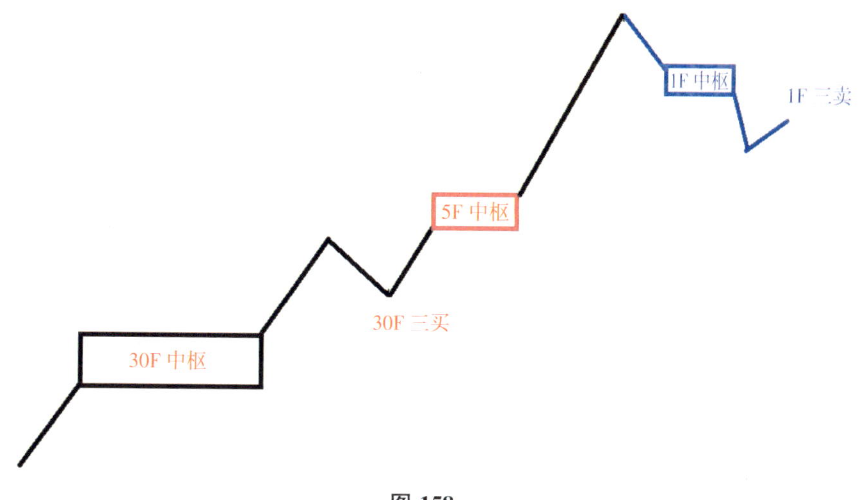

图 158

（2）在一个大级别的中枢下移中，这样，一个小级别的第三类卖点，其意义就是这个卖点是否让大级别中枢的下移继续，如果继续，那就意味着这里没有任何的操作价值（当然，如果有卖空的，那是另算了）。这类第三类卖点的操作意义基本没有，如果说卖，大级别都中枢下移了，好的卖点估计都过去了 N 的 N 次方个了。也就是说，市场已经给你 N 的 N 次方卖的机会，你还没改正，那你大概更适合去卖豆腐了。

解读：大级别中枢下移中的小级别三卖，其意义只是是否让大级别中枢的下移继续，操作上没有太大意义，因为如果要卖，早就应该在大级别的卖点卖了。

在一个大级别的中枢震荡中，这样，一个小级别的第三类卖点，其意义要看这是否延伸出大级别的第三类卖点，如果没有这种危险，本质上不构成大的操作机会，只是一个短线震荡机会。而且，很有可能，一个小级别的第三类卖点后，反而延伸出大级别的买点，这在震荡中太常见了。

经验：在大级别的中枢震荡中，只要不出现远离该中枢的情况，那么小级别的买卖点通常会产生大级别中枢震荡的买卖点。

小转大

［匿名］不在潜水　2007-02-06　22：35：21

楼主，有一问题请教。

前提：上升过程形成的日线中枢。

问题：有没有可能在形成日线中枢的30分钟走势的第三段，没有形成5分钟背驰，而由一个1分钟背驰形成向上或先形成盘整再突破盘整向上的走势而结束30分钟的第三段向下的走势？或者还是必定要出现5分钟背驰才能结束这第三段走势？

谢谢！！

缠中说禅　2007-02-06　22：38：54

完全可能。5分钟的背驰至少制造一个5分钟的走势类型，但还可以制造更大级别的，但这都要通过中枢的扩展完成。因此，一个1分钟的背驰，当然也可以构成大顶或大底。

其实这个问题已经说过，想想工行、北辰的例子，都是1分钟顶背驰造成大顶的绝好例子。为什么？就是后面发生了中枢的逐步扩展。

解读：为什么有时候中枢震荡或者构造时，会出现很多小转大的情况，因为是小级别的背驰引发，这是由于大级别方向是向上，就容易出现下跌的小转大。而工行、北辰的场景是行情冲刺阶段，这个阶段也是股价快速大幅变动的时候，此时1分钟的背驰也足以引发大跳水。

［匿名］清　2007-02-08　16：24：03

其实问的主要原因是在小级别做短差，因为调整幅度如果不大，又快速拉升，往往错过买入机会，或出现帮证券所打工的结果。所以想搞清楚小级别如何判断背驰，即使在回抽0轴后，出现了新高，而MACD图上面积却同前比较减少，但立于当下，如何判别会否在下探后再次拉升，而使后面的面积增大而大于前面（回抽0轴前的面积）。

谢谢。希望解疑！

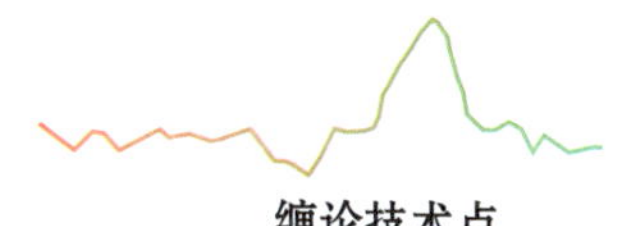

缠中说禅　2007-02-08　16：41：12

这个问题其实多次回答了，小级别的背驰要发挥大作用，第一种情况是在大级别走势的背驰段里，否则，小级别的背驰不会引发大级别的反转，当然也不会产生太大的影响。第二种情况，在急促的走势里，小级别的背驰往往反转的幅度特别大，这也是特别值得关注的。例如工行元旦后的见顶，北辰、酒类股等，都是这种情况。

经验：小级别的背驰只有在两种情况下发挥大作用，也就是最值得参与操作：

（1）大级别走势的背驰段里。

（2）在急促的走势里。

［匿名］百思不解　2007-04-17　15：44：27

楼主好！

即使本级按同级分解规则，但次级以下还要实行非同级分解规则，这样非同级分解在实践中无论如何都绕不过去。感觉以前讲的很多内容理解不好，实际上是对非同级分解规则不清楚，难免产生很多误解得离谱的问题。非同级分解原则还应该有很多细节的，这也是实践中模糊的地方，影响对走势的解读。还请楼主指教非同级分解的原则。

16 课中讲到的反转式、中继式、陷阱式三类走势组合，能代表所有分解情况吗？

以向上的中继式为例（上涨＋盘整＋上涨），其中的“上涨”一定是趋势吗？上涨的级别可以比盘整的级别低两级以上吗？

缠中说禅　2007-04-17　16：03：35

这在上两节都说了，小级别变大级别如何分解，背驰级别一样的如何分解，都说了，都是从背驰点开始分开。

经验：小转大的分解是从背驰点开始的。

缠中说禅　2007-04-20　08：51：58

你应该知道，强力回拉，并不一定需要一个 1 分钟的背驰，在大幅度下跌后，一个分笔的背驰就足以引发盘中大幅回拉该中枢，特别是，由于 10：30 前下跌引发的反抽也是一个分笔的背驰造成的。一般来说，中枢震荡都有对称性，

虽然不是绝对，但已经足以让你不会忽视分笔背驰引发小级别转大级别的极大可能。(分笔背驰，一般可以用 1 分钟 MACD 柱子的长度来辅助。)

经验：

(1) 在大幅下跌后，一个小级别的背驰如果发生在中枢之外，就足以引发大反弹。

(2) 中枢震荡具有对称性。

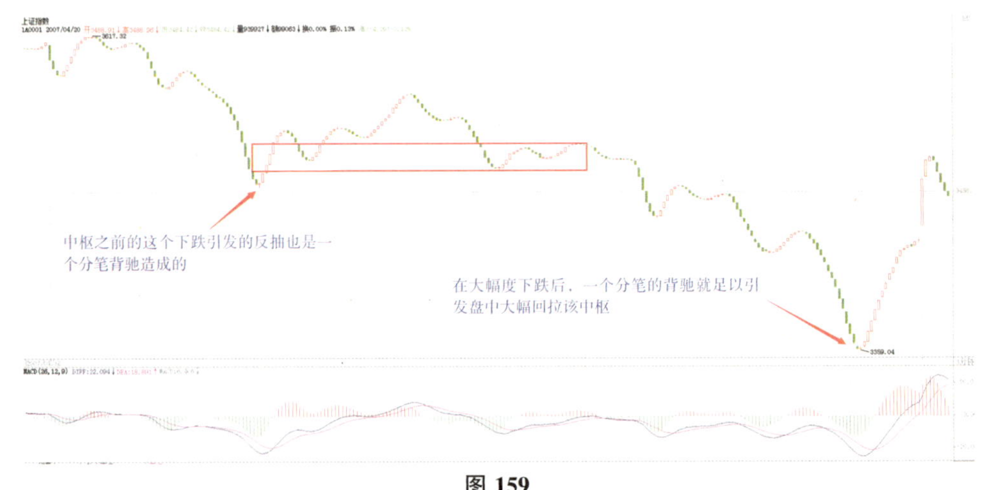

图 159

[匿名] 袖手旁观 2007-05-08 15：59：30

缠 mm 好。

有一个疑问是关于小级别背驰转大级别走势的。有了小转大以后，又多了很多不确定性。

假设日线级别的背驰已经发生，走势处在背驰后回拉最后一个日中枢的过程中，回拉段会因为小转大而被破坏，导致尚未回到最后一个日中枢就出现再转折吗？

按照背驰律，这应该不会发生，因为违背大级别的背驰。不过大级别背驰的回拉段所需时间也相对较长，这期间有可能出现变化吗？暂不管发生概率，只考虑纯理论可能性。

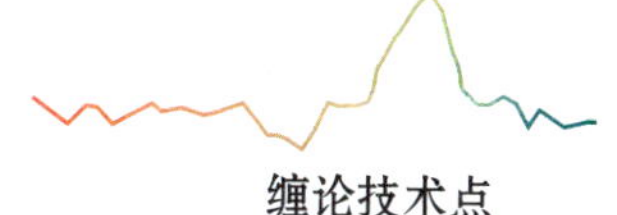

缠中说禅　2007-05-08　16：09：57

转大以后，就按中枢震荡来操作。另外，周期特别长的回拉过程，当然存在理论失效的可能。例如，一个年线级别背驰的回拉，中途可能就出现改朝换代、交易规则的完全改变，等等，这使得理论成立的前提改变了，所以当然可以产生并不完全回拉的可能。但这不是理论的问题，因为理论结论成立的前提是理论的前提能以成立，所以，唯一需要关心的是，理论成立的前提是否改变，不改变，就一定回拉。

经验：小转大以后，就按中枢震荡来操作；在超大级别里，有可能因为出现改朝换代、交易规则改变等问题使得理论成立的前提改变了，而导致理论失效。

缠中说禅　2007-05-30　22：49：10

一个大的盘整背驰段的内部结构，完全可以不必有该级别的背驰，完全可以小级别转大级别。

解读：这又是一个实战干货。也就是说，在大级别的盘整背驰段内部，没必要一直区间套到最小级别，完全可以小转大，只要大级别的盘整是有背驰的，那么当次次级别出现背驰时就可以结束了。

［匿名］砂　2007-07-31　16：25：58

请教缠主，今天在1分钟在早上9：41~10：35那段下跌，没有很明显的背驰，为什么后来的反抽上去的力度这么大呢，在很多股的走势，有很明显的a+A+b+B+c的，但大盘1分钟很不明显。

谢谢！

缠中说禅　2007-07-31　16：47：59

背驰的概念，标准的在最低级别之上用，线段上的，只能是类背驰的判断。因为，在线段里，如果是类小转大的，判断起来就不能光靠MACD了，那时间太短，不够灵敏度。一般来说，小转大都有一个小平台，等小平台确认向上再介入更好，因为小转大的平台，是可以往下突破的。不过还是要强调，除非已经技术很好，不要参与1分钟以下的操作。

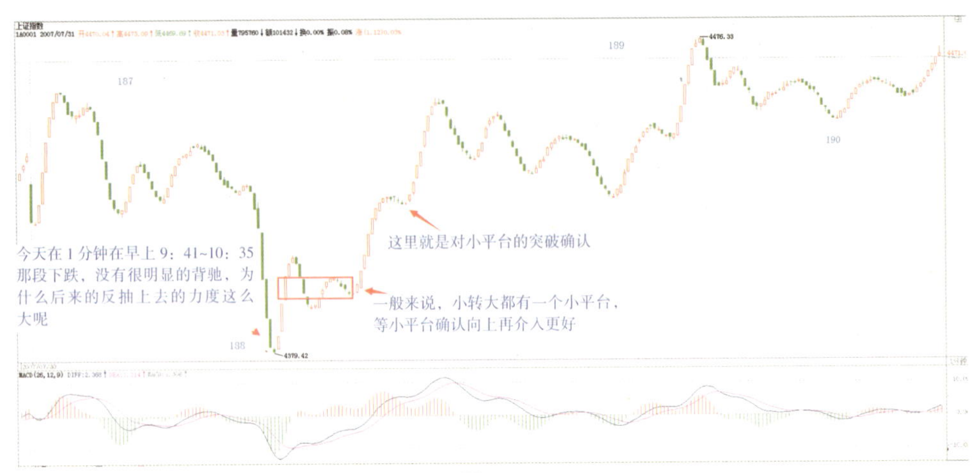

图 160

经验：对付小转大，要在小平台的第三类买卖点介入。

缠中说禅　2008-6-10

那么，现在的操作就极端简单了，一个短线的机会在这轮下跌的背驰点上，然后必须看反弹是否能回补今天缺口，只要不能，一定要走掉，因为必然会有再次的下探去构成更好的机会；反之，如果能回补，就看回补后构成的中枢的第三类买卖点情况。这样的操作安排，完全是绝对性的，没有任何含糊的地方，如果

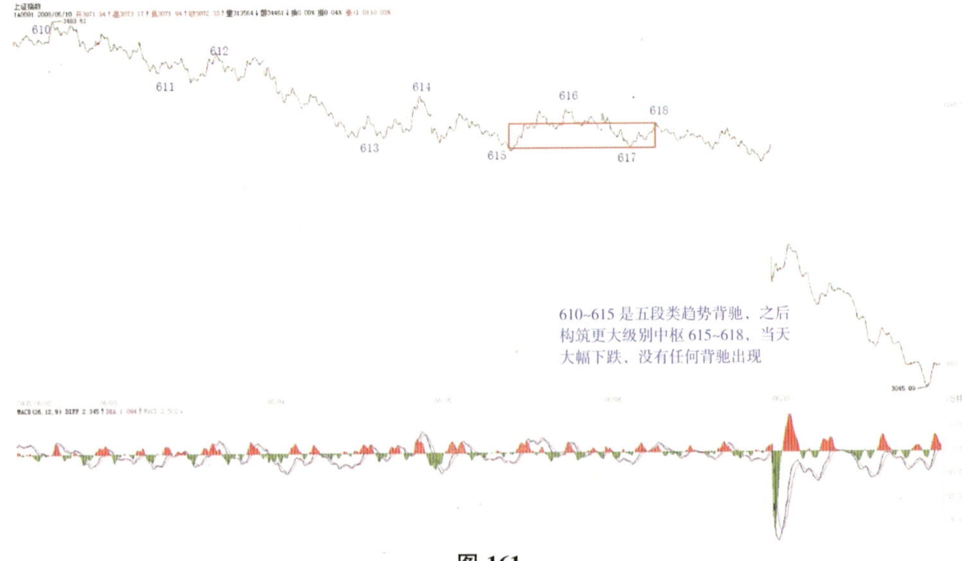

图 161

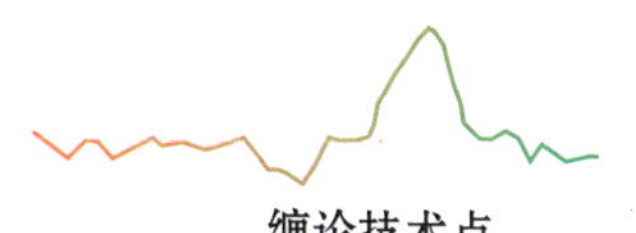

你看不懂，觉得很迷糊，就请虚心把课程好好学，里面都有最数学化的精确定义。

解读：当天出现了大跌，技术上，610~615 是五段类趋势背驰，之后构筑更大级别中枢 615~618，由于当天大幅下跌，因此没有背驰。

下一个短线机会就是等这个下跌的 1 分钟趋势结束，看其后的反弹能不能回补今天的缺口，也就是回到 615~618 这个区间。如果能回补，就看回补后构成的中枢的第三类买卖点，这里也隐含了一个实战经验：当 V 型反转或者是出现大的跳空缺口被回补后，之后构成的中枢的第三类买卖点是决定方向的关键，这个中枢级别无须预判，因为第三类买卖点必然在该中枢之后产生。

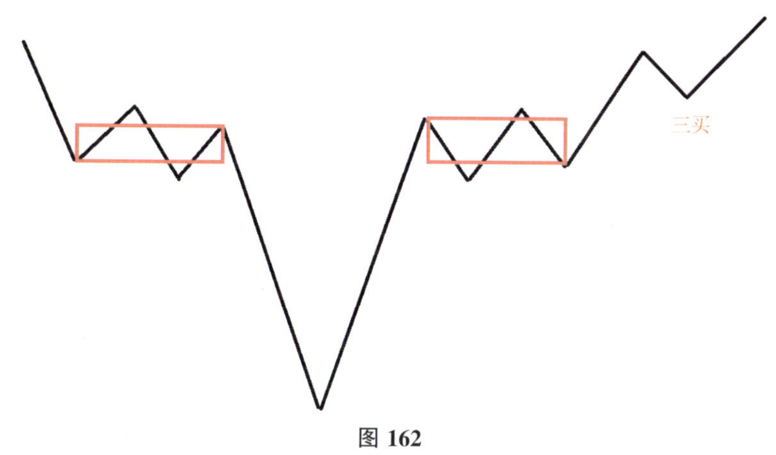

图 162

中枢震荡

缠中说禅　2007-03-05　21：14：20

刚回来，今天大盘的走势，完全在理论所规划的范围内，早上一个顶背驰、下午一个底背驰，基本就是今天走势的全部。但今天的底背驰创出本次调整的新低，而 28 日的 2888 点与今天的 2858 点的连线，就构成后面走势的关键压力，如果后面的顶背驰出现位置不能突破该线，则大盘将继续盘弱直到该线被突破。

在盘整中，绝对不能小看小级别的背驰，特别是那种离开中产生的背驰，例如今天一顶一底，幅度足有 130 点，很多股票的振幅超过 10%，这是减低成本的好机会，大盘在这里震荡的机会已经超过 3 次，如果都能按技术要求把握，对于

散户来说，你的成本足可以减低 30%了。盘整总占据大多数的交易时间，不会利用盘整，基本还是属于不入流的。

技术不过关的，在盘整时完全可以离开，等大盘走强再说。例如一个周线中枢的形成，怎么都弄好几个月，你完全可以回家抱孩子去。但真正的杀手，盘整就是天堂，盘整往往能创造比上涨更大的利润，抛了可以买回来，而且可以自如地在各板块中活动，但能达到这种境界，必须刻苦地学习与训练，如果学不了，就先离开，本 ID 教你一种最简单的办法，就是等大盘周线出现底背驰再来，这样，你 N 年才需要看一次盘，多轻松？

盘整就要敢抛敢买，一旦出现第三类卖点进入破位急跌，就要等跌透，有一点级别的背驰再进入，这样才能既避开下跌，又不浪费盘整的震荡机会，如果技术不熟练，就减少仓位操作。大盘没什么可说的，一个绝佳的练习盘整操作的运动场，要珍惜。

解读：当天低点是个 1F 以下级别的背驰，所以当天的低点并不能算是一个 30F 级别的背驰，因为背驰段并不是次级别的背驰。所以缠师让关注 2888 点与 2858 点的连线，也就是趋势线的压力，说明当天的低点缠师也不敢确定是这波调整的最低点。

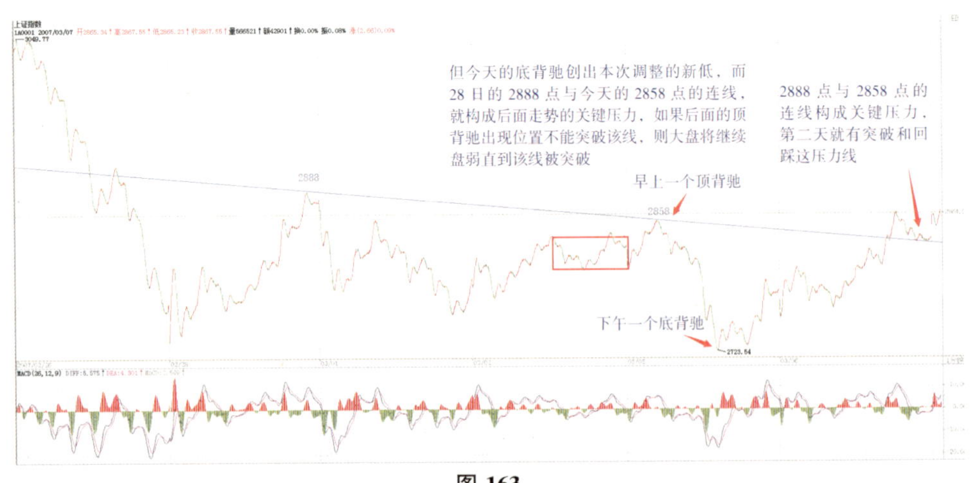

图 163

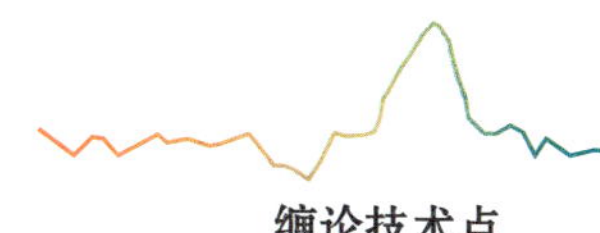

盘整中，绝对不能小看小级别的背驰，特别是那种离开中枢而产生的。

盘整就要敢抛敢买，一旦出现第三类卖点进入破位急跌，就要等跌透，有一点级别的背驰再进入，这样才能既避开下跌，又不浪费盘整的震荡机会。

［匿名］ED 男猿　2007-03-20　18：34：24

正好老大在，提个问题，关于上下影线的问题。

对于两个中枢间的上下影线重叠，有时这仅仅是一非常快速的波动，而如果就将此认为扩展，觉得不妥，不知如何处理，比如说，海尔沽权的 0.001，这个下影应该是可以忽略的吧。

记得以前老大回答过同样的问题，老大说看 3 根分钟线是否重叠，否则无效，请问这 3 根是连续的，还是只要属于一个中枢就行？

缠中说禅　2007-03-20　18：44：19

中枢算的是重叠部分，既然这样，一个偶然的波动就不会算到中枢里了。围绕中枢的波动，在理论上是可以任意价位的，但这不构成任何实质影响。

经验：对于中枢或者走势中的瞬间成交的价位，可以不算波动。但如果是构成中枢的三个次级别走势，只要是有重合就算。

［匿名］袖手旁观　2007-05-24　15：55：09

问题 1：［d_1，g_2］这样只有一个价位的重叠，是不是可以忽略？尤其在力度 $g_1d_2>g_0d_1$ 的情况下，g_2 碰不碰 d_1 没有必然要求。这时候 g_2 如果低一个价位（很可能由偶然因素决定），对整个走势应该没多少影响，但是重叠就不存在了。那么这个中枢看不看它都关系不大。

当然，这也还是归入第二种分解。

缠中说禅　2007-05-24　16：04：41

严格按理论来，如果一个价位就不算，那两个算不算？这样就乱了。只要有重叠就是，而且，有时候 1 个价位反而更有意义，这一般都是里面主力资金的杰作。

［匿名］袖手旁观　2007-05-24　15：55：09

问题 2：力度上，$g_1d_2>g_2d_3>g_3d_4$，相对来说，后者都是前者的盘整背驰。很多人说背了又背，缠论不灵了。其实这里每次盘背都回探前低，从而完成了有理论保证的最低限度的回抽，所以没有什么不对。

问题是对于实际操作，有哪些因素可以帮助判断在一个底背驰出现之后、在顶背驰出现之前会有一段相当幅度的“惯性运动”，而不是完成最低限度的回抽之后就继续原方向的走势？这关系到小级别背驰值不值得参与，我现在只能依据高一级的 MACD 做大概预计，有明确判断的办法吗？

缠中说禅　2007-05-24　16：04：41

这问题不能搞混了，趋势是形成中的，刚背驰回来，归根结底都是造成中枢震荡，震荡出第三类买卖点才有趋势的可能。

解读：中枢重合区间只有一个价位时，也算重叠，反而更有意义，因为往往是主力资金运作的痕迹。

原有趋势结束以后，并不必然保证一定有反向趋势，反向趋势要想形成，必然有第三类买点出现。

［匿名］见习者　2007-05-09　15：53：43

老师说的联通我在 3.00 元、4.55 元、5.64 元、5.80 元都买过，可是每次买完它都恒很长时间，相比同时期其他的股票，它涨得太慢，所以我每次挣一点就耐不住性子跑出来了，就像 4 月 30 号，我 5.68 元买的，昨天 5.78 元就卖了，严重后悔中，今天 5.78 元犹豫中错过。

想起老师说过的花心大萝卜，以后再也不干这种事了。

请老师批评。

缠中说禅　2007-05-09　15：58：13

想避免自己当花心大萝卜反而两头被甩，最好的方法就是学好中枢震荡的方法，你看，就算联通这大胖子，其震荡的幅度也是不小的，如果资金大点，震荡的利润并不少。

当然，一般的散户没必要参与这类股票，一般只在有比较大的第二、三类买点，才有买的必要。这类股票，一般都是动一动，躺 N 躺，胖子都这样。

经验：学好中枢震荡的操作方法，只操作一只股票；大盘股一般是涨一段后，就横着做中枢震荡很久。

缠中说禅　2007-11-30　15：20：29

今天的大盘同样正常，也就是继续周末效应。大的走势上，继续是 5000 点

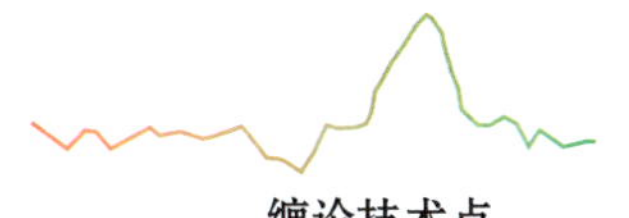

上下的震荡。下周，反复强调的10月线上移，而5周线下移，因此，这构成大盘震荡的两个夹板。所谓夹板，就是上破是多头陷阱，下破是空头陷阱，总之，到处是陷阱，多头空头都没好日子过。

经验：当走势处于上下都有重要点位的夹板之间时，如果此时也需要进入中枢震荡，那么一般上破就是多头陷阱，下破是空头陷阱，中枢震荡操作就是如何利用好这上下陷阱。

缠中说禅　2007-12-26　15：12：23

本ID也要先来一个超级简单的问题刁难一下各位，请问：今天的高低点和昨天说的中枢中间位置5210点有什么关系？

注意，这种关系并不一定这么精确的，只是，这次的震荡确实太标准了，连一点误差都没有，不好玩。显然，利用这种数值关系，知道高点就能预先算出低点大致的位置，反之亦然。不过，这都是参考性的，关键还是看图形本身。

解读：当天高点是5262点，低点是5158点，中间位置又是5210点。这里又蕴含了一个辅助判断中枢震荡高低点的实战技巧：当一个中枢形成后，先看中枢的中间价位，当震荡出一个高点后，计算该高点与这个中枢中间价位之间的差，然后用中间价位减去这个差值，基本就是预判的中枢震荡低点，反之亦然。

图164

缠中说禅 2007-12-27 15：15：37

站在中线角度，其实哪种走势都没大问题。为什么？即使是在这里震荡出 5 分钟甚至 30 分钟中枢，最终只要出现第三类买点，就可以延伸出 5 分钟或 30 分钟的上涨类型，这在中线上更牛。至于，继续 1 分钟中枢上移，只不过把最终必然要形成的 5 分钟中枢位置也同时上移，站在中枢角度，第一个 5 分钟中枢太高，反而不一定是好事，因为，一旦不能构成第二个，就只能是盘整走势，这样，反而后面回杀的力量更大。

经验：高级别走势的第一段次级别走势如果太强，使得第一个高级别中枢位置太高，这不是好事，因为后面离开中枢的次级别走势和这第一段次级别要对比力度，那么出现盘背的可能性就非常大了。

缠中说禅 2007-12-27 20：31：33

一个中枢确立后，中枢区间的一半位置，称为震荡中轴 Z。而每一个次级震荡区间的一半位置，依次用 Z_n 表示。当然，最标准的状态，就是 Z_n 刚好就是 Z，但这是很特殊的例子。

显然，Z_n 在 Z 之上，证明这个震荡是偏强的，反之偏弱。震荡的中枢区间是［A，B］，那么，A、Z、B 这三条直线刚好是等距的，Z_n 的波动连成曲线，构成一个监视中枢震荡的技术指标。

解读：注意，A 和 B 是中枢震荡区间，并不是中枢区间，如下图所示：

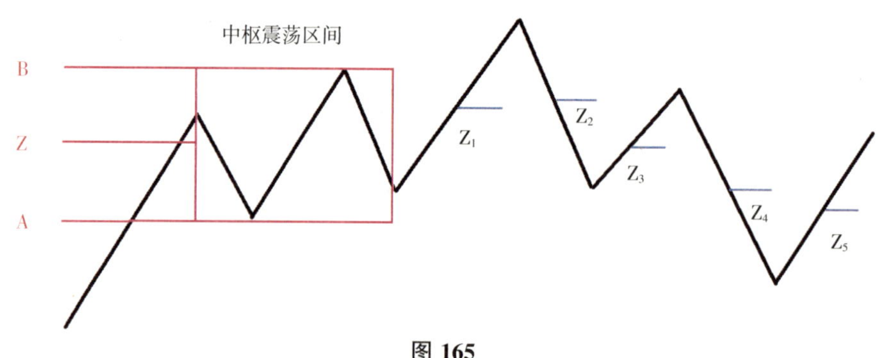

图 165

当然，只要有波动，就可以用类似中枢、走势类型之类的手段去分析，不过 Z_n 的数量不会过于庞大，不会超过 9 个数据，超过了，次级别就要升级了，所以

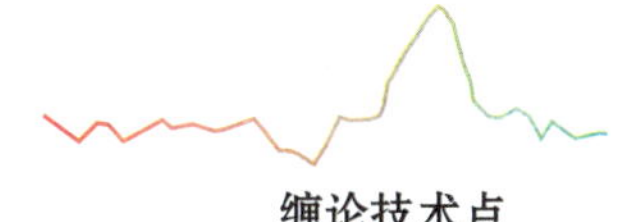

这样的分析意义不大。

一般来说，这个指标是一个监视。这里，存在着一种必然的关系，就是最终，Z_n 肯定要超越 A 或 B，为什么？如果不这样，就永远不会出现第三类买卖点了，这显然是不可能的。

但必须注意，反过来，Z_n 超越 A 或 B 并不意味着一定要出现第三类买卖点，也就是说，这种超越可以是多次的，只有最后一次才构成第三类买卖点。不过实际上在绝大多数情况下没有这么复杂，一般一旦有这类似的超越，就是一个很强烈的提醒，也就是这震荡面临变盘了。

一般来说，如果这超越没有构成第三类买卖点，那么都将构成中枢震荡级别的扩展，这没有 100%的绝对性，但概率是极为高的。

有了这些知识，对于中枢震荡的可介入性，就有了一个大概的范围。对于买来说，一个 Z_n 在 Z 之下甚至在 A 之下的，介入的风险就很大，也就是万一你手脚不够麻利，可能就被堵死在交易通道中而不能顺利完成震荡操作。

经验：中枢震荡的时候，当 Z_n 低于 Z 甚至低于 A 时，最好不要介入，此时很容易出现三卖，或者下跌加速，介入的风险太大。

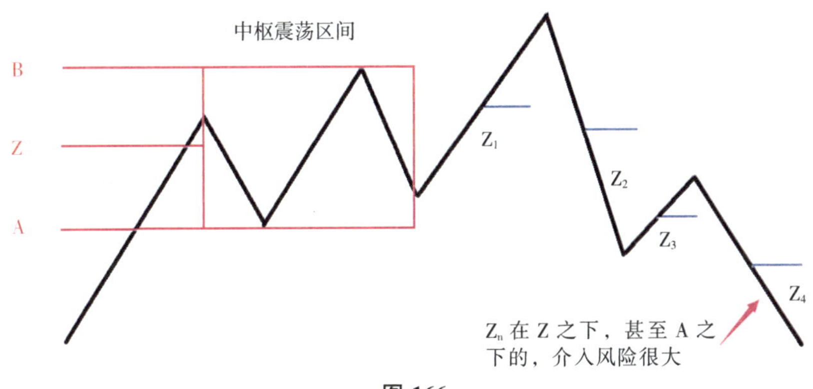

图 166

同时，那些 Z_n 缓慢提高，但又没力量突破 B 的，要小心其中蕴藏的突然变盘风险，一般这种走势，都会构成所谓的上升楔型之类的诱多图形。这种情况，反着看，同样存在下降楔型的诱空，道理是一样的。

解读：从心理层面看，虽然 Z_n 缓慢提高，但空头始终没有放弃，此时一旦出现异动，很容易出现多翻空的情况，此时趋同性加强，那么反向的力度一般都比较大。

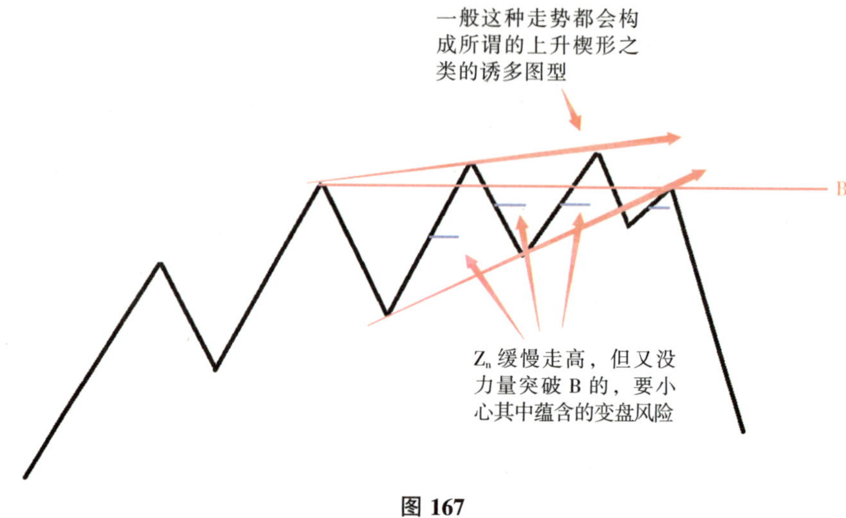

图 167

另外，中枢震荡中次级别的类型其实是很重要的，如果是一个趋势类型，Z_n 又出现相应的配合，那么一定要注意变盘的发生，特别那种最后一个次级别中枢在中枢之外的，一旦下一个次级别走势在该次级别中枢区间完成，震荡就会出现变盘。

经验：要看中枢震荡中的次级别的走势类型是趋势还是盘整，如果是趋势，

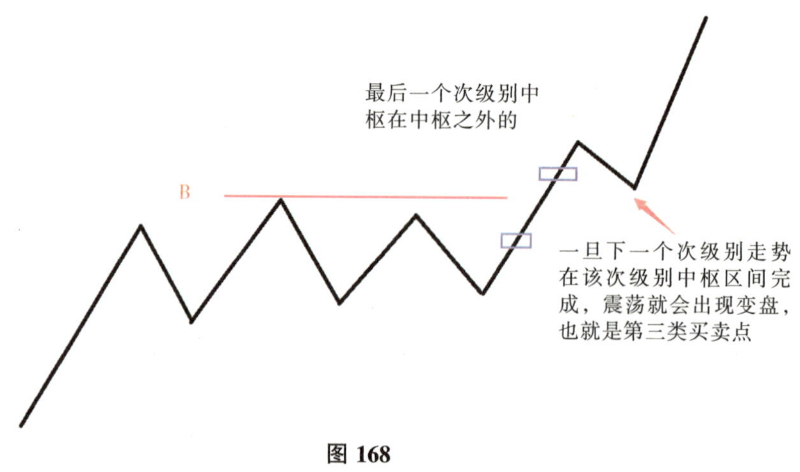

图 168

最好是该趋势最后一个中枢又在中枢之外，最好是A或B之外的，只要在该趋势最后一个中枢范围内完成了一个盘整，就构成标准的趋势+盘整的第三类买卖点。

结合上布林通道的时间把握，这样对震荡的变盘的把握将有极高的预见性了。

解读：主要是看布林通道何时收口，收口时一般就是变盘时机。详细的可以参考本书看盘技巧中技术指标里有关布林通道的部分。

除了特殊的情况，Z_n的变动都是相对平滑的，因此，可以大致预计其下一个的区间，即当下震荡的低点或高点，就可以大致算出下一个震荡的高低点，这都是小学的数学问题，就不说了。

解读：具体方法就是看当前最近的高点/低点距离上一个Z_n的距离，然后用上一个Z_n再减去/加上该距离，就大致可以测算出相应的低点/高点。例如，当前在走中枢震荡的次级别下跌，当前次级别高点是10元，上一个Z_n是9.5元，那么预计这个次级别下跌的低点就大约在9.5－（10－9.5）＝9元附近。

缠中说禅　2007-10-24　21：53：45

但是，其中有一种买卖点，往往具有大级别的操作意义，就是大级别中枢震荡中，次级别的买卖点。例如，一个5分钟的震荡里面的1分钟级别买卖点，就具有5分钟级别的操作意义。因为该买卖点后，无非两种情况：①继续5分钟中枢震荡；②刚好这次的次级别买卖点后的次级别走势构成对原中枢的离开后，回抽出第三类买卖点，这样，原来这个买卖点，就有点类第一类买卖点的样子，那么第三类买卖点，就有点新走势的类第二类买卖点的样子了。（注意，这只是比喻，不是说这就是大级别的第一、二买卖点。）

解读：也就是说，操作级别的次级别买卖点在操作级别的中枢震荡中也具有较大的操作意义，尤其是那种没有顶出背驰段，一个箱体震荡后就转折时，是没有第一类买卖点的。

笔、段、中枢

［匿名］在路上　2007-07-11　15：51：23

缠姐今天心情不错，抓紧时间请教问题：

在任何级别的图中，有没有可能是这样，一个顶分，下来一个底分，盘整几

天再下来又形成一个底分？因图是当下看的，第一个底分出来后并不知道后面是如何的。

如上海指数日线，620是顶分，走到627时像形成了底分，但接着双下来702后两天也是，请问缠姐分得是否有错，当下如何判断？谢谢！

缠中说禅　2007-07-11　15：59：25

那就是包含了好几段，或者，有些段并没有被段所破坏。注意，段必须被段破坏才是确认结束。当然，可以用类似背驰的方法预先确认段的结束，但那不是实际的确认。

经验：线段的结束必须是以线段破坏而确认的，即使背驰出现，也还有可能向上折腾不出一段，使得原线段继续延伸。

石头叁　2007-07-11　16：24：45

老大走了吗？再贴一次问题。

请教老大一个问题：如果1F级别的前后两个中枢发生扩展则形成一个新的5F中枢，那么这个5F中枢的区间如何来确定呢？要去5F的图上看么？

缠中说禅　2007-07-11　16：32：08

这问题早回答过，就是用结合律。例如原来九段的，三个三段结合起来看。这在课程里都有，请看清楚。

扫地僧：9段重合画出中枢区间的方法，如图171所示。

先将9段进行333组合，那么1~4构成第一个次级别，取该次级别的最高和最低点，分别为［2，3］，4~7的最高最低点为［4，5］，7~10的最高最低点为［8，9］，然后看这三个次级别的最高最低点所形成的重合区间，计算方式就是［max（2，4，8），Min（3，5，9）］，最后得出［8，3］，也就是该5分钟中枢的上沿是3，下沿是8。

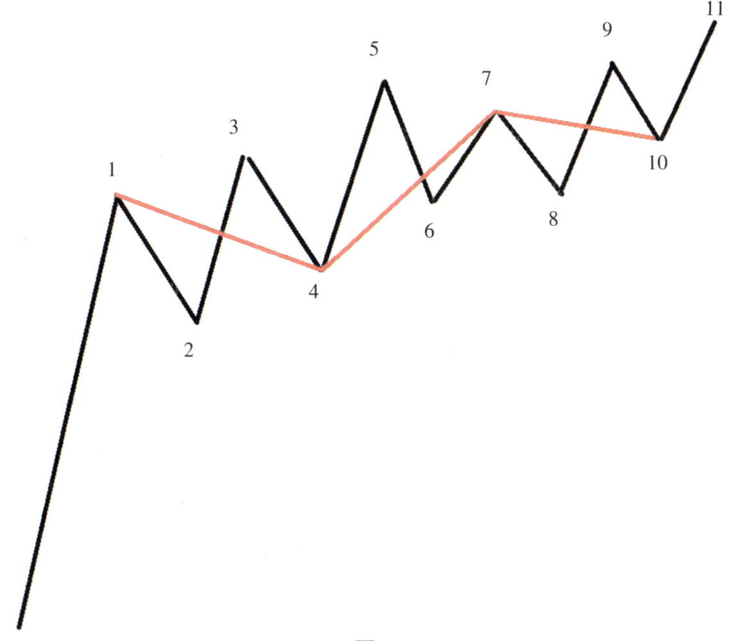

图 169

缠中说禅　2007-05-31　22：35：44

图 170 可以看成是 10 段线段构成的，线段中的波动，至少在分析 1 分钟级别的角度，就是可以忽略不计的。

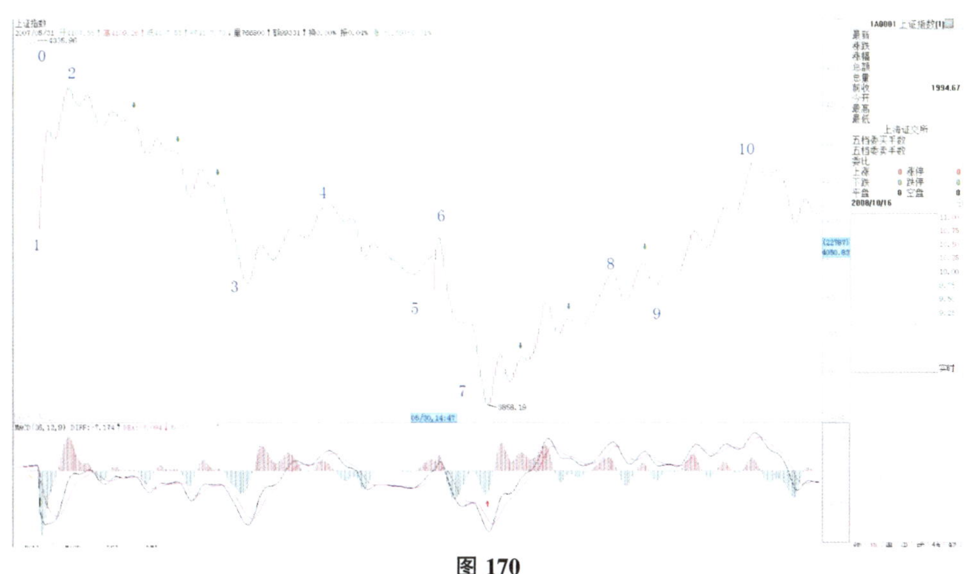

图 170

解读：主要是不同级别的视角问题，从高级别看，次级别内部是什么不重要，可以忽略。

这里有一个地方是可能有疑问的，在23、78段5个带绿箭头指着的地方，似乎可以看成是一线段，但为什么没有？因为在这似乎是三段的结构中，第三段的都太微弱，把图形缩小后几乎就看不到了，对比一下89段带绿箭头的地方，这第三段就明显不同了，所以这是一个1分钟以下级别的上下上结构，而前面的不是。当然，如果你一定要说78段那箭头的地方很明显，那么78、89就合成一线段的上涨趋势了，这也可以，只是如果你按这个标准的话，那么所有和78段箭头位置微弱程度一样的，都要这样处理。本ID还是按图上的标记线段。

解读：很多人在纠结这张图，都在拿后面的笔和段的定义来说8~9那里不成段，但在此课时，还没有涉及笔和段的定义，而且笔和段只是为了统一一种划分方法。这种方法有时并不是实际走势最佳的描述，比如这张图中的5~6和8~9，这两段如果按照定义是不成段的，但确是最佳描述实际走势的划分而且可以得到较好的买卖点，一个是三卖，一个是二买。这需要功夫的，没有达到这种地步之前，还是以严格的笔、段划分为准，但要明白那未必是最贴近市场的划分。

线段有了以后，一切都好分析了。当然，在当下时，例如在今天9：30，是没有后面的线段的，但线段的标准是一样的。你可以很精细地分析56段，是一个上下上的内部结构，其中下一段是跳空缺口，但无论如何，这就是一个线段。不过，由于前面12、23、34构成的中枢只有1分钟级别的，那么其构成第三类卖点的次级别就是1分钟以下级别的线段，这时候，就要考察一个有上下上结构的1分钟的次级别结构了，而56段显然符合这个结构，有明显的上下上，且45段也是符合1分钟次级别的要求的。注意，当考察1分钟的次级别时，就不能笼统地把所有1分钟以下的都看成1分钟的次级别了，因为这里的视点已经不同。

解读：还是强调视角的问题，视角这个问题也是最让人发蒙的，可以想象自己带了几个不同倍数的放大镜，不同级别的视角就是用不同的放大镜看走势。

显然，这个45、56，就构成了标准的次级别离开中枢与反抽中枢，而这1分钟中枢的区间是［4087，4122］，而56段只到了4077，所以这就是第三类卖点了。

当然，在具体操作中，还可以特别精细地去分析这个问题，56段里的上下上，后上对前上的力度，从下面对应的 MACD 的柱子面积比就可以判断出不足来，因此这里就有很小级别的背驰，这都可以用来当下分析的。当然，这样的精确度，需要操作者十分熟练并且反应与通道都十分快，并不要求每个人都有这个可能，这里只是进行分析。对大的级别，道理是一样的。

解读：有的时候，虽然第二个上有盘背，但一笔下之后又继续新高，很多人纠结这个该怎么精确到最后的一笔，其实这是陷入进去了。由于操作级别不能无限小，对于这种笔级别的走势，如果单纯从该级别来判断，就会很容易出错，此时要多个级别联立。如果高级别和当前级别都有背驰，那么在一个段内的笔背驰成为该段的结束点的概率自然大得多。在该案例中，就是因为出现了 1 分钟级别的三卖，而这个三卖内又出现了笔背驰，所以才值得操作。

同样道理，67 段里的内部结构下上下，后下力度也比前下弱，这从下面红箭头所指两绿柱子面积的对比就可以知道，所以这内部就有了背驰。注意，这 67 中的上，幅度上很微弱，但时间比较长，是一个小的时间换空间的反弹，所以是可以看成一个上的。更重要的是，这上使得绿柱子回缩到 0 轴，更证明了这是一个不能忽视的有技术分析意义的反弹。

经验：一个横盘即使不成笔，只要时间够，使得 MACD 颜色变换，也可以认为是一笔。

新浪网友　2007-07-16　16：28：53

缠主，你说第一卖点，是从第二个缠绕开始才要注意背驰，可是现在的股票（例如 5F 的图）一般是第一个缠绕之后就反复缠绕了，然后也没创新高就向下了，这样就和定义相背了。

不知道是我理解错了，还是哪里有错了。

等缠主回复，谢谢！

缠中说禅　2007-07-16　16：31：31

请把后面的课程看完，缠绕只是均线系统的形象化，和后面的课程没什么本质关系。

解读：均线系统只是缠论系统的一个不精确的表达，本质还是后面定义的中枢和走势，缠绕只是中枢的一种表现形式。

［匿名］新浪网友　2007-07-31　16：31：56

博主好！请教：

按中枢震荡观点解读走势时，中枢震荡的每一次级段是否按同级分解规则划分呢？能否按非同级分解规则划分呢？

缠中说禅　2007-07-31　16：36：32

概念不清，线段上没有中枢，哪里来级别和同级别？线段的划分，就按线段自己的原则，具体下节课会说到。

解读：注意，线段是最小级别中枢的基本构件，是递归函数的 a_0，那么线段内部就不能再有循环嵌套了，所以没有中枢和级别的概念。

缠中说禅　2007-10-24　21：53：45

注意，有些买卖点的意义是不大的。例如，一个 1 分钟的下跌趋势，在第二个中枢以后，相对的中枢的第三类卖点，就没有什么操作意义了，为什么？前面第一个中枢的第三类卖点哪里去了？趋势，本质上就是中枢移动的延续，这种第一个中枢的第三类买卖点，本质上是最后一个合适的操作的机会，后面那些如果还需要操作，则证明反应有大毛病了。到第二个中枢以后，反而要去看是否这趋势要结束了，例如对上面 1 分钟下跌趋势的例子，跌了两个中枢以后，就要看是否有底背驰了，那时候想的是买点，不是卖点了。

经验：一般来说，趋势大部分是只有两个中枢，尤其是在大级别中枢震荡中，小级别的趋势基本都是两个中枢，只有在大级别的中枢移动时，小级别趋势才容易出现三个或以上中枢的情况。

其　他

心态

缠中说禅　2006-06-21　20：52：02

猎手只关心猎物，猎物不是分析而得的。猎物不是你所想到的，而是你看到的。相信你的眼睛，不要相信你的脑筋，更不要让你的脑筋动了你的眼睛。被脑筋所动的眼睛充满了成见，而所有的成见都不过对应着把你引向那最终陷阱的诱饵。猎手并不畏惧陷阱，猎手只是看着猎物不断地、以不同方式却共同结果地掉入各类陷阱，这里无所谓分析，只是看和干！

解读：加入了成见就等于加入了人性的弱点，有了弱点必然容易掉入陷阱。作为猎手必须相信眼睛看到的客观走势，不要相信自己的主观预测。

猎手的好坏不是基于其能说出多少道道来，而是其置于其地的直觉。好的猎手不看而看，心物相通，如果不明白这一点，最简单就是把你一个人扔到深山里，只要你能活着出来，就大概能知道一点了。如果觉得这有点残忍，那就到市场中来，这里有无数的虎豹豺狼，用你的眼睛去看，用你的心去感受，而不是用你的耳朵去听流言蜚语，用你的脑筋去抽筋！

解读：你的能力只有在市场中通过实战来检验，能力的提高也只能通过实战，没有第二条路。《论语》开篇就已经说了“学而时习之，不亦说乎”！

［匿名］糊涂蛋　2006-12-01　12：44：59

非常感谢数女在百忙之中天天按时教我们吻、缠绕、介入、体位、G 点，现有三个疑问请数女解答：

（1）如果招数所有人都学会了，市场会变成怎样呢？（也许糊涂蛋从来都不

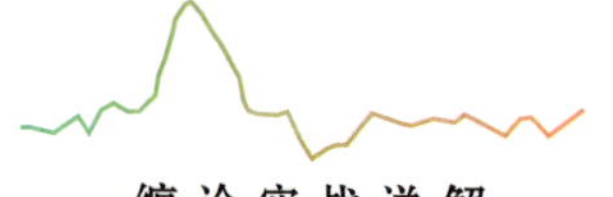

缺乏。)

(2)你天天按时授课是抱着怎样的目的?

(3)我们该怎样感谢你呢?

缠中说禅　2006-12-01　12:50:57

首先,不会所有人都学会;其次,市场最后比的不是技术,而是心态,这永远不可能统一。高手永远是高手,低手,如果不经过磨炼,学多少技术也白搭。

你的第二个问题很无聊,干事情为什么都要目的,事情本身不可以就是目的?

至于感谢,说一句狠话,世界上有谁有能力感谢本ID的?本ID什么都不缺,谁又有资格感谢本ID?

总结:市场最后比拼的不是技术,是心态,心态是磨炼出来的。

[匿名]然然　2006-12-12　15:59:10

好姐姐,你倒是答我一答啊,我把买房的钱都压在000768上了。

缠中说禅　2006-12-12　19:29:44

首先,市场不是赌场,把买房钱用到市场里,就是一个错误的行为。市场中的钱,一定要是闲钱,可以放着不动的,没有提走压力的,只有这样,才会心态平稳地操作。

其次,本ID不清楚你是在什么位置买入的,而且也不清楚你选择怎样的操作风格。如果是底部买入短线的,那早就该走了,至少避开了这么长时间的盘整。对小资金来说,最重要的就是不能参与太长时间的盘整,这样太浪费机会。如果你是追高买入的,那谁都没办法。因为该股是大幅上涨后的中线调整,而该股早就庄股化,所以只能寄托于那庄家少洗点盘了。技术上,三角整理已经接近尾声,但这种图形,如果是本ID坐庄,一定狠狠往下跳水洗一次盘,把所有人都洗出来,再反手往上。你现在唯一希望的就是别碰到和本ID有类似想法的庄家,否则怕你熬不住。中线,该股是有再走一波的潜力的,但关键是你熬得住。

最后,一个忠告,股票是一个快乐的游戏,别把自己搞得那么苦。坚持只选择第一、二类买点进入,就是保持快乐的好方法。

真正的高手是什么?就是庖丁解牛,选择难度最小的方向去,整天爱玩高难度的,成不了高手。

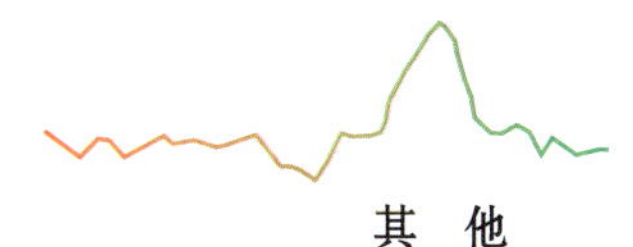

解读：可以看到当时还处于大的中枢震荡中，该中枢呈现收敛三角型，即将面临突破。

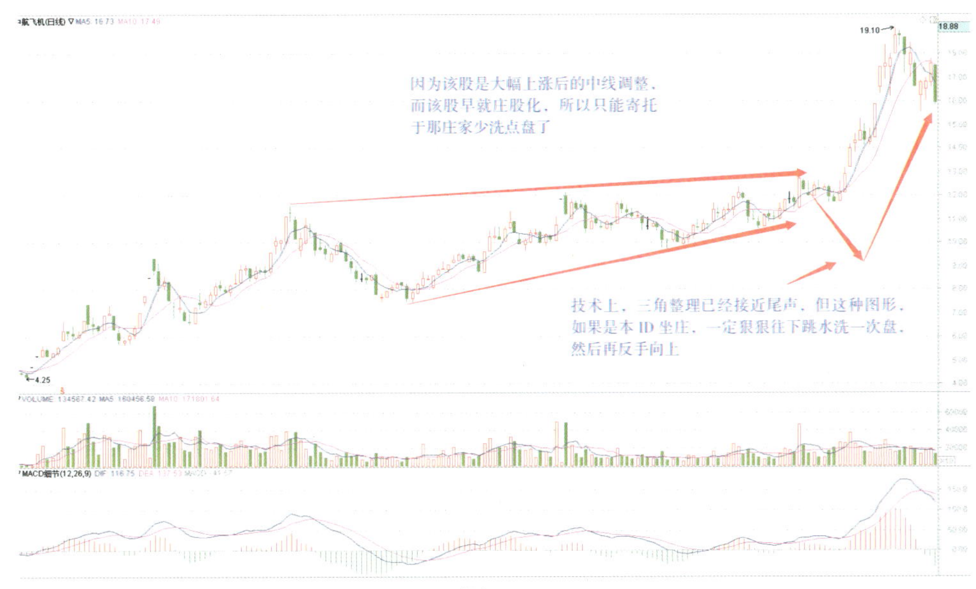

图 171

经验：

（1）市场中的钱一定是闲钱！不要有任何压力的钱，否则会严重影响心态。

（2）对小资金来说，最重要的是不能参与太长时间的盘整，这样太浪费机会。

（3）坚持只选择第一类、第二类买点进入，就是保持快乐的好方法。

（4）真正的高手就是庖丁解牛，选择难度最小的方向去。

缠中说禅　2007-01-24　15：40：48

看来各位还需要好好学习，首先要学的是心态，当所有人都觉得无风险时，洗盘就是必须的了。市场，永远可以被利用的就是恐惧和贪婪，一定要彻底地修炼。

经验：当所有人都觉得无风险时，洗盘就是必须的了。

［匿名］无知　2007-01-09　20：35：57

缠姐，我资金量比较小，今天没买国寿，有没必要卖掉不太动的股票买进国寿啊？

缠中说禅　2007-01-09　21：25：18

本ID十几天前不已经有一个关于药的梦，那个梦就是为各位小资金们准备的，买了以后就一直等着，继续学论语、学技术、学其他。怎么都不明白呢？

本ID随便发一个梦，你就进入梦乡，耐心地等待最后至少把1变成2、3的，其间就好好学习、天天向上，为什么要整天跑来跑去？

人的贪婪总是很可笑的，为什么一定要每天都发一个梦，一个梦让你把1安全地变成2、3，难道还需要其他的梦吗？那些每天发一个梦的人，最终能把1变成2、3吗？

本ID新来的那一笔资金其实弄了5只股票，这个药已经是最安全的，10个交易日让你从1变成1.4，不敢说是最牛的，肯定也是最近比较牛的了。本ID另外4只都不愿意说了，只要其中一只就能达到目的，没必要说那么多了。

当然，本ID也可以把其他四只说出来，其中两只和那药一样，都是深圳的，本ID比较懒，现在代码太多，懒得记，都找的是代表只有两种数字的，另外两只和这三只里的其中两只代码相连。

这5只股票，最终都像去年的酒一样的，这肯定是无疑的。但各位如果资金小的，买一只就够了。如果有药，就存放好，小心受潮。

各位，专一点吧，每天跑来跑去的，一定挣不了大钱。

至于人寿，如果你专一，一定没问题，如果你不专一，肯定受折磨。

解读：很多人拿不住股票，总喜欢换来换去，其原因就在于贪婪，不专一，每天的交易只是为了满足自己的瘾，而并不是为了赚钱。专一点吧，每天跑来跑去的，一定挣不了大钱。

［匿名］外科医生　2007-01-10　21：54：03

药里面有啥股票可以搞的吗？

我现在资金在钢铁股，铁路股，泸天化和一只低价玻璃股。

等出来了，还能赶上药吗？

多谢。

缠中说禅　2007-01-10　21：58：19

年底回头看沪深300，基本涨幅都不会相差太多的。先关心的应该自己的股

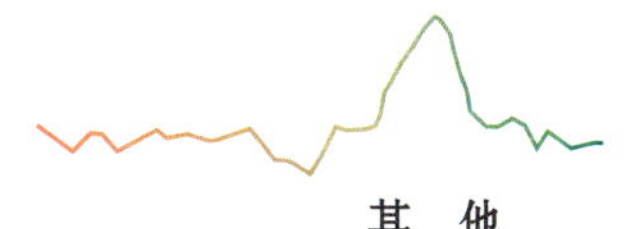

票是否出现卖点了，而不是老觉得隔壁的饭菜总比自家的好。

高手并不一定都能拿到每一只黑马，但高手一定能在该走的时候走，该留的时候留，走了又找到新的猎物，复利的威力是最大的黑马。

解读：这句话特别重要，高手并不一定都能选到涨幅最大的股票，但买卖节奏必须对，买点买，卖点卖，一只票一只票做，总的成功率高，很少亏钱，那么复利下来就非常恐怖了，比靠运气抓一只黑马厉害得多！

［匿名］新菜鸟　2007-01-16　18：20：18

您说药是去年的酒，钢铁是去年的有色，我觉得石油是去年的银行。因为它有战略意义。我是瞎猜的，所以今天本来要割肉的。没有割，在我觉得像是5分钟的买点上补了一点。

我是菜鸟，但我希望通过这里的学习，看能不能变成个大鹏鸟，呵呵，大家别笑，帮帮我哦。

缠中说禅　2007-01-16　21：29：23

石化中线问题不太大，短线在10元上下还要折腾。

股票要注意节奏，前段是超级大盘的天下，现在是二、三线的天下，不能把节奏弄错了，如果弄错了，就等吧，找机会把节奏调回来。一般最好别砍仓，牛市砍仓，太不吉利了。而且很容易把心情弄坏，节奏越来越错。最好等等，反正板块会轮动，轮到它时，如果走不出上涨的延伸，就找机会出来。

一大堆低价股票在向你招手，有必要追高吗？

等待的时候，好好反省，以后一定要把握节奏。

经验：牛市里最好不要砍仓/割肉，第一不吉利，第二容易把心态弄坏。如果走不出上涨延伸，就找机会走。

［匿名］wjy885　2007-01-25　15：44：02

我今天进了000915，但时机没掌握好，下午红了，我以为缠姐发力了，但也没什么大不了的，支持祖国，支持股市，支持缠姐！！！

缠中说禅　2007-01-25　15：52：55

错，不要为支持任何人买股票，本ID也不需要任何人支持。要在买点买，想想你的买点是不是真正的买点。市场上要学会弄短差，有时候来回拉一下，只

是为了降低成本，并洗洗盘，千万别养成追高的习惯。

经验：不要为支持任何人买股票；有时候来回拉一下，只是为了降低成本，并洗洗盘，尤其在中枢震荡中，十分常见。

[匿名] 瞎鼓捣　2007-04-12　16：12：11

老大说得对啊，持股最关键。

最怕的是盈利抱不住，亏损到是抱得很稳。

缠中说禅　2007-04-12　16：23：55

错，不是持股最关键，持币一样关键。卖点以后，在买点以前，如何能持住币，这同样关键。

经验：耐心很重要，很多人不操作股票就难受，其实是一直没想明白，持币和持股同样也是操作。

缠中说禅　2007-04-13　16：19：51

各位，在市场中反复磨炼，一个能在市场中自如的人，没有什么能打扰了。

如果你的情绪，能让你看不到买卖点，那么什么技术都是没用的，一定要感觉市场的节奏，这样才能降低成本。

大牛市里，筹码是不能丢的，但成本一定要不断下降，这已经反复说了。成本不降，就抗拒不了短线震荡的风险。

技术好的，见到震荡就高兴，成本又可以降下来。否则就是坐电梯，上上下下享受。

好了，周末，本 ID 要去腐败了，周日回来放“四季”。

再见。

解读：情绪是影响判断买卖点的重要因素，能控制住情绪才能把握好市场的节奏。

[匿名] 首钢股份　2007-04-24　21：26：37

等女王！

今天突然很紧张，最终把所有股票卖出，空仓过夜，然而刚刚卖出 600005 随即它就大涨接近涨停。

主要是下边的缺口太大了，最近几天又风传肯定要回补缺口，而个股面临一

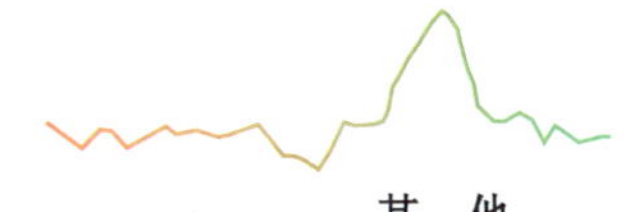

个20%跌幅的大调整，即使我做中线，这样的起伏也要不得。看图操作，但我的情况女王应该了解，我白天无法看图，主要是电话委托，咱打不起短差也跑不快。

不能跟大盘赌明天。

请问：若明天跟今天一样走势，是否仍不能确定站稳？具体出现什么情况才能认为后期将排除大盘整的可能？也就是说，什么叫做“有效跌破”和“有效站稳”？

缠中说禅　2007-04-24　21：33：03

这样操作其实更容易出错，5日线都没破，如果中线，5周线都没破，算得了什么？

以后注意了，如果心情不好，特恐慌，人已经被恐惧所折磨，那就半仓，肯定不会错，这时候也别说什么技术了，心态先调节好再技术。

所以说人是第一位的，就算你明白了本ID的理论，能否应用成功，最终还是人的修炼。

经验：人是第一位的，能否应用成功，最终还是人的修炼。

［匿名］漂泊　2007-04-26　21：47：28

禅主晚上好，600601这只股票您怎么看，总感觉要想上突破，但总又上不去，很是困惑，请禅主指教，谢谢。

缠中说禅　2007-04-26　21：54：29

这种思维方式是错误的，不要为市场的选择而烦恼，而要依据市场的选择及时反应。股票是要靠耐心的，今天的文章已经写得很清楚，如果你技术合格，可以用激进的第二种方式。这种方式无须等待盘整，否则必须忍受盘整，如果技术好一点，可以利用盘整去降低成本。先把思维的方式改一下，市场走势没什么可指责的。

解读：俗话说“市场永远正确”，你无论怎么烦恼，都不会改变市场的结果，那么你只有依据市场的选择来做反应，市场走势没什么可指责的。

［匿名］christine　2007-04-26　22：09：47

缠姐姐，请教一下：

站在大级别的年市的前提下，我们降低成本与赚取更多筹码是否可以更激

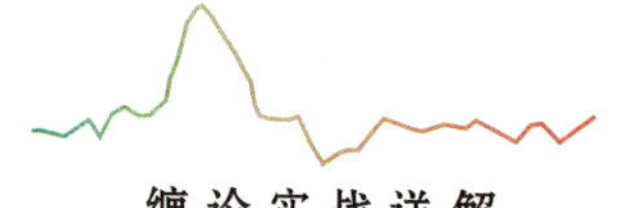

进些？

譬如现在看好某几只或者某只股票，现在开始有机会就先赚筹码，赚他个 N 多，然后等到该股票价格翻到一定程度时，再抛掉 50%（或者 80%等），这样做是不是盈利更快？另外，在底部赚筹码成本也低些？毕竟我是小散，投入股市的钱也不会上千万更不会上亿。不会筹码赚着赚着赚成大股东的。

缠中说禅　2007-04-26　22：14：39

开始先降低成本，成本低了，持有的心态自然好，操作不能把基础放在假设上，而是无论任何情况，都可以自如应对。

解读：成本低、零成本才是硬道理，不仅安全，而且对持股的心态有帮助。

［匿名］万年青　2007-05-08　16：17：16

五一长假，用了三天时间看缠 MM 文章，从最后开始，细细看，未落缠 M 的一条发言，还有最前面的 5 页未看完，虽然朦朦胧胧不是全懂，但也有所了解，新手上路，请多关照。请问缠 MM 000997 今天 5 分钟级别背驰，我走了部分，第一次使用缠 M 的理论付诸行动，不知是否正确？请缠 M 指导为盼。

缠中说禅　2007-05-08　16：23：41

关键你要搞清楚是哪段和哪段比较力度，由于你没写具体的，本 ID 不知道你是否真懂了。另外，关键不是能判断准一次两次，而是要逐步形成节奏，卖了有买点再补回来，然后再在卖点卖，根据自己的操作级别，不断下去，就有了节奏感，这样才能不断地吸血。后面的路还很长，要有面对很多难点的心理准备。

解读：关键不是一次两次判断准确，而要逐步形成节奏，要有面对很多难点的心理准备。

夜雨　2007-06-12　16：18：57

姐姐出差几天，大盘好像沧海桑田，变化好大，这几天我们最大的收获就是心态，始终牢记您的话，这是一个大牛市，因为这样，才能全仓坚持，没有崩溃。去年我有两次卖在地板的经验，就是因为怀疑自己当初的选择，怀疑中国的牛市能否继续。这一回，终于战胜了自己的恐惧，这比金钱更宝贵，谢谢！

缠中说禅　2007-06-12　16：23：24

这就好。心态是要靠磨炼的。但也不能把自己培养成死多头，而要只看买卖

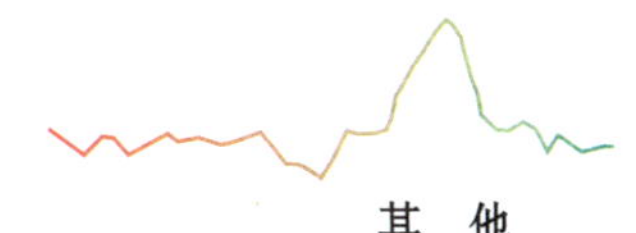

点，多空放一边。

解读：心态是要靠磨炼的。但也不能把自己培养成死多头，而要只看买卖点，多空放一边。

［匿名］hunter　2007-06-13　16：00：05

现在对政策还有些担心，有消息说政府希望在年内保持在5000点以内，但按mm现在的剧本，恐怕5000根本就止不住吧，这样会不会又会遭到打压，比方说利得税什么的。

缠中说禅　2007-06-13　16：10：02

对消息、政策要平和，关键是当技术上出问题时，一定要走。例如这次，30日时，即使你有很重仓位，但一个第二类卖点，足以让你逃出来，然后在5日，一个标准的买点进入，算算这样下来，真要感谢这次政策了。所以，关键不是政策如何，而是你的技术如何。政策只是合力的一部分，走势则是合力本身画出来的。

解读：对消息、政策要平和，关键不是政策如何，而是你的技术如何，当技术上出问题时，一定要走。政策只是合力的一部分，走势则是合力本身画出来的。

［匿名］新手　2007-07-31　16：16：08

老师，技术不好的新手，可不可以做长线投资，不理会一时的震荡或调整？

缠中说禅　2007-07-31　16：22：09

技术不好，可以把操作级别扩大为30分钟以上甚至是日线的，这样，一个月也就操作一两次，而且心态要好点，不要强迫自己一定买卖在最好的位置，最好的位置的买卖，那是要靠磨炼的，不可能一上手就达到，所以一定不能有不切实际的想法。

解读：散户的操作级别不能太小。抓顶底最高/最低的位置是要靠磨炼的，不要强迫自己买卖到最高最低点。

学习方法

缠中说禅　2007-01-31　15：13：30

下午走得太急，补充一段，有必要把一些前面已经多次提过的原则重复一次。

（1）你手中的钱，一定是能长期稳定地留在股市的，不能有任何的借贷之类的情况，这太关键了，本 ID 见过太多的人就是死在钱的非长期性上，故事以后有空说。

（2）级别必须配套来看，最好不要单纯做短线，任何进入的股票，最好至少是日线级别的买点进入的，一定不能远离底部，特别对于生手，这更为重要。短线是让你把成本降下来，而且确保持有的安全性，除了日线的单边上扬走势，短线必须坚持。但仓位可以控制，例如用其中的 1/3，慢慢养成好习惯以后，就可以更随心所欲一点。

（3）如果判断不准确，那卖点卖错了无所谓，这么多股票还怕找不到好的？但买点一定要谨慎，宁愿筹码少了，也不能追高买回来。操作中，开始的熟练程度差，不奇怪，这种事情要不断实践才能提高的。

（4）最开始以中长线心态进入时，尽量参考一下基本面的情况，不能搞太烂的股票，而短线就不大需要考虑这些问题，只看技术就可以。

（5）不要有依赖心理，只有自己在实践中成为自己一部分的，才是真实的。

（6）一个坏习惯足以毁掉一切，每次操作后一定要不断总结，逐步提高。

（7）如果你选择股票时是以一个中长线的心态谨慎选择的，那么就不要随便斩仓，本 ID 反对斩仓、止蚀之类的玩意，亏出去的钱是真亏出去的，而只要筹码在，不断的短线足以把成本摊下来，斩仓又一定能买到更好的股票？特别在中长线依然看好的情况，更没必要。

（8）先卖后买也是可以挣钱的，不要光知道先买后卖。

（9）股票都是废纸，你要的不是任何股票，而是通过股票把血抽出来！

（10）恐惧和贪婪，都源自对市场的无知。

点评：这 10 条应该被打印出来，贴在床头、电脑前。

［匿名］微微果二　2007-01-31　22：33：44

我起步较晚啊，昨天晚上才开始学习博主的技术分析。今天下午小试了一下，分别利用 5 分钟图在 14：33 以 14.32 元买入柳化股份，在 14：37 以 12 元买入民生银行，做短线。博主看我的买点选对了吗？我刚看完吻那章。

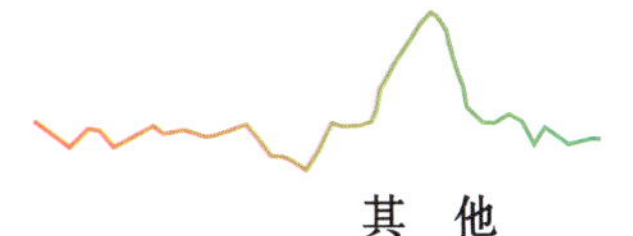

缠中说禅　2007-01-31　22：40：53

最开始的时候，最好每次买卖都写下来原因，如果是短线的技术进出，那么是根据什么级别、什么原因的，一定要写下来，这样才对照。

因此，即使你买对，明天有差价，如果你说你是根据 5 分钟图买的，那赚钱了也是错的，因为 5 分钟图上根本没有买点。1 分钟上有没有是另外的事情了。

关键不是赚钱，而是不能糊涂去赚钱，要明白赚钱。所以还要努力。

解读：每次操作都把原因写下了，级别、理由都记录一下，事后也方便总结，这样学习效果更好，看似麻烦、慢，但最终来看，是效果最快的方法。

两只老虎　2007-05-18　15：14：59

今天操作也很郁闷！

扔了 999 1/4，想回补结果错过机会。

补了一天的 998，结果 998 萎靡了一天。

［匿名］墨香小老虎　2007-05-18　15：35：32

我今天老老实实的，反倒收益新高。

唉，郁闷，还是技术不行啊。

缠中说禅　2007-05-18　15：47：39

应该把做错的原因找出来，每一个都不能放过，这样才能磨炼出精确度。否则，看均线就可以了，那还简单。

解读：要想在技术上精益求精，必须要对学习认真，提高精确度的方法是：把做错的原因找出，一个都不放过，这样才能磨炼出精确度。

［匿名］新浪网友　2007-08-21　16：30：33

越来越感觉你的理论比一些我看过的理论有用得多，不过，我还是不能很好地掌握。近段时间想试试把成本降为 0，结果总是把筹码弄丢了，郁闷啊。

缠中说禅　2007-08-21　16：40：58

加大操作级别，对新手来说，先练习持股，在一个大级别买点买入后持有到大级别的卖点，怎么都应该是 30 分钟以上的。你看这次从 3600 上来，从来就没有效跌破过 5 日线，对初学者来说，用这一招就比所有的所谓专家高多了。如果资金大的，就看 5 周线。

至于中枢震荡中的短差，那是一个高难度的活动，初学者当然做不好。至于趋势中时，根本就不存在做差价的可能，趋势中，唯一需要干的就是等待背驰。注意，上面说的，都是在你的操作级别的意义上。

缠中说禅　2007-09-10　22：37：13

本 ID 的理论，只是其中的因素，利用本 ID 理论操作的人对理论的把握程度，是一个因素，利用本 ID 理论操作的人的资金规模以及操作时间，又是一个因素，这些因素加在一起的合力，才是你最终用本 ID 理论操作的结果。世界上的一切事情，都是各种因素和合而生，没有任何是主宰，是唯一的决定力量，这是必须明确的。

解读：大部分人只将注意力放在结果上，而忽视了中间过程。对缠论的把握程度以及实战中的经验、个人的心态修养等都是影响最终结果的重要因素，只看结果而不注重影响结果的这些因素肯定不行。

缠中说禅　2008-02-25　16：32：23

当然，你还可以这样，就是把仓位弄得特别小地去参与，这样，可能培养自己面对相应情况的能力，能力毕竟要“干”才能培养的，光说不练，那永远还是没能力。关键是知道自己干什么，而不是糊涂蛋瞎蒙就行。

解读：学而时习之，不亦说乎！缠师总是讲要多“干”，就像练武功，只背口诀没有任何用，必须每天坚持练功，不断实战，在实战中找问题找方法，唯有如此反复，才是最正确的学习之路，凡有投机取巧的念头都不会有正果。在不熟练时就用非常小的仓位去干，不要只停留在脑中，只做意念盘而不动手，意念盘的体会和实盘是不同的。